Wilhelm Kuehs
Dianas Liste

DIANAS LISTE

Ein biografischer Roman

Wilhelm Kuehs

Tyrolia-Verlag · Innsbruck-Wien

„Ich ging von dem Standpunkt aus, dass mein Leben nicht wertvoller sei, als dasjenige all der unschuldig Verfolgten, und dass, wenn ich anderen zu helfen in der Lage wäre, ich dachte da in erster Linie an Kinder, mein Leben so reich sei, dass ich dann hinnehmen müsste, was eben kommen würde."

Diana Budisavljević, 27. Februar 1942

I.
Der Beginn

1

Am Morgen des 23. Oktober 1941 zog Diana Budisavljević die schweren Vorhänge im Wohnzimmer beiseite und servierte Tee. Sie und ihre Schwägerin Mira Kušević hatten es sich gemütlich gemacht. Mira wollte wissen, wie es den beiden Töchtern ging. Ob schon bald ein neues Enkelkind zu erwarten sei und wie sich die Schwiegersöhne so machten.

Diana stand eine ganze Weile beim Fenster und sah hinaus, während sie mit Mira redete. Sie war ein wenig ungeduldig. Ihre Schneiderin hatte versprochen, heute vorbeizuschauen. Eigentlich war sie schon viel zu spät dran.

Gerade als sich Diana setzen wollte, hörte sie, wie jemand die Stiege heraufkam. Es war die Schneiderin mit einer Mappe voller Muster und Stoffe. Sie legte ihren Mantel ab und breitete gleich ihre Schätze auf dem Wohnzimmertisch aus.

Während Diana auch ihrem neuen Gast eine Tasse Tee einschenkte, dachte sie kurz daran, was sie heute noch vorhatte. Ihr Mann war bei der Arbeit an der Universität. Er würde erst am Abend zurückkommen. Von ihren beiden Töchtern hatte sie heute noch nichts gehört. Sie fragte sich, ob eine der beiden vielleicht auch ein neues Kleid brauchte, überlegte kurz, ob sie sie anrufen sollte, entschied sich aber dagegen.

Diana nippte von ihrem Tee und hörte der Schneiderin zu, wie sie davon erzählte, welche Schnitte in dieser Saison als besonders elegant galten. Doch dann sagte die Schneiderin etwas, das der Unterhaltung eine andere Richtung gab.

„Der Krieg bringt die große Kälte. Und jetzt hat der Krieg auch Kroatien erreicht."

Der letzte Winter war besonders streng gewesen. In Ungarn und in den bosnischen Bergen war die Temperatur auf minus 35 Grad gefallen. Man sagte, in Russland sei es noch viel kälter gewesen, und in ganz Europa seien viele Menschen erfroren.

„Eines ist sicher", unterbrach Dianas Schwägerin Mira die Erzählung der Schneiderin. „Es werden wieder viele Menschen sterben. Hunderte, vielleicht Tausende. Jedenfalls noch viel mehr als im letzten Winter, auch hier in Kroatien."

Diana stellte ihre Teetasse ab. Sie sah Mira an und fragte, wie sie das meine.

Schon jetzt müssten viele Menschen im Freien übernachten oder in desolaten Häusern, erzählte Mira. Sie müssten es doch selbst schon gemerkt haben, dass die Lebensmittel knapp waren und man oft nicht einmal Mehl oder Zucker bekam. Und da war noch etwas, das Mira Angst machte. Es wüssten doch alle, was mit den Juden geschehe, seit die Deutschen einmarschiert und die Ustaša an der Macht seien. Man könne es an jeder Straßenecke sehen, und die neuen Politiker machten keinen Hehl daraus, was sie vorhatten.

Es war ja nicht nur so, dass Juden die Parks und Restaurants in Zagreb nicht mehr betreten durften. Sie wurden verhaftet, und man steckte sie in Konzentrationslager. Sie hatten doch alle die Schlagzeilen gelesen. Schon vor Monaten hatte der neue Staatschef Ante Pavelić verkündet, man würde die Judenfrage ganz im Sinne der deutschen Verbündeten lösen.

Diana konnte sich daran erinnern. Es hatte viele solche Zeitungsartikel gegeben, und sie hatte auch von Angriffen gegen Juden hier in Zagreb gehört. In Osijek hatten Jugendliche sogar die Synagoge angezündet. Die Juden mussten einen gelben Stern tragen, wenn sie auf Straße gingen. Die Serben, die man jetzt Prawoslawen nannte, trugen als Erkennungszeichen ein „P", und Roma und Sinti mussten ebenfalls Abzeichen tragen, damit man sie von Weitem erkannte. Die Welt hatte sich verändert, und das nicht nur weit weg im Deutschen Reich, sondern direkt hier in Zagreb.

Die Rassegesetze, die Ante Pavelić kurz nach der Machtübernahme erließ, orientierten sich in wesentlichen Zügen an den Nürnberger Gesetzen der Nationalsozialisten, mit der Ausnahme, dass Pavelić die Serben als minderwertige Rasse ganz besonders hervorstrich.

„Aber es gibt doch sicher jemanden, der den Gefangenen hilft?", fragte Diana.

Mira stellte ihre Teetasse ab und beugte sich vor. „Ich habe da etwas gehört", sagte sie verschwörerisch. „Wisst ihr, ich war bei Marija zu Besuch, Marija Ladević. Diana, du kennst sie. Und sie hat mir erzählt, dass die jüdische Gemeinde hier in Zagreb für die Gefangenen sammelt."

In Loborgrad, im alten Schloss, hatte man angeblich ein Frauenlager errichtet. Ein Büro der jüdischen Gemeinde sammelte Kleider und Essen und schickte die Hilfsgüter ins Lager. Aber soweit Mira wusste, kümmerte sich niemand um die serbisch-orthodoxen Frauen und Kinder.

„Aber das kann ja nicht sein, dass Frauen und Kinder einfach so weggesperrt werden", sagte Diana. Sie wollte das nicht glauben.

2

Am Nachmittag machten sich Diana Budisavljević und ihre Schwägerin Mira auf den Weg zur jüdischen Gemeinde. Das Büro lag in der Innenstadt in der Trenkova-Straße, und der Weg war nicht weit. Schon als sie in die Straße einbogen, sahen sie die Aufschrift im Schaufenster: „Skrb za logore", was so viel heißt wie „Hilfe für das Lager".

Der Mann, der die beiden Frauen empfing, war sehr höflich. Er bat sie herein und führte sie herum, erklärte, worin die Aufgaben des Büros bestanden. Die Gefangenen waren, was Essen und Kleidung anbelangte, weitgehend auf sich selbst gestellt. Die Ustaša, oder, wie im Fall Loborgrad, die Einsatzstaffel der Volksdeutschen, übernahm nur die Bewachung der Insassen. Mehr interessierte sie nicht. Deshalb hatte die jüdische Gemeinde einen Antrag an die Regierung gestellt, und so durften die Beauftragten des Büros „Skrb za logore“ nun Hilfsgüter im Lager verteilen.

Ob er irgendetwas über die serbischen Insassen erzählen könne, wollte Diana wissen. Ob er davon gehört habe, dass sich in Loborgrad nicht nur jüdische, sondern auch serbisch-orthodoxe Frauen befanden.

Nein, der Mann schüttelte den Kopf. Davon habe er noch nie gehört. Aber unmöglich sei es nicht. Er wolle sich jedenfalls umhören. Sie sollten doch bald wieder vorbeischauen, dann könne er sicher mehr darüber sagen.

Auf dem Heimweg unterhielten sich Diana und Mira, wie man weiter vorgehen sollte. Vielleicht konnte man die jüdische Gemeinde dazu überreden, auch die serbisch-orthodoxen Insassen zu unterstützen. Geld würde sich auftreiben lassen. Das Büro müsste nur mehr Hilfsgüter einkaufen und sie ins Lager schicken. Das konnte kein so großes Problem sein. Jedenfalls durfte man das nicht zulassen, dass Frauen und Kinder hungerten. Egal, welcher Religion oder welchem Volk sie angehörten.

Als sie sich trennten, hatte die Dämmerung schon eingesetzt. Dianas Mann Julije musste bald nach Hause kommen. Aber gleich am nächsten Tag wollte Diana wieder ins Büro der jüdischen Gemeinde gehen und nachfragen, ob man schon etwas herausgefunden hatte.

3

Wie sich Diana Budisavljević fühlte, was sie dachte, ist nur schwer aus ihrem Tagebuch, das sie ab Oktober 1941 führte, abzulesen. Ihre Eintragungen beschränken sich beinahe ausschließlich auf Fakten und Beobachtungen. So verrät uns das Tagebuch auch nichts darüber, welche Gedanken Diana durch den Kopf gingen, bevor sie wieder zum Büro der jüdischen Gemeinde aufbrach.

Sie musste aber an die Frauen und Kinder gedacht haben, von denen sie noch so wenig wusste. Das Schloss in Loborgrad konnte sich Diana vielleicht nur schemenhaft vorstellen. Es musste ein großes Gebäude sein, sonst wäre es kein Schloss, und darin hatte man die Frauen eingesperrt. Es gab zu wenig zu essen, und wie es mit der Heizung aussah, das wollte sich Diana gar nicht ausmalen.

Wenn der Winter wieder so eisig wurde wie der letzte, dann nutzte einem ein Dach über dem Kopf wenig. Man musste heizen, sonst kroch der Frost durch die Wände und bis hinein in die Betten.

Sie erzählte ihrem Mann noch nichts. Zuerst wollte sie mehr in Erfahrung bringen. Und als sie abermals die Tür zum Büro „Skrb za logore" öffnete, hatte sie Glück. Der Mann, der ihr nun gegenüberstand, kannte die Zustände in Loborgrad. Robert Stein leitete das Büro „Skrb za logore" und war für die Versorgung aller jüdischen Insassen in den Konzentrationslagern in Kroatien zuständig.

In Loborgrad, so erzählte er, waren ausschließlich Frauen und Kinder untergebracht. Und ja, es gab dort auch serbisch-orthodoxe Insassen. Wie viele das waren, konnte er nicht sagen, da sich die jüdische Gemeinde ausschließlich um jüdische Insassen kümmerte.

„Also sind die serbischen Frauen und Kinder ganz auf sich allein gestellt?", fragte Diana.

„Soweit ich weiß, ja", antwortete Stein, und er schilderte Diana, was er selbst gesehen hatte.

In dem Schloss gab es so gut wie keine Möbel. Viele der Frauen und Kinder schliefen auf Strohballen oder auf dem nackten Boden, weil es nicht genug Stroh gab, um sich ein Bett zu machen. Das Dach war undicht, und wenn es regnete, sammelte sich das Wasser in Pfützen, rann über die Treppen.

Robert Stein meinte, wenn sie helfen wolle, dann müsse sie sich an die Zuständigen im Hauptbüro der jüdischen Gemeinde wenden. Also machte sich Diana auf und ging zum Tomislav-Platz, wo sich die Zentrale der jüdischen Kultusgemeinde befand. Dort war man zunächst darüber erstaunt und gleichzeitig erfreut, dass sich jemand um die serbisch-orthodoxen Frauen kümmern wollte.

„Sie haben recht", sagte der Mann, der Diana nun gegenüberstand. „Eine Hilfsaktion für die serbischen Frauen und Kinder ist dringend nötig.

Aber die jüdische Gemeinde kann das nicht leisten. Wir wissen schon jetzt nicht, woher wir das Essen und die Kleidung bekommen sollen. Am besten wäre es, Sie selbst würden eine Hilfsaktion starten."

„Ich? Um Gottes willen. Das kann ich doch nicht."

„Aber wir würden Ihnen helfen", fuhr er fort. „Wir haben die Erlaubnis, Hilfsgüter ins Lager zu bringen. Sie könnten sich uns anschließen."

„Eigentlich habe ich nur daran gedacht, Geld zu spenden. Eine monatliche Spende. Ich habe so etwas ja noch nie gemacht. Für eine Hilfsaktion braucht man doch Erfahrung, und man braucht Leute, die einen unterstützen."

Natürlich hatte der Mann von der jüdischen Gemeinde recht. Wenn Diana nichts unternahm, dann würde mit großer Wahrscheinlichkeit gar nichts geschehen. Die serbisch-orthodoxen Frauen und Kinder würden Hunger leiden und frieren. Doch Diana erschien diese Aufgabe wie ein riesiger Berg, der vor ihr aufragte, steil und unbezwingbar. Wie sollte sie auch nur einen Menschen dazu bringen, ihr zu helfen? Woher sollte das Geld kommen, die Kleider? Nein, sie war nicht die richtige Person für diese Aufgabe, und das sagte sie auch.

Dennoch ließ sie der Gedanke nicht los, und schon auf dem Heimweg begann sich, fast wie von selbst, so etwas wie ein Plan zu formen. Sie könnte Mira anrufen. Das wäre schon einmal ein Anfang, und dann müsste sie nach Mitgliedern der serbisch-orthodoxen Gemeinde suchen. Ihr Mann kannte sicher einige von ihnen. Er war ja selbst serbisch-orthodox, auch wenn er nicht in die Kirche ging und auch sonst wenig mit Religion im Sinn hatte.

4

Am Abend erzählte sie ihrem Mann vom Besuch bei der jüdischen Gemeinde und ihrem Gespräch mit Robert Stein. Sie konnte es in Julijes Gesicht sehen, wie sehr ihn die Beschreibung des Lagers schmerzte.

„Wir müssen helfen“, sagte er dann. „Wenn du dich an die jüdische Hilfsaktion anschließen kannst, ist schon viel gewonnen. Dann ist der Transport gesichert.“

Trotzdem mussten sie sich nach Verbündeten umsehen, und genau darin lag die Gefahr. Wenn Diana eine ihrer Freundinnen fragte oder Julije das Thema an der Universität zur Sprache brachte, bestand immer die Gefahr, dass einer darunter war, der sie bei der Ustaša anzeigte. Das konnte sehr schnell unangenehm werden.

„Aber man kann die Kinder doch nicht einfach sterben lassen“, sagte Diana. „Außerdem hilft die jüdische Gemeinde den Juden ja auch, und die haben sogar eine Genehmigung dafür.“

„Und du meinst, wenn die Serben jetzt das Gleiche machen, werden die Ustaša und die Sicherheitspolizei das akzeptieren? Ich glaube, dass ich selber Serbe bin, wird uns da nicht helfen.“

„Aber du bist doch in Kroatien geboren“, sagte Diana.

„Das damals noch Teil des Habsburgerreiches war. Aber das interessiert die neuen Herren nicht. Die interessiert auch nicht, was ich selbst dazu sage. Für die bin ich ein Serbe. Denen ist ganz egal, dass meine Mutter eine Deutsche war. Der Name reicht völlig, und weiter fragen sie nicht.“

An jenem Abend wogen Diana und Julije die Gefahr gegen die Liebe. Es war möglich, ja es war sogar sehr wahrscheinlich, dass früher oder später eine Abordnung von Ustaša-Soldaten die Wohnung stürmte. Vor einem Universitätsprofessor und angesehenen Chirurgen wie Julije hatten sie wohl mehr Respekt als vor einem serbischen Bauern, aber im Ernstfall würde ihm seine gesellschaftliche Stellung wenig helfen. Die Ustaša würden ihm vorwerfen, dass er und seine Frau den Aufbau des kroatischen Staates unterminierten und dass sie den Feind unterstützten. Dann würden sie und ihre Familie in einem Lager verschwinden.

Aber diese Gefahr drohte ohnehin. Die Ustaša waren unberechenbar. Auch wenn sie Julije jetzt noch in Ruhe ließen, konnte sich das morgen schon ändern. Wer wusste schon, was diesen Leuten einfiel? Vielleicht kamen sie auf die Idee, kroatische Menschen dürften ab jetzt nicht mehr von serbischen Ärzten behandelt werden. Auch dann drohte der Familie Budisavljević das Lager.

Das Gespräch zog sich lange hin. Die Nacht hatte ihren Höhepunkt schon überschritten, als Diana und Julije zu einem Ende kamen. Sie hatten all den Schrecken, der über sie hereinbrechen konnte, benannt. Sie wussten, dass ihr Leben in Gefahr war, dass ihre ganze Familie darunter leiden würde, wenn auch nur etwas schiefging. Dennoch entschieden sie sich für die Hilfsaktion. Sie konnten nicht zusehen, wie Kinder starben.

II.
Erste Schritte

1

Als Julije mit seinem Gast das Wohnzimmer betrat, unterbrach er Dianas Grübeln. Sie stand auf und kam mit ausgestreckten Händen auf ihren Mann zu, küsste ihn und wandte sich dann an seinen Begleiter. Dr. Marko Vidaković war ein alter Freund Julijes, Architekt und Städteplaner. Julije hatte ihn in der Stadt getroffen.

Auf dem Heimweg hatte ihm Julije vom Lager in Loborgrad und der jüdischen Gemeinde erzählt. Vidaković war schockiert. Natürlich hatte auch er davon gehört, was die neue Regierung vorhatte, und gerüchteweise waren auch Nachrichten über Massaker an serbischen Bauern in Bosnien zu ihm gedrungen, aber er hatte das nicht besonders ernst genommen. In Krisenzeiten wurde viel geredet, und Politiker und Militärs plusterten sich auf wie Pfaue.

Aber jetzt, als er aus vertrauenswürdigem Mund hörte, dass all der Schrecken tatsächlich existierte, zögerte er nicht. „Wir müssen die Hilfsaktion von Anfang an auf eine solide Basis stellen", meinte er, erklärte sich bereit, die Kasse gemeinsam mit Diana zu führen, und zahlte auch gleich etwas ein.

Diana schrieb in ihrem Tagebuch, dass Dr. Marko Vidaković von diesem Tag an eine der wichtigsten Stützen ihrer Aktion war.

Das war der Beginn. Schon Stunden später tauchte ein älterer Mann in der Wohnung der Budisavljevićs auf. Er hieß Đuro Vukosavljević, war 78 Jahre alt und hatte eine Visitenkarte von Lazar Lađević, einem angeheirateten Verwandten Julijes bei sich. Auf dem Zettel stand, dass man dem

Mann vertrauen konnte. Auch er blieb lange an Dianas Seite, war immer zur Stelle, wenn es darum ging, Kisten zu schleppen, Kleidung zu sortieren oder neue Unterstützer anzuwerben.

An diesem Tag überschritt Diana Budisavljević die Grenze zwischen Sorge und Tat. Vielleicht ohne es zu bemerken, wurde sie zur Aktivistin. Schon am Nachmittag machte sie sich wieder auf den Weg zum Büro der jüdischen Gemeinde. Robert Stein hatte Listen besorgt. Für jeden serbisch-orthodoxen Insassen gab es ein eigenes Blatt, auf dem aufgeführt war, was besonders dringend benötigt wurde. Da gab es zum Beispiel eine Frau Pejović und ihre vier Kinder, die unter anderem um Schuhe baten.

Diana unterhielt sich eine Weile mit Stein, und er erzählte ihr, dass das Lager in Loborgrad nicht direkt der kroatischen Sicherheitspolizei RAVSIGUR und damit der Ustaša unterstand. In Loborgrad führte ein Volksdeutscher das Kommando. Er hieß Karl Heger und stammte aus Osijek. Stein meinte, das könne vielleicht im Hinblick auf die serbischen Frauen ein Vorteil sein. Denn auch wenn die Volksdeutschen mindestens ebensolche Judenhasser waren wie ihre reichsdeutschen Vorbilder, so war es doch möglich, dass sie den Hass gegen die Serben nicht mit den Ustaša teilten.

2

Als Diana am nächsten Vormittag die Unterlagen in Händen hielt, stockte ihr der Atem. Was bedeutete es, wenn all diese Dinge in einer Unterkunft fehlten? Wenn es nicht einmal Seife gab, um sich zu waschen? Hunderte Frauen und Kinder, zusammengepfercht in diesem Schloss, und es fehlte an allem.

Wie Robert Stein schon gesagt hatte, brauchten die Frauen dringend Stroh, um sich daraus Betten zu machen. Es war zwar erst Oktober, aber in den Nächten kroch die Kälte in das desolate Schloss, und die Kinder froren. Also benötigten die Menschen auch Mäntel und Decken, Hauben und Westen und vor allem Schuhe.

Noch während Diana überlegte, woher sie all diese Dinge bekommen sollte, wo man Stroh kaufte und wie man die Pakete dann ins Büro der jüdischen Gemeinde brachte, läutete es an der Haustür. Eine Frau stand davor und hielt Diana eine Tasche entgegen.

„Für die armen Frauen im Lager", sagte sie und ging, sobald Diana die Tasche an sich genommen hatte. Diana folgte ihr zwei Schritte, aber die Frau lief davon.

In der Tasche befanden sich Kleider und Socken, und Diana hatte die Tasche noch kaum abgestellt, als es schon wieder läutete. Die nächste Dame stand da und drückte Diana einen Koffer in die Hand, und so ging das den ganzen Vormittag. Die Sammelaktion hatte sich herumgesprochen, und aus ganz Zagreb kamen Leute, um Decken, Jacken und andere Dinge abzugeben. Bald stapelten sich die Taschen, und Diana rief ihre beiden Töchter an. Sie mögen doch vorbeikommen und ihr helfen.

Auch Đuro Vukosavljević tauchte auf und übernahm das Sortieren. Er ging dann los und kaufte mit dem ersten Geld aus der Kasse Decken am Schwarzmarkt. Als er zurückkam, berichtete er davon, wie er von dem Händler in die Zange genommen und befragt worden war. Wozu er so viele Decken brauche, was er denn damit anstellen wolle. Ihm sei im Winter eben kalt, hatte Đuro geantwortet und bezahlt. Er könne sich doch in so viele Decken einwickeln, wie er wolle. Aber jetzt zitterte er.

Die Menschen seien misstrauisch, sagte er. Wenn hier den ganzen Tag Leute ein und aus gingen, wie konnte man sich da sicher sein, dass nicht ein Spitzel dabei war? Einer, der zur Ustaša lief und sie alle verriet?

Diana ging dieser Gedanke schon den ganzen Tag im Kopf herum, und nun hatte Đuro ihn ausgesprochen. Es war riskant, seine Türen für Fremde zu öffnen, ihnen zu vertrauen und von ihnen Hilfsgüter anzunehmen. Doch es ging nicht anders, sie brauchten ein Netz von Unterstützern. Wie in einem Schneeballsystem musste sich die Nachricht unter den Serben in der Stadt verbreiten, nur so konnten sie genügend Kleider für den Winter sammeln.

Aber Đuro hatte recht. Sie mussten vorsichtig sein. Die Menschen, die zu ihnen kamen und Spenden abgaben, waren es auch. Keiner von ihnen ließ sich eine Bestätigung für die Spenden ausstellen. Die meisten wollten noch nicht einmal ihren Namen nennen.

Bei vielen war das auch gar nicht nötig. Diana kannte sie. Die Familie Budisavljević hatte einen großen Kreis an Freunden und Bekannten. Man war einander bei Theaterpremieren und Konzerten begegnet. Einige von ihnen arbeiteten beim Roten Kreuz, zu dem Julije gute Beziehungen unterhielt. Das Gerücht über die Hilfsaktion sprach sich schnell herum, und die Menschen ergriffen die Gelegenheit und halfen.

Dianas Töchter, Ilse und Jelka, stellten einen Tisch in die Garage, direkt unter die Deckenleuchte. Dort sortierten sie die Kleidung, und jetzt sahen sie verwundert auf, als ihre Mutter mit dem Wohnzimmervorhang über dem Arm auf sie zukam.

„Wir haben keine Zeit", sagte Diana. „Die erste Lieferung muss in den nächsten Tagen ins Lager gehen. Wir können nicht riskieren, dass alles konfisziert wird, wenn uns jemand an die Ustaša verrät."

So fiel zuerst der Wohnzimmervorhang der Hilfsaktion zum Opfer. Daraus wurden Winterjacken für Kinder. Die seidenen Vorhänge aus dem Schlafzimmer verarbeiteten Diana und ihre Töchter zu Unterleibchen, und zwischendurch ging Diana immer wieder zum jüdischen Büro, um sicherzugehen, keinen Termin zu verpassen.

Am 6. November war es dann so weit. Die erste Lieferung für die serbischen Frauen und Kinder ging von Zagreb nach Loborgrad. „Es war für uns alle ein glücklicher Tag", schrieb Diana in ihr Tagebuch. Damit begann die „Aktion Diana Budisavljević".

3

In diesen Tagen spazierte Diana oft zwischen ihrer Wohnung und dem jüdischen Büro hin und her. Manchmal fuhr sie auch mit dem Wagen und brachte Kartons mit Winterkleidern und Decken. Die Transporte nach Loborgrad funktionierten, und Diana war voller Pläne.

Dort im Büro erfuhr sie von einer Frau, die man aus Loborgrad nach Zagreb gebracht hatte. Sie lag im Krankenhaus, und Diana machte sich auf, sie zu besuchen.

Das Krankenzimmer war hell, aber überbelegt. Die Frauen lagen oder saßen in den Betten. Kinder spielten am Fußboden, und alle redeten durcheinander. Die Unterhaltung war mühsam. Immer wieder wies die Frau ihre Kinder zurecht. Sie sollten doch nicht so laut sein. Man verstehe sein eigenes Wort nicht. Und gleichzeitig fiel es ihr schwer zu reden. Sie war erschöpft und wollte sich nicht an das Lager erinnern.

Dort hausten etwa 200 serbische Frauen und ihre Kinder. Bis zu 70 Personen mussten sich ein Zimmer von nicht einmal vier mal vier Meter teilen. Mittlerweile gab es zwar so etwas wie Betten, aber diese Pritschen waren überfüllt. Die Kinder schliefen drunter und drüber, ineinander verkeilt. Für die Erwachsenen war es noch schwieriger, ein bisschen Ruhe zu finden. Nur wenn man völlig erschöpft war, beinahe ohnmächtig, konnte man die Augen schließen und ein wenig dösen.

Alles starrte vor Dreck. Die Pritschen und der Boden, die Wände und die Fenster waren mit einer Schicht aus Schmutz überzogen. Wenn so viele Menschen auf so engem Raum zusammenleben, dann kann man vor Gestank bald kaum mehr atmen.

Die Frau aus dem Lager erzählte von den verstopften Aborten und von dem Bach vor dem Schloss, in dem sie sich manchmal unter Aufsicht waschen durften. Die Wachen beobachteten sie, und wenn ihnen eine gefiel, dann nahmen sie sie mit.

Ob wenigstens die Strohballen im Lager angekommen waren, wollte Diana wissen. Die Frau schüttelte den Kopf. Es kam fast nichts an. Die Frauen wussten, dass für sie gesammelt wurde. Aber weder Kleider noch Decken erreichten das Lager.

Obwohl jeder wusste, dass die jüdische Gemeinde eine Genehmigung hatte, bekamen auch die jüdischen Frauen, es waren über tausend, kaum etwas. Der Lagerleiter, dieser Karl Heger, und sein Bruder Vlado fingen die Lieferungen am Tor ab und schafften alles fort. Es gab Gerüchte. Heger brachte die Sachen nach Zagreb zurück, hieß es. Dort verkaufte er sie dann am Schwarzmarkt. Sein Bruder Vlado stahl nicht nur die Lieferungen der jüdischen Gemeinde, er ging auch regelmäßig zu den Frauen und durchsuchte sie nach Wertgegenständen.

Diana fragte weiter. Wenn der Lagerkommandant schon die Decken und das Stroh beschlagnahmte, wie war es dann mit den Medikamenten?

Nein, nichts davon erreichte die Gefangenen. Es gab nur ein paar Deka Maisbrot alle zwei Tage, eine dünne Suppe und für die kleinen Kinder etwas Milch. Zu viel, um zu sterben, und zu wenig, um zu überleben.

„Eine Möglichkeit gibt es aber vielleicht", sagte die Frau. „Die Serbinnen haben unter sich eine Anführerin gewählt. Radojka Vasiljević." Sie kümmerte sich sehr um ihre Mitgefangenen. Wenn man die Kleider direkt an sie schicken würde, vielleicht kamen die Hilfsgüter dann doch bei den Frauen an.

Lange hörte Diana zu, und je mehr die Frau erzählte, desto mehr sank Dianas Hoffnung. Es hatte keinen Sinn, Kleider zu sammeln, wenn der Lagerleiter sie konfiszierte und zurück nach Zagreb brachte, um sie zu verkaufen oder an die Ustaša zu verschenken. Ob es etwas half, die Pakete an diese Radojka zu adressieren? Diana zweifelte daran, aber es war die einzige Alternative, die ihr im Moment einfiel. Deshalb ging sie direkt vom Krankenhaus ins Büro der jüdischen Gemeinde und gab die Anweisung, alle weiteren Lieferungen für die serbisch-orthodoxen Insassen ab sofort an Radojka Vasiljević zu schicken.

„Und außerdem muss ich unbedingt selbst in das Lager", sagte sie zu Robert Stein, der gerade den Namen der serbischen Frau notierte.

„Das ist schwierig", meinte Stein. „Und es ist auch sehr gefährlich."

„Warum bringt mich nicht die jüdische Gemeinde ins Lager?"

Robert Stein lachte gequält. „Das kommt nicht infrage."

„Wovor fürchten Sie sich?"

„Ich will nicht dafür verantwortlich sein, wenn Sie verhaftet werden."

„Aber Sie kennen doch sicher jemanden, der mir helfen kann."

„Möglicherweise. Aber ich rate Ihnen davon ab. Es kommen eben nicht alle Lieferungen an. Damit müssen wir leben. Besser, wir können den Frauen ein bisschen helfen als gar nicht."

„Das kann ich nicht akzeptieren", sagte Diana. „Auf keinen Fall."

Robert Stein druckste herum. Er kenne da jemanden, der ihr vielleicht helfen würde. Aber er könne seine Hand für diesen Mann nicht ins Feuer legen. Gut möglich, dass er mit der Ustaša unter einer Decke stecke.

Diana wollte den Namen wissen. Sie würde dann selbst entscheiden, ob sie den Mann kontaktieren wollte oder nicht.

„Na gut", sagte Stein. „Aber sagen Sie nicht, ich hätte Sie nicht gewarnt. Er ist Arzt. Sein Name ist Dr. Janko Pajaš. Ich glaube, er will helfen. Aber wie gesagt, was weiß man schon? Er leitet ein Altenheim in Loborgrad, und er arbeitet für die Gesellschaft für sozialen Schutz. Wenn er Sie nicht ins Lager bringen kann, dann niemand."

III.
Der erste Besuch in Loborgrad

1

Julije Budisavljević kannte Dr. Janko Pajaš, und er rief ihn an. Sie vereinbarten ein Treffen, und Dr. Pajaš kam am Nachmittag vorbei. Als er sah, welche Geschäftigkeit sich hier entfaltete, wie hier Strohballen und Decken gestapelt wurden, war er schnell bereit, die Aktion zu unterstützen. Während er beobachtete, wie Diana eine Decke aus einem Samtvorhang nähte, erzählte er von Loborgrad.

Er kannte das Schloss gut. Als Vorstand der „Gesellschaft für sozialen Schutz" hatte er bis September ein Altenheim geleitet, das im Schloss untergebracht gewesen war. Aber dann kam Vilko Kühnel von der Ustaša-Polizei. Er leitete dort die „jüdische Abteilung". Kühnel befahl die Räumung des Schlosses. Das Heim musste sich eine neue Unterkunft suchen, und Dr. Pajaš fügte sich der Gewalt.

Doch das war nicht das Ende der Geschichte. Die Ustaša wiesen Pajaš an, das Lager Loborgrad als Arzt zu betreuen. In dieser Funktion musste er an einer Begehung teilnehmen. Eine Kommission sollte darüber befinden, ob sich die Räumlichkeiten und die Grünanlagen überhaupt eigneten, um so viele Menschen aufzunehmen.

Die Besichtigung war selbstverständlich eine Farce. Die Ustaša hatten bereits vor Wochen beschlossen, mindestens 1500 Frauen und Kinder im Schloss unterzubringen. Da half es wenig, als Dr. Pajaš sich dagegen aussprach und vor den Folgen warnte. Zu diesem Zeitpunkt war schon ein Zug mit plombierten Waggons mit jüdischen und serbischen Gefangenen aus dem Lager Kruščica in der Nähe von Travnik nach Zagreb unterwegs.

Dr. Pajaš gab zu bedenken, dass höchstens 300 Personen in dem Schloss untergebracht werden konnten, ohne den Ausbruch von Seuchen zu riskieren. Es war einfach nicht möglich, annehmbare hygienische Bedingungen für 1500 Menschen auf so engem Raum zu schaffen.

Das beeindruckte die anderen Mitglieder der Kommission nicht. „Es ist mir völlig gleichgültig, wie die Juden sich da fühlen", sagte Božidar Gregl von der Polizeiverwaltung Zagorje in Varaždin. „Wenn sie krepieren, gibt es bald mehr Platz."

So hatte das Frauenlager in Loborgrad seinen Anfang genommen. Heute, fast zwei Monate nach dieser Begehung, war das Lager genau jene Hölle, die Dr. Pajaš vorausgesehen hatte. „Wissen Sie, man hat den Wachen erzählt, dass das gar keine richtigen Menschen sind. Die Juden und die Serben seien nur Abschaum. Tiere und Untermenschen. Und so behandeln sie sie auch. Deswegen kommt auch nichts von dem hier bei den Frauen an." Er wies mit ausgestrecktem Arm auf die Strohballen, die Kisten voller Decken und Kleider. „Das alles sammeln Sie in Wahrheit für Karl Heger und seine Bande."

2

Noch am selben Tag ging Diana zur jüdischen Gemeinde und stoppte alle Hilfslieferungen. Sie war wütend darüber, dass man ihr nicht von Anfang an die Wahrheit gesagt hatte. Aber Robert Stein verteidigte sich. Er hätte ihr gesagt, dass vieles nicht bei den Frauen ankam, und außerdem sei er machtlos. Gerade eben, keine Stunde bevor Diana im Büro aufgetaucht war, hatte sich Karl Heger höchstpersönlich hier eingefunden.

„Fällt Ihnen etwas auf?", fragte Robert Stein.

Diana sah sich um und bemerkte die leeren Regale, die leeren Bodenflächen, wo sich sonst Strohsäcke und andere Hilfsgüter stapelten.

„Er ist hier hereingestürmt, hat sich umgesehen, und wir mussten alles auf seinen Lastwagen aufladen. Alles", sagte Stein.

Viele der Pakete stammten aus Dianas Garage. Als sie nun so dastand und daran dachte, was alles verloren war, kämpfte sie mit den Tränen. All die Decken und Wintermäntel. Die Schuhe. Die meisten der Schuhe hatte sie gerade erst gekauft. Die Wäsche, die Kleider, alles verloren. Das durfte nicht sein.

3

Sie musste unbedingt selbst in das Lager in Loborgrad. Wenn sie das Schloss mit eigenen Augen sah, mit den Menschen sprechen konnte, dann würde sie eine Lösung finden. Davon war Diana überzeugt. Doch das war nicht so einfach. Es dauerte Tage, bis Dr. Pajaš wenigstens eine mündliche Zusage der jüdischen Abteilung der Ustaša-Polizei erhalten hatte.

Die Zusage war an mehrere Bedingungen geknüpft. Sie durften nicht mit dem eigenen Wagen fahren. Die Ustaša stellte ein Auto zur Verfügung, und für dieses Auto mussten sie Miete bezahlen. Diana übernahm diese Kosten, und sie kam auch für das Benzin auf. Außerdem mussten sie sich am Tag ihrer Reise im Büro der Ustaša-Polizei melden.

Als es so weit war, fuhren Dr. Pajaš und sein Sohn in aller Frühe bei Diana vor. Sie luden Hilfspakete ins Auto, darunter eine Kiste mit Baumwollkopftüchern, die ein Fabrikant aus Zagreb zur Verfügung gestellt hatte. Dann fuhren sie weiter zu Dr. Pajaš' Wohnung, wo sie wieder Schachteln und Ballen voller Kleider einluden. Dort wartete auch Anka Meleš auf sie, eine Rotkreuzschwester, die sie auf ihrer Fahrt begleiten sollte.

Der Morgen zog an Diana wie ein Sturm vorbei, und erst im Büro der Ustaša-Polizei stieg wieder Angst in ihr hoch. Da stand sie Vilko Kühnel gegenüber, jenem Mann, der für die Qualen der Frauen in Loborgrad verantwortlich war. Er hatte das Schloss ausgesucht, und er hatte die Frauen dort untergebracht.

Doch Kühnel begegnete Diana und Anka überaus freundlich. Er stellte ihnen Besuchsgenehmigungen aus und wünschte eine gute Fahrt. Es schien, als würde er die Hilfsaktion gutheißen, auch wenn er es nicht direkt aussprach.

Dieser Eindruck trug Diana über die lange Strecke von Zagreb nach Loborgrad. Bis zum eisernen Tor vor dem Schloss. Dort wurden sie von einem Wächter gestoppt und nicht weiter vorgelassen. Die Besuchsgenehmigungen der Ustaša-Polizei beeindruckten den Mann am Tor genauso wenig wie Dr. Pajaš' Versicherung, dass alles mit höchster Stelle abgesprochen sei.

Da könne ja jeder daherkommen, meinte der Wächter, und die Ustaša-Polizei habe hier gar nichts zu melden. Das Lager unterstehe der deutschen Einsatzstaffel, und nur der Lagerleiter selbst habe die Entscheidungsgewalt, wer das Lager betreten dürfe und wer nicht.

Dann solle der Wächter doch den Lagerleiter herholen. Dann werde man ja sehen, insistierte Dr. Pajaš. Außerdem, wer auch immer das Sagen habe, es stehe dem Wärter nicht zu, dem Lagerarzt den Zutritt zu verwehren.

Das Streitgespräch ging in dieser Weise eine ganze Zeitlang hin und her, und es schien Diana, als würde der Wärter seine Macht auskosten und so lange wie möglich warten, bevor er seinen Vorgesetzten verständigte. Dr. Pajaš blieb die ganze Zeit über höflich, aber manchmal mischte sich ein schneidender Unterton in seine Fragen. Seine Geduld neigte sich dem Ende zu, und das bemerkte nun auch der Wärter. Noch einmal drohte er Dr. Pajaš und den Frauen. Er sagte, er werde den Kommandanten verständigen und ihm sagen, dass sich Fremde im Lager befänden. Aber dann ließ er den Wagen endlich passieren.

4

Als sie den Wagen vor dem Schloss parkten, wurden sie sofort von bewaffneten Männern umringt. Es schien, als hätte der Funkspruch des Wärters alle Männer der deutschen Einsatzstaffel aufgeschreckt und in Alarmbereitschaft versetzt. Sie standen da, die Hände am Gewehr oder an der Gürteltasche mit der Pistole und sahen Dr. Pajaš und den beiden Frauen dabei zu, wie sie die Hilfsgüter aus dem Wagen luden.

Dann tauchte Karl Heger auf. Er ließ sich die Besuchsgenehmigungen zeigen, studierte die Stempel und die Unterschriften und reichte sie dann wieder an Diana und Anka.

Er könne sie nicht von ihrem Besuch abhalten, sagte er. Aber er bestehe auf ihrer Verschwiegenheit. Sollten sie auch nur mit irgendjemandem außerhalb des Lagers darüber reden, würde er es hören, und das würde ihnen mit Sicherheit leidtun.

Dann drehte er sich um und ging weg. Sie sahen ihn an diesem Tag nicht wieder, aber seine Männer blieben die ganze Zeit in ihrer Nähe.

Diana hielt sich an Dr. Pajaš. Sie folgte ihm durch die Gänge des Schlosses und besuchte mit ihm zuerst die Frauen der serbischen Abteilung. Doch sie hatte kaum Gelegenheit, mit den Frauen zu sprechen. Die Bewaffneten waren allgegenwärtig und unterbrachen jedes Gespräch. Dennoch konnte sich Diana ein Bild von der Situation verschaffen.

Es war noch viel schlimmer, als sie sich das vorgestellt hatte. Als sie versuchte, sich einem Kind zu nähern, wich dieses schreiend zurück. Dr. Pajaš erklärte ihr, dass es hier viele solcher Fälle gab. Den Kindern war die Angst eingeprügelt worden. Wenn sie einen Fremden sahen, flüchteten sie. Sie wussten ja nicht, ob man ihnen helfen oder sie quälen wollte.

Einmal, so hatte er es jedenfalls gehört, war ein Mädchen gestolpert und dabei soll es gegen Karl Heger gefallen sein. Das machte Heger wütend, und er prügelte das Mädchen mit seinem Gewehrkolben zu Tode.

Diana hatte Zeit sich umzusehen. Als sie an einem Fenster stand, entdeckte sie auf der Wiese eine Kolonne von Frauen. Auf der einen Seite der Wiese lag ein Holzhaufen. Die Frauen nahmen die Scheite in den Arm, trugen sie über die Wiese zur anderen Seite und stapelten sie dort auf. Ein paar Wächter standen dabei, rauchten Zigaretten und trieben die Frauen immer wieder an, wenn sie einmal nicht im Laufschritt über die Wiese hetzten.

„Das geht den ganzen Tag so“, sagte Dr. Pajaš. „Sie tragen das Holz hin und her, bis sie zusammenbrechen. Völlig sinnlos.“

„Und dagegen kann man nichts tun?“, fragte Diana.

Dr. Pajaš schüttelte den Kopf und widmete sich seiner nächsten Patientin.

5

Am Nachmittag, nachdem das Wachpersonal gewechselt hatte, konnte Diana sich ein wenig freier im Lager bewegen. Im Hof traf sie endlich auf serbische Frauen und sprach mit ihnen. Von den Hilfsgütern der letzten Tage und Wochen war so gut wie nichts bei den Frauen angekommen. Die Gerüchte über Heger bestätigten sich. Er und sein Bruder ließen die jüdischen Helfer nur selten und ungern ins Lager. Was auch immer an Hilfsgütern geliefert wurde, seien es Strohballen, Kleidung oder Essen, musste bei der Lagerverwaltung abgegeben werden.

Heger versicherte den Helfern immer wieder, er würde dafür sorgen, dass die Dinge gerecht verteilt würden. Aber das geschah nicht. Kaum waren die Lieferwagen der jüdischen Gemeinde außer Sichtweite, verluden die Wachen die Pakete auf ihre eigenen Lastwagen und brachten sie weg.

Die Frauen wussten nicht genau, was mit den Dingen geschah. Manchmal konnten sie Gespräche der Wachen belauschen, und da hatten sie gehört, dass Heger die Hilfsgüter teils direkt an die Ustaša weitergab, einen anderen Teil verkaufte und den Rest an die Volksdeutschen verteilte.

In den Nächten, so erzählten die Frauen, war es besonders schlimm. Die Wachen stürmten in die Räume und scheuchten alle auf. Die Frauen mussten in einer Reihe antreten, und dann suchten die Männer die hübschesten aus. Auch die jungen Mädchen wurden nicht verschont. Wenn sie ihnen gefielen, schleiften die Wärter auch Vierzehnjährige an den Haaren aus dem Schloss.

„Es ist kein Geheimnis, was mit den Mädchen passiert“, sagte eine der Frauen. „Auch wenn sie es uns aus Scham nicht erzählen. Sie sagen nur, sie müssen Pfannkuchen backen, und die Soldaten essen sie dann auf. Aber wir wissen es alle, und wir fürchten uns davor.“

Die Geschichte mit den Pfannkuchen stimmte. Nach dem Krieg untersuchten die Kommunisten die Angelegenheit und befragten einige Täter, Mitläufer und Überlebende. Wie von den serbischen Frauen angedeutet, feierten die Wachmannschaften wahre Orgien. Von Heger heißt es, er habe sich selbst immer gerne an sexuellen Übergriffen beteiligt. Manche vermuten sogar, das sei neben dem Diebstahl von Hilfsgütern seine Lieblingsbeschäftigung gewesen.

Diana schrieb kaum etwas über diese schrecklichen Dinge in ihrem Tagebuch. Sie erzählte damals auch niemandem von ihren Eindrücken. Zu sehr fürchtete sie, Heger könnte darin einen Bruch der Verschwiegenheitsvereinbarung sehen und ihr künftig den Zutritt zum Lager verwehren. Deshalb teilte sie ihren Mitarbeitern nur mit, was am dringendsten im Lager gebraucht wurde. Über die Lage der Frauen sagte sie nichts.

IV.
Feinde und Verbündete

1

Der Besuch im Lager wirkte nach. Die Bilder von den hungernden Kindern, die Gerüche und die bedrohliche Nähe des Lagerkommandanten Karl Heger verfolgten Diana. Aber sie gab sich keine Zeit, in diesen Schrecken noch einmal einzutauchen. Nun, da sie gesehen hatte, wie es um die Frauen stand, suchte sie nach einer Lösung.

Die Gewissheit, dass ihre Bemühungen des letzten Monats, die Gefahr, die sie auf sich genommen hatte, beinahe ohne jede Wirkung geblieben waren, quälte sie. Die vielen Strohballen, die Kleider, die sie und ihre Töchter genäht hatten, alles verloren.

So wollte sie nicht weitermachen. So, wie es jetzt war, konnte sie die Kleider auch verbrennen und das Stroh wegwerfen. Sie musste einen Weg finden, um die Hilfsgüter nicht nur nach Loborgrad zu bringen, sondern dort auch sicher an die Frauen zu verteilen.

Außerdem hing die Drohung der Ustaša über ihr, ihrer Familie und allen, die ihr halfen. Jederzeit konnte die Polizei vor der Tür stehen, konnten Soldaten das Haus stürmen und sie alle verschleppen.

Ein Bekannter riet ihr, sich doch an den evangelischen Bischof von Zagreb zu wenden. Bischof Philipp Popp habe gute Kontakte zur Wehrmacht und auch zu den Volksdeutschen. Die meisten Soldaten aus dem Deutschen Reich, so sie nicht Österreicher waren, hingen dem lutherischen Glauben an, und das galt auch für die Donauschwaben und andere deutschsprachige Minderheiten in Kroatien. Wenn das Lager in Loborgrad von Volksdeutschen verwaltet wurde, dann war Bischof Popp sicher eine gute Anlaufstelle.

Diana zögerte nicht. Sie suchte bei Bischof Popp um einen Termin an und erhielt ihn auch prompt. Doch bevor sie zur Residenz des Bischofs aufbrach, traf sich Diana noch mit einer Kinderärztin und Schwester Anka vom Roten Kreuz. Sie hatten die Idee, mit einem Rotkreuzwagen im Lager vorzufahren und belegte Brote auszuteilen.

Aber um ins Lager zu gelangen, brauchten sie wieder eine Genehmigung, und die musste von höchster Stelle kommen. Am besten von irgendeinem Ministerium. Der Weg zu dieser Genehmigung führte über mächtige Fürsprecher, und Bischof Popp war möglicherweise einer davon.

2

Bischof Popp glaubte Diana nicht. Er legte die Hand ans Kinn und sah Diana zweifelnd an. „Die Ustaša interniert Frauen und Kinder in einem Lager? Die Wehrmacht weiß davon, und die Volksdeutschen sind in diese Angelegenheit verstrickt? Das ist doch absurd. Es gibt doch keinen Grund, serbische Frauen und Kinder einzusperren."

„Aber ich habe es selbst gesehen. Ich war in Loborgrad und habe mit den Frauen gesprochen", sagte Diana.

„Und Sie sind sich sicher? Das ist wirklich ein Lager, in dem Frauen und Kinder eingesperrt sind?"

„Es besteht kein Zweifel. Der Lagerkommandant ist ein Volksdeutscher, und Sie, Herr Bischof, haben gute Kontakte zur Wehrmacht und zu den Volksdeutschen. Das habe ich jedenfalls gehört."

„Sie überschätzen mich, meine Liebe", sagte Bischof Popp. „Mein Einfluss reicht nicht sehr weit, und außerdem bin ich wohl der falsche Ansprechpartner." Er erging sich in einer langen Klage, wie sehr ihn das neue Regime an den Rand dränge und wie wenig die Protestanten im Unabhängigen Staat Kroatien zu sagen hätten.

Lang und breit referierte er über die Propaganda, die seit Monaten die Zeitungen und die Radionachrichten beherrsche. Der Unabhängige Staat

Kroatien als katholisches Bollwerk gegen die Bedrohung aus dem Osten, das könne man überall hören.

Das mochte alles zutreffen, und auch Diana hatte die Propagandaartikel gelesen und Gerüchte gehört. Dass dem evangelischen Bischof bei seiner Sorge um die Protestanten die Hetze gegen die Serben verborgen geblieben war, konnte sie aber nicht glauben.

Eugen Dido Kvaternik, der Polizei- und Sicherheitschef, Chef der RAVSIGUR, hatte zu mehreren Gelegenheiten die Serben für die lange Knechtschaft des kroatischen Volkes verantwortlich gemacht. Auf dem Boden Kroatiens gebe es keinen Platz für Serben. Sie seien der Bodensatz des Balkans, hätten immer nur versucht, die große Kultur der arischen Kroaten zu unterlaufen. Damit müsse jetzt Schluss sein. Die Serben hätten drei Möglichkeiten. Sie konnten das Land verlassen, sie konnten zum Katholizismus konvertieren, oder man würde sie eliminieren. Wie sich herausstellte, wusste Popp sehr gut Bescheid. Er wusste auch, dass dieser Ausspruch von der Vernichtung der Serben ursprünglich von Außenminister Mile Budak stammte. Aber mittlerweile war er zum geflügelten Wort geworden.

Diana unterbrach den Bischof nicht. Je länger sie dasaß und der wütenden Rede lauschte, desto mehr sank ihre Hoffnung.

„Wenn die Serben glauben, sie können sich dadurch retten, dass sie den katholischen Glauben annehmen, dann bin ich aber wirklich nicht zuständig", sagte Popp und verbreitete sich dann über die Verflechtungen der katholischen Kirche mit der Ustaša. Vor allem Franziskanermönche, so habe er gehört, würden sich an der Ausrottung der Serben beteiligen.

„So nach dem Motto, wen wir nicht bekehren können, den erschießen wir." Popp hatte sich in Rage geredet und wurde immer unhöflicher. Er verstehe auch nicht, warum sich Diana so engagiere. Aber wenn sie das unbedingt wolle, dann solle sie sich an den Sekretär des katholischen Erzbischofs wenden. Die Katholiken würden sich schon um ihre neuen Schäfchen kümmern, und wenn nicht, ginge ihn das auch nichts an.

3

Der Rat war nicht gerade im freundlichsten Ton erfolgt, aber Diana fand, es war ein guter Rat, und so sprach sie am 1. Dezember 1941 bei der Erzdiözese gleich neben der Kathedrale in Zagreb vor. Es mochte sein, dass sie auch hier auf taube Ohren stieß, aber versuchen wollte sie es.

Zunächst schien es so, als ob die katholische Kirche ihrem Anliegen wohlwollender gegenüberstand. Der Sekretär konnte schon für einen der nächsten Tage einen Termin bei Erzbischof Stepinac fixieren, und als Diana dann endlich vor dem Erzbischof stand, blickte sie in ein freundliches Gesicht. Abermals schilderte sie die Zustände im Lager, die Leiden und Qualen der Frauen und Kinder. Erzbischof Alojzije Stepinac hörte geduldig zu, und es schien Diana, dass er verstand.

„Meine liebe Frau Budisavljević", sagte er dann. „Ich bin erschüttert von dem, was Sie mir da erzählen. Aber ich fürchte, ich werde Ihnen kaum weiterhelfen können. Sie überschätzen meinen Einfluss auf die Regierung. Aber ich will natürlich versuchen, was möglich ist." Er hob die Hände, wie um etwas abzuwehren. „Doch bitte, machen Sie sich keine allzu großen Hoffnungen."

Nun hatte Erzbischof Stepinac Diana nicht ganz so brüsk behandelt wie sein protestantischer Kollege, aber auch mit dieser freundlichen Unverbindlichkeit konnte Diana nichts anfangen. Es fehlte ihr immer noch eine offizielle Genehmigung, Gefangene versorgen zu dürfen. Genau genommen hatte sie noch nicht einmal das Recht, Hilfsgüter über die jüdische Gemeinde nach Loborgrad zu schicken.

Zu Hause angekommen, klagte sie ihr Leid ihren Mitarbeitern. Während sie Pakete für die serbischen Frauen und Kinder schnürten, erzählte Diana von ihrem Besuch beim Erzbischof und davon, dass sie bald nicht mehr wusste, wen sie noch fragen sollte.

Der Kreis ihrer Mitarbeiter hatte sich in den letzten Tagen wieder einmal vergrößert. Freunde brachten ihre Freunde mit, und so wuchs das Netz der Unterstützer. Das tröstete Diana, und sie sagte, sie würde auch ohne Genehmigung und ohne Hilfe der Kirchen weitermachen, solange sich Menschen mit ihr für die armen Kinder einsetzen wollten.

In einem Bericht, den Diana nach dem Krieg verfasste, nennt sie einige Namen. „Die wichtigsten Mitarbeiter bei dieser Arbeit waren neben meiner Familie: Đuro Vukosavljević, Architekt Dr. Marko Vidaković, Ing. Vasilić, die Lehrerin Stana Radosavljević, Dr. Jelka Divjak, Dr. Milan Malojčić, Ivanka Džakula, Slava Bojanić, Ljuba Becić, die Rotkreuzschwestern Dragica Habazin und Vera Černe, die Medizinstudentin Verena Kogoj, Mirjana Lacković, Dr. Branko Kesić, der Vertreter des illegalen slowenischen Roten Kreuzes Alojz Colnar, Nikola Gajić, Olga Pokrajac, Dr. Desanka Ristović-Štampar, Dr. Janko Pajaš, der mir den Besuch von Loborgrad ermöglichte und mir auch sonst bei der Arbeit für Loborgrad half, dann Gajo Omčikus, der mit Dr. Miro Meleda und Anton Bojanić ab Herbst 1942 eine eigene parallele Aktion führte."

Einer der neuen Mitarbeiter meinte, man solle sich an Dr. Savo Besarović wenden. Der könne und wolle sicher helfen. Zufällig befand er sich gerade in Zagreb, im Hotel Esplanade, und man könne leicht Kontakt mit ihm aufnehmen.

Diana musste nicht lange überlegen. Dr. Savo Besarović war ein bekannter Rechtsanwalt und Politiker. Vor der Machtübernahme durch die Ustaša war er Mitglied der Unabhängigen Demokratischen Partei gewesen. Aber seit Ante Pavelić der neue Führer der kroatischen Nation war, hatte er sich immer weiter der Ustaša angenähert, und es gab Gerüchte, Pavelić würde Besarović einen Sitz im Parlament anbieten. Das war einerseits erstaunlich, denn Besarović war Serbe und ein Verfechter der Rechte der Serben. Andererseits war diese Entwicklung aber auch vorhersehbar, denn Besarović war vielleicht Serbe, er war aber auch ein Schulfreund des „Poglavnik", des Führers Ante Pavelić.

Auf Einladung seines Schulfreundes hielt sich Besarović nun in Zagreb auf und nahm immer wieder an Beratungen teil. Inoffiziell war er einer der engsten Vertrauten Pavelićs. Wenn man ihn also auf die Seite der Hilfsaktion ziehen konnte, dann würde man sicher nicht nur die Genehmigung bekommen, sondern weitaus mehr. Vielleicht gelang es auf diesem Weg sogar, alle Frauen und Kinder retten.

Diese Euphorie ihrer Mitarbeiter wollte Diana nicht teilen. Sie hatte in den letzten Wochen oft genug gesehen, wie sich scheinbar gute Gelegenheiten in ihr Gegenteil verkehrten, und gerade in diesem Fall war Vorsicht geboten. So nahe war sie der Staatsmacht noch nie gekommen. Gut möglich, dass sie schlafende Hunde weckte, wenn sie Besarović kontaktierte. Nein, nicht Hunde. Hyänen und Wölfe.

4

Man konnte nicht sagen, wie Besarović auf Dianas Ansinnen reagieren würde. Deshalb entschied man sich, Đuro Vukosavljević vorzuschicken. Er hatte sich nicht nur als Hilfskraft bewährt. Er war auch eloquent, und sein hohes Alter flößte den meisten Menschen Respekt ein.

Wie Vukosavljević später berichtete, traf er Besarović an der Bar des Hotels Esplanade, und vom ersten Moment an schien so etwas wie ein Einverständnis zu herrschen. Besarović zeigte sich begeistert von der Aktion Dianas und ihrer Mitstreiter. Das sei doch ein guter Anfang, meinte er, und er wolle sich aktiv dafür einsetzen. Schon heute, in ein paar Stunden, habe er einen Termin bei Ante Pavelić, und er wolle gleich mit seinem Freund, dem Führer der Kroatischen Nation, darüber sprechen.

Besarović tauchte wenige Tage später in der Garage auf, die Diana als Arbeitsraum verwendete. Es war schon Abend, und die Helfer schnürten die letzten Pakete für den kommenden Tag. Sie erstarrten, als sich die Tür öffnete und ein fremder Mann in den Raum trat. Doch der Mann lächelte, und er war alleine. Also war er wohl kein Polizist oder Geheimdienstmitarbeiter.

Er entschuldigte sich für den Schrecken, den er verbreitet hatte, und ließ sich von Diana die Hilfsaktion erklären. Sie schilderte ihm, was bisher geschehen war und worin das größte Problem bestand. Die fehlende Genehmigung machte ihr am meisten Sorgen.

Selbstverständlich wusste sie, dass so ein Blatt Papier im Ernstfall kaum etwas nützen würde, aber vielleicht half es doch ein wenig. Möglicherweise ließ ein Dokument, unterschrieben von einem Minister oder einem hohen Beamten, einen Ustaša-Soldaten zögern, bevor er einem den Schädel einschlug.

Pavelić wusste natürlich über die Vorgänge Bescheid, erklärte Besarović. Die Deportation der Juden und die Internierung der Serben geschahen auf sein Geheiß. Nur wollte er einerseits nicht mit den Einzelheiten behelligt werden, und andererseits musste er das Wissen über Missstände gegenüber seinen Verbündeten glaubhaft abstreiten können. Eine diffizile Lage, wie Besarović meinte. Vor allem die Italiener, die Pavelić und die Ustaša über Jahrzehnte unterstützt und ihnen Asyl gewährt hatten, sahen die Verfolgung der Serben mit gemischten Gefühlen. Es war sogar davon die Rede, dass Serben nicht nur nach Serbien, sondern auch und vor allem in die italienisch besetzten Gebiete Kroatiens flohen. Dort an der Adriaküste waren sie vor der Verfolgung durch die Ustaša sicher.

Schon im September hatte General Vittorio Ambrosio die Gleichbehandlung aller Bevölkerungsgruppen im italienischen Gebiet Kroatiens verfügt. Ein Affront gegen die Politik Ante Pavelićs und der Ustaša.

Jedenfalls musste man Pavelić aus der Sache unter allen Umständen heraushalten. Wenn er so eine Genehmigung höchstselbst erteilte, gab er ja indirekt zu, dass etwas nicht in Ordnung war, dass man Kinder internierte, und das durfte auf keinen Fall sein.

Wenn man also all diese Dinge bedachte, dann musste man Pavelić leider aus dem Spiel lassen und sich eine Ebene tiefer umsehen. Savo Besarović kannte die ganze Riege der Minister und Staatssekretäre. Seiner Meinung nach war Innenminister Andrija Artuković der Mann, den sie brauchten und der sicher ein offenes Ohr für Dianas Anliegen hatte. Als Innenminister war Artuković letztverantwortlich für die Arbeit der Polizei und auch für die Vorgänge in den Lagern. Das dachte Besarović jedenfalls, und er rief beim Minister an und erreichte eine Audienz für Diana.

5

Mittlerweile kannte Diana diesen jovialen Ton schon. Minister Artuković war mindestens so freundlich wie die beiden Bischöfe, und noch bevor sich das Gespräch so recht entwickelt hatte, ahnte Diana schon, worauf das hier hinauslaufen würde.

Es stimme schon, als Innenminister sei er in letzter Konsequenz für die innere Sicherheit verantwortlich. Das stehe außer Frage. Aber was die internierten serbisch-orthodoxen Frauen und Kinder anbelange, da könne er ihr nicht weiterhelfen. Für die Erteilung einer Genehmigung zur Versorgung von Gefangenen sei einzig und allein der Chef der RAVSIGUR, Eugen Dido Kvaternik, zuständig.

„Er, und nur er, kann Ihnen den Zutritt zu einem Lager bewilligen. Meine Einwilligung würde da gar nichts nützen“, sagte Artuković.

„Aber einen Termin beim Chef der Sicherheitspolizei, das stelle ich mir schwierig vor“, sagte Diana.

„Ich kann da gerne für Sie anrufen“, meinte Artuković. „Das ist kein Problem. Aber die Frage ist, ob Kvaternik mit Ihrer Idee einverstanden sein wird.“

Artuković führte das nicht weiter aus, und das war auch gar nicht nötig. Diana verstand die Warnung. Selbst wenn man sich nicht besonders für die politischen Vorgänge in Kroatien interessierte, musste man bemerkt haben, wie verbissen Kvaternik seine Ziele verfolgte. Für ihn war jeder Serbe ein Staatsfeind, egal ob Mann, Frau oder Kind. Man solle sich nicht von den hübschen kleinen Gesichtern täuschen lassen, hatte Kvaternik in einer Rede gesagt. Irgendwann, in ein paar Jahren, wurden aus den niedlichen Kindern Erwachsene. Soldaten, Terroristen, die den Unabhängigen Staat Kroatien bedrohten.

„Ich wäre Ihnen sehr verbunden, wenn Sie ein gutes Wort beim Sicherheitschef für mich einlegen könnten“, sagte Diana. „Aber eine Frage hätte ich noch an Sie als Innenminister. Gibt es ein Gesetz, das es ausdrücklich verbietet, den Gefangenen zu helfen?“

„Nein, so ein Gesetz gibt es nicht.“

„Das heißt, wenn mir das jemand verbieten wollte …"

„Eine Genehmigung wäre natürlich von Vorteil", unterbrach sie der Minister. „Aber im Grunde haben Sie recht. Niemand dürfte Ihnen Schwierigkeiten machen, wenn Sie den Inhaftierten helfen."

6

In den nächsten Tagen rief Diana immer wieder im Büro von Minister Artuković an und fragte, ob Sicherheitschef Kvaternik schon einen Termin zugesichert hätte. Beim ersten Mal wurde sie zu Artuković selbst durchgestellt. Der vertröstete sie. Der Sicherheitschef sei auf einer Reise, aber sobald er zurück sei, würde er sich ganz sicher bei Diana melden.

Doch der Anruf kam nicht. Diana entschloss sich, erneut bei Minister Artuković anzurufen. Diesmal landete sie bei seinem Sekretär, der ihr schöne Grüße vom Minister ausrichtete, ihr aber sonst nicht weiterhelfen konnte. Sie möge sich doch am nächsten Tag noch einmal melden.

Das tat Diana, und nun war der Ton des Sekretärs schon wesentlich weniger freundlich, und auch am Tag darauf klang der Mann nicht besonders einladend. Nach dem vierten oder fünften Anruf hatte Diana die Geduld des Sekretärs, so schien es, erschöpft. Der Minister habe bis jetzt noch keinen Termin beim Sicherheitschef erwirken können, und es sei nicht statthaft, ihn zu drängen. Es sei besser, den Dingen ihren Lauf zu lassen und sich nicht weiter in Angelegenheiten der Regierung zu mischen.

„Ich hörte dann mit den Telefonanrufen auf, da ich noch unangenehme Folgen befürchtete", schrieb Diana in ihr Tagebuch.

V.
Die fehlende Genehmigung und eine Verhaftung

1

Trotz der brüsken Antwort aus dem Innenministerium verlor Diana die Hoffnung nicht. Sie hatte immer noch die mündliche Zusage des Innenministers Artuković, und damit ließ sich vorerst arbeiten. Außerdem setzte sie ihre Hoffnungen auf Savo Besarović. Es schien, als würde Pavelićs Freund sich tatsächlich für ihre Aktion interessieren und sich für sie starkmachen. Er besuchte Diana in den folgenden Wochen immer wieder und versprach, sich bei hoher Stelle für sie einzusetzen.

In der Zwischenzeit gingen die Hilfslieferungen weiter, und die Zusammenarbeit mit der jüdischen Gemeinde gedieh. Zwar kamen immer noch nicht alle Hilfsgüter bei den Frauen in Loborgrad an, aber die jüdischen Mitarbeiter versicherten, dass es nach Dianas Besuch leichter sei, die Decken, Mäntel und das Essen direkt an die Frauen auszuteilen.

Das war selbstverständlich keine Garantie, dass die Frauen diese Dinge auch behalten durften. Es konnte gut sein, dass Lagerkommandant Karl Heger seine Schergen nach der Abreise der jüdischen Helfer anwies, die Frauen zu filzen und ihnen alles wieder abzunehmen. Doch wenigstens das Essen konnten sie ihnen dann nicht mehr nehmen.

Gerade als wieder eine Lieferung nach Loborgrad abgehen sollte, erreichte Diana ein Anruf. Eine serbisch-orthodoxe Frau sei aus unerfindlichen Gründen freigelassen worden und stehe nun hier im jüdischen Büro. Man wisse nicht, was man mit ihr anfangen solle.

Als Diana im Büro „Skrb za logore“ ankam, stand die Frau da und sah verstört in die Runde. Robert Stein war an diesem Tag nicht anwesend, und die anderen Mitarbeiter zeigten sich überfordert. Sie hatten der Frau einen Stuhl angeboten, etwas zu trinken, aber sie hatte alles abgelehnt. Sie wollte nur endlich hier heraus und nie wieder etwas vom Lager und von den Gefangenen hören.

Doch so einfach war das nicht. Wie sich im Gespräch herausstellte, hatten die Wärter des Lagers die Frau hier im jüdischen Büro abgestellt und nichts weiter unternommen. Sie hatten ihr nur gesagt, sie müsse sich binnen Tagesfrist bei der Ustaša-Polizei melden, um einen Freilassungsschein zu bekommen. Ohne diesen Schein konnte sie jederzeit wieder verhaftet und interniert werden.

Die Dienststelle der Ustaša-Polizei befand sich nicht weit vom Büro, und so entschied Diana, den Koffer der Frau derweilen hier unterzustellen. Draußen auf den Straßen sahen sie, wie Autos vorbeifuhren, wie Männer und Frauen ihre Einkäufe erledigten und Kinder durch die Parks liefen. Es war ein Freitagnachmittag, und die Innenstadt von Zagreb war angefüllt mit dem Lärm des Lebens.

Vielleicht fiel Diana das gar nicht besonders auf. Aber die Frau aus dem Lager muss mit Verwunderung um sich geblickt haben. Hier ging das Leben weiter. Nirgends sah sie ein Zeichen, einen Hinweis, dass keine Autostunde Fahrt von hier Frauen und Kinder verhungerten, geschlagen und vergewaltigt wurden.

Was weiter geschah, erfuhr Diana erst später. Die Frau betrat das Gebäude, in dem die Ustaša-Polizei untergebracht war. Sie wurde gleich am Eingang von einer Wache aufgehalten und gefragt, was sie hier zu suchen hatte. Sie erklärte es dem Soldaten, und der ließ sie von Uniformierten in den ersten Stock eskortieren.

Dort standen sie dann in einem Büro. Die Frau und die beiden Uniformierten links und rechts von ihr. Niemand sagte etwas, bis ein anderer Uniformierter durch eine Seitentür kam. Er sah aus, als hätte er hier das Kommando. Seine Haltung war strammer, an seinem Kragen blitzten mehr Abzeichen, und sein Ustaša-Emblem wirkte auch heller und irgendwie bedeutender.

Er musterte die Frau aus dem Lager. Dann sagte er: „Sie sind verhaftet. Abführen.“ Und die Uniformierten packten die Frau unter den Armen und brachten sie weg.

Das alles ging so schnell, dass die Frau keine Zeit hatte, zu protestieren.

2

Aus Sarajevo, so kündigte Savo Besarović an, sei eine größere Lieferung mit Kleidern und Schuhen unterwegs. Die serbisch-orthodoxe Kirchengemeinde hatte eine Sammelaktion gestartet, und nun solle sich Diana darum kümmern, die Sachen irgendwo zwischenzulagern, bevor man einen Transport nach Loborgrad organisieren könne.

Diese Nachricht versetzte Diana und ihre Mitarbeiter in Aufruhr. Sie sprachen oft darüber, welches Risiko sie eingingen, wenn sie die Hilfsgüter in Dianas Haus lagerten. Nicht nur, dass sie bei einer Durchsuchung durch die Ustaša alles verlieren konnten. Die Hilfsgüter konnten dann auch als Beweis dienen. Es wäre leicht, sie alle wegen illegaler Aktivitäten zu verhaften. Gerade vor ein paar Tagen hatte die Ustaša das Büro der jüdischen Gemeinde auf den Kopf gestellt, hatte alle Pakete aufgerissen und die Kleider, die Decken in den Dreck gezerrt. Die Soldaten hatten Akten aus den Regalen gerissen und alles weggetragen, was irgendeinen Wert zu besitzen schien.

Wieder ging Diana los, um eine Genehmigung für ihre Aktion aufzutreiben. Savo Besarović versuchte, sie zu vertrösten. Er versprach, alles zu unternehmen, damit die Genehmigung bald ausgestellt werde. Er würde mit seinem Freund, dem Poglavnik, darüber sprechen, aber noch müsse man zuwarten. Es sei politisch im Moment schwierig. Selbst Pavelić müsse politische Rücksicht nehmen auf die Entwicklungen im Land.

Wie sie in ihrem Tagebuch schrieb, verlor Diana langsam die Geduld mit Besarović. Er hielt sie nun schon seit Wochen hin, erzählte immer wieder von seinen wichtigen Treffen mit Pavelić oder anderen hochrangigen Ustaša. Doch die Ergebnisse ließen auf sich warten.

Zunächst versuchte es Diana bei einem Anwalt, der für seine Nähe zum neuen Regime bekannt war. Gerüchtehalber war zu hören, dass er in der Lage war, die Behörden zu beeinflussen. Gegen eine bestimmte Summe wäre er dazu bereit, auch eine Genehmigung für den Besuch von Konzentrationslagern und das Verteilen von Hilfsgütern zu erwirken. Das hatte Diana jedenfalls gehört.

Als sie dann vor dem Anwalt saß, merkte sie bald, dass man ihr falsche Hoffnungen gemacht hatte. Der Anwalt erging sich in langen Erklärungen, warum es keine gute Idee war, sich in die Serbenpolitik der Ustaša einzumischen, und lehnte Dianas Bitte ab. Er wolle mit solchen Dingen erst gar nichts zu tun haben, denn zu leicht gerate man dabei in Teufels Küche. Ob sie sich denn schon einmal überlegt habe, was ihr selbst alles zustoßen könne?

Diana blieb nur aus Höflichkeit sitzen und hörte sich seine Ausführungen bis zum Schluss an. Der Anwalt war ein weiterer Fehlschlag, aber irgendwer musste ihr doch helfen können. Und da beschloss sie, es auf die gleiche Weise zu versuchen, wie die jüdische Gemeinde. Vielleicht hatte sie Erfolg, wenn sie direkt zur Ustaša-Polizei ging.

3

Vilko Kühnel, der Leiter der jüdischen Abteilung der Ustaša-Polizei, kannte Diana schon von ihrem letzten Besuch gemeinsam mit Dr. Pajaš. Als sie um einen Termin bei ihm ansuchte, ließ er sie gleich vor. Er hörte sich an, was sie zu sagen hatte, und schüttelte währenddessen immer wieder den Kopf.

„Liebe Frau Budisavljević, was man Ihnen da im Büro der jüdischen Gemeinde gesagt hat, stimmt nicht“, sagte er. „Die Genehmigung meines Amtes bezieht sich ausschließlich auf die jüdischen Gefangenen. Das letzte Mal habe ich Ihnen nur deshalb erlaubt, ins Lager zu fahren, weil Sie Dr. Pajaš begleitet haben. Sie müssen begreifen, dass Sie vollkommen illegal agieren, wenn Sie Hilfslieferungen nach Loborgrad schicken, egal, auf welchem Weg. Ich könnte Ihnen nicht einmal helfen, wenn ich wollte. Wir sind hier für die Juden zuständig. Verstehen Sie? Wenn Sie Ariern helfen wollen, dann müssen Sie sich an eine andere Stelle wenden. Am besten an Direktor Mirko Vutuc von der Sicherheitsdirektion."

Zwar kannte Diana diesen Direktor Vutuc nicht, aber sie wollte es gleich versuchen und ging in die Oberstadt. Dort bei der Sicherheitspolizei wurde sie aber erst gar nicht eingelassen. Sie musste sich mit der Auskunft zufriedengeben, dass sie hier nichts zu suchen hatte und besser ihrer Wege ging.

Als am nächsten Tag Savo Besarović wieder einmal zu Besuch kam, stellte ihn Diana vor allen ihren Mitarbeitern zur Rede. Da er jetzt ja bald Abgeordneter zum Parlament werde und damit offiziell für die serbische Bevölkerung zuständig sei, wäre es allmählich an der Zeit, seinen Worten auch Taten folgen zu lassen.

„Sie haben es versprochen", sagte Diana. „Ich verlasse mich seit Wochen und Monaten darauf. Aber immer noch habe ich nichts Schriftliches in der Hand."

„Aber meine Verehrte", begann Besarović. „So einfach ist das eben nicht. Sie haben ja keine Ahnung. Von Tag zu Tag wird es schwieriger. Loborgrad ist ja nicht das einzige Lager."

Doch da täuschte sich Besarović, Diana wusste Bescheid. Durch die Zusammenarbeit mit der jüdischen Gemeinde, durch Gespräche mit den Rotkreuzschwestern hatte Diana von der Existenz eines ganzen Netzes von Lagern erfahren, das sich über das Staatsgebiet Kroatiens ausdehnte. Von dem Arbeitslager auf der Insel Rab über die vielen Lager in der Umgebung von Zagreb bis zum Vernichtungslager Jasenovac. Es gab viele solcher Lager, und die schlimmsten waren Jasenovac und Stara Gradiška. Dahin brachte die Ustaša die Menschen, um sie zu ermorden. Nur für die kräftigen Männer und Frauen gab es noch die Hoffnung, als Zwangsarbeiter nach Deutschland deportiert zu werden. Eine bittere Hoffnung, aber besser, als unter den Messern der Ustaša zu verbluten.

Sowie sie hier redeten, starben Menschen in diesen Lagern. Die Soldaten mähten sie mit Maschinengewehren am Rand jener Grube nieder, die die Gefangenen selbst ausheben mussten. Sie schlitzten den Männern den Hals mit dem Srbosjek, einem Erntemesser, auf und hielten sie fest, bis ihr Herz aufgehört hatte zu schlagen. Die Frauen wurden über den Gräbern vergewaltigt, und dann hieb man ihnen mit einer Axt auf den Schädel und warf sie zu den anderen Leichen. All das geschah jetzt, in diesem Moment, in dem Besarović darüber redete, wie schwer es war, eine Genehmigung für die Hilfsaktion zu erwirken.

„Soll ich nun selber noch einmal in die Sicherheitsdirektion gehen?", fragte Diana. „Wenn Sie es nicht wagen, ich bin dazu bereit."

Besarović schüttelte den Kopf. „Das ist keine gute Idee. Über Sie wird schon geredet, und Sie genießen keinen Schutz, von niemandem."

„Ich habe die mündliche Zusage von Minister Artuković. Ich weiß", wehrte Diana den Einwand ab. „Das wird mir im Ernstfall nichts helfen. Also, was machen wir jetzt?"

Es war unwahrscheinlich, gerade in der Sicherheitsdirektion, die doch die Vernichtung der Juden und Serben betrieb, auf jemanden zu stoßen, der ihnen wohlgesonnen war. Diese Leute hatten es sich doch zur Aufgabe gemacht, ihre Feinde so schnell und so gründlich vom Erdboden zu tilgen, wie sie es nur vermochten. Hilfslieferungen, welcher Art auch immer, kamen ihnen sicherlich nicht gelegen. Also war es keine gute Idee, gerade dorthin zu gehen und um Erlaubnis zu bitten, die serbisch-orthodoxen Frauen und Kinder retten zu dürfen. Ganz im Gegenteil, Diana und ihre Freunde mussten alles versuchen, um die Aufmerksamkeit der Sicherheitsdirektion nicht zu erregen. Doch dazu, so fürchtete Diana, war es längst zu spät.

Die Aktion Diana Budisavljević war nicht sehr erfolgreich, das musste Diana eingestehen. Viele der Hilfsgüter kamen nicht bei den Frauen und Kindern an. Die offiziellen Stellen, sogar die Kirchen wollten mit ihr nichts zu tun haben, und jeder Vorstoß hatte bisher nur Ablehnung gebracht.

Dennoch entschieden sich Diana und ihre Helfer weiterzumachen. Dianas Töchter meinten, allein die Tatsache, dass da ein paar Leute waren, die Kleider sammelten und zumindest versuchten, sie ins Lager zu bringen, brachte den Menschen dort Hoffnung. Auch die serbisch-orthodoxe Gemeinde in Zagreb selbst hatte sich neu formiert, und Dianas Haus war zu einem Treffpunkt und Umschlagplatz geworden. Die Hilfsgüter waren wichtig, und es war gut, wenn ein Teil davon bei den Frauen und Kindern ankam. Aber noch viel wichtiger war es, den Menschen Mut zu machen, ihnen zu zeigen, dass sie in ihrem Elend und ihrer Verzweiflung nicht allein waren.

VI.
Die Befreiung der Kinder aus Loborgrad

1

Der Anruf kam am Nachmittag des 19. Februar 1942. Dr. Rosenberg von der jüdischen Kultusgemeinde war am Apparat und teilte Diana mit, was er soeben erfahren hatte. Alle Kinder bis zum vierzehnten Lebensjahr sollten unverzüglich aus dem Lager Loborgrad entlassen werden.

Sosehr Diana diese Nachricht freute, sosehr versetzte sie sie auch in Aufruhr. Alle Kinder? Wie viele mochten das sein, und wo sollte man sie jetzt auf der Stelle unterbringen? Schnell warf sich Diana einen Mantel über und machte sich zum Büro der jüdischen Gemeinde auf. Dort bestätigte man ihr die Meldung. Die Ustaša-Polizei hatte eine Anweisung erlassen, alle Kinder aus dem Lager zu schaffen. Um die jüdischen Kinder sollte sich die jüdische Gemeinde kümmern, um die serbisch-orthodoxen Kinder Diana und ihre Helfer. Die näheren Umstände der Übergabe der Kinder würde man in den nächsten Tagen noch klären. Dazu müsse man sich mit der Leitung des Lagers abstimmen und die nötigen Transporte organisieren.

Diana traute der Nachricht nicht. Zu oft hatte man ihr schon Dinge zugesichert, an die sich später niemand erinnern wollte oder die man einfach nicht einhielt. Seit ihrem ersten Besuch in Loborgrad hatte sie darauf gedrängt, wenigstens die Kinder aus dem Lager zu entlassen. Und jetzt, Monate später, sollte es so weit sein? Welchen Grund konnten Lagerkommandant Heger und die Ustaša haben, die Kinder jetzt loszuwerden?

Für diese mysteriöse Entscheidung gab es vielleicht einen Auslöser, von dem Diana nichts wusste, nichts wissen konnte. Ein gewisser Wilhelm

Knehe aus Duisburg war zu dieser Zeit als Major der deutschen Wehrmacht in Zagreb stationiert. Laut einer Zeugenaussage bei seinem Entnazifizierungsprozess 1947 soll er sich im Februar 1942 für die Freilassung der Gefangenen aus Loborgrad eingesetzt haben. Er wollte vor allem die Kranken aus dem Lager in ein Spital nach Zagreb bringen.

Auch Lagerkommandant Heger hatte schon im November bei der Ustaša-Polizei interveniert, um die Überbelegung des Lagers zu reduzieren. Er fürchtete sich vor allem vor der sich ausbreitenden Typhusepidemie. Anfang Februar waren angeblich mehr als siebzig Frauen an Typhus erkrankt, und da sich Heger weigerte, den Hygieneempfehlungen der Ärzte zu folgen, stieg die Zahl der Infizierten täglich.

Diana wusste von Hegers seltsamem Verhalten. Einerseits geriet er in Panik, wenn er das Wort Typhus auch nur hörte, andererseits verweigerte er jede ärztliche Hilfe. Nicht einmal die simpelsten Vorsichtsmaßnahmen ließ er zu. Als klar war, dass das Wasser aus der Quelle neben dem Schloss verseucht war, verbot Heger, den Brunnen stillzulegen. Er zwang die Frauen sogar dazu, aus dem Brunnen zu trinken.

Aber Hegers Verhalten wurde noch merkwürdiger. Gerade erst hatte er Unmengen an Desinfektionsmitteln geordert. Es sah so aus, als wolle er die Typhusepidemie jetzt endlich bekämpfen, und dann ließ er die Kinder einfach so gehen? Bevor sie das glaubte, wollte Diana die Bestätigung der Ustaša-Polizei. Deshalb ging sie abermals zu Vilko Kühnel, dem Chef der jüdischen Abteilung der Ustaša-Polizei.

„Sie werden langsam ein Dauergast in meinem Büro“, sagte Kühnel und streckte Diana die Hand entgegen. „Nicht dass mich das stören würde. Sie kommen sicher wegen der Kinder.“

„Ich frage Sie jetzt ohne Umschweife“, sagte Diana. „Werden die Kinder wirklich freigelassen?“

„So ist es. Und wir müssen Vorkehrungen treffen. Der Transport muss organisiert werden und natürlich auch die Unterbringung. Kann ich davon ausgehen, dass Sie diese Aufgaben für die serbisch-orthodoxen Kinder übernehmen?“

2

Für diese Aufgabe waren Diana und ihre Mitarbeiter nicht gerüstet. Wie sollten sie mehrere hundert Kinder unter vierzehn Jahren aufnehmen und versorgen? Das war ganz unmöglich. Allein der Transport von Loborgrad nach Zagreb war in diesen Zeiten nur sehr schwer zu bewerkstelligen. Es gab im Grunde nur eine Organisation, die das leisten konnte.

Also ging Diana zum Direktor des Roten Kreuzes in Zagreb und bat ihn um Hilfe. Es müsse doch möglich sein, dass das Rote Kreuz wenigstens Helfer bereitstelle und den Transport übernehme.

Aber der Direktor wies Diana ab. Er habe strikte Order, sich nicht in die Angelegenheiten der Ustaša einzumischen. Er habe es ihr schon im letzten Gespräch gesagt, das Rote Kreuz werde sich nicht in den Lagern engagieren. Das sei einfach zu gefährlich.

Aber in diesem Fall gehe es gar nicht um die Lager selbst. Das Rote Kreuz müsse lediglich die Kinder von dort abholen und dann versorgen, blieb Diana hartnäckig. Außerdem habe man eine Genehmigung von höchster Stelle. Das Rote Kreuz brauche sich also keine Sorgen zu machen.

Doch alles Verhandeln blieb sinnlos, der Direktor ließ sich nicht umstimmen. Sein einziger Rat war, Diana möge doch ins Ministerium für Gesellschaftsfragen gehen und dort nachfragen. In der Abteilung für Kinderschutz arbeite ein gewisser Prof. Kamilo Brössler. Möglicherweise könne der ihr weiterhelfen.

So pilgerte Diana wieder von einem Ansprechpartner zum nächsten. Wenigstens klang Prof. Brössler am Telefon nicht ganz so abweisend wie der Direktor des Roten Kreuzes. Er schien sogar recht aufgeschlossen und interessiert. Natürlich, so meinte er, könne er so im ersten Moment noch nichts versprechen, aber wenn die Kinder tatsächlich freikommen sollten, dann würde sich schon etwas machen lassen.

Er schlug vor, die ersten Kinder in der Taubstummenanstalt in Zagreb unterzubringen. Dort, in der Abteilung für die Ausbildung gehörloser Kinder (Zavod za odgoj gluhonijeme djece), könne er Platz schaffen.

Gleichzeitig forderte er Diana auf, alle Bekannten und Freunde aus der serbisch-orthodoxen Gemeinde zusammenzurufen und sie zu bitten, die Kinder auf die Familien in der Stadt aufzuteilen.

Schon während des Gesprächs mit Prof. Brössler schöpfte Diana wieder Hoffnung. Zwar machte Brössler alles von der Entscheidung seiner Vorgesetzten und des Ministers abhängig, aber er versprach, sich persönlich einzusetzen. Es würde schon gutgehen, meinte er.

Kamilo Brössler war zu diesem Zeitpunkt Direktor der Abteilung für soziale Fürsorge im Ministerium für Gesellschaftsfragen. Er hatte diesen Posten im März 1940 auf Wunsch seines damaligen Chefs Joseph Rasuhin übernommen. Rasuhin war der Direktor der Schule für öffentliche Gesundheit in Zagreb und beobachtete Brösslers Werdegang seit Langem. Er kannte niemanden, der sich so für das Wohl benachteiligter Kinder engagierte, und als die Stelle im Ministerium frei wurde, schlug er Brössler als besten Kandidaten vor.

In seinen Erinnerungen berichtet Brössler von der ersten Begegnung mit Diana Budisavljević: „Eines Tages kam eine Dame in mein Büro. Sie stellte sich vor, und ich vermutete, sie müsse die Gemahlin eines unserer berühmten Wissenschaftler sein. Sie wollte wissen, ob ich genaue und zutreffende Information über hunderte und tausende Kinder hätte, die derzeit in Lagern wie Stara Gradiška und Jasenovac interniert und zum Tode verdammt waren, wenn sie nicht jemand rettete."

Brössler schreibt weiter, er konnte sich zu diesem Zeitpunkt nicht vorstellen, wie diese ungeheure Aufgabe zu bewältigen war. Im Februar 1942 befanden sich alles in allem etwa 4000 Kinder in der Obhut des Ministeriums, und Brössler war froh, wenigstens denen ein Dach über dem Kopf bieten zu können. Es war gar nicht auszudenken, was es bedeuten würde, tausende weitere Kinder zu betreuen.

Sie vereinbarten ein Treffen für einen der folgenden Tage, und Diana trommelte ihre Mitarbeiter zusammen. Neben den Hilfslieferungen nach Loborgrad übernahm sie jetzt eine neue, viel schwierigere Aufgabe. Sie mussten Familien finden, die bereit waren, ein Kind aufzunehmen.

3

Pro. Brössler ließ auf sich warten. Diana saß im Vorzimmer seines Büros und sah bei jeder Bewegung erwartungsvoll auf. Als Brössler dann endlich auftauchte, lächelte er. Gerade eben, bis vor fünf Minuten, hatte er mit dem Minister verhandelt, und es war alles gutgegangen. Sie hatten die Genehmigung, die Kinder aus Loborgrad zu holen und nach Zagreb zu bringen. Jetzt war alles nur mehr eine Frage der Organisation.

Sobald der Termin fixiert sei, solle Diana in Begleitung eines Beamten und einer Beamtin des Ministeriums für Gesellschaftsfragen nach Loborgrad fahren und die Kinder abholen. Prof. Brössler drängte auf Eile. Man wisse nie, ob sich die Ustaša oder die Lagerleitung das Ganze nicht in ein paar Tagen wieder anders überlegten. Deshalb müsse jetzt sofort mit den Vorbereitungen begonnen werden.

In der Taubstummenanstalt traf Diana auf Dr. Lujo Domljan. Er leitete die Abteilung für die Ausbildung gehörloser Kinder, und Prof. Brössler hatte ihn schon telefonisch unterrichtet. Sie besprachen die technischen Details. Es ging vor allem um die Zugstrecke. Diana übernahm die Aufgabe, sich über die Fahrzeiten, Haltestellen und Zubringerstraßen zu informieren. Dann müsse man nur noch einen Termin festlegen. Je eher, desto besser.

Zu Hause warteten schon die Vertreter der serbisch-orthodoxen Gemeinde in Zagreb. Sie versammelten sich um den Wohnzimmertisch, und Diana erklärte zum dritten oder vierten Mal an diesem Tag, worum es ging. Es musste doch möglich sein, bei den vielen serbisch-orthodoxen Familien, die in Zagreb lebten, ein paar Kinder unterzubringen. Wenn jede Familie nur ein Kind aufnahm, wäre schon ein großer Teil des Problems aus der Welt geschafft.

Die Männer und Frauen am Wohnzimmertisch hörten sich das schweigend an. Dann schüttelten sie den Kopf. Nein, das war unmöglich. Die Kinder aus dem Lager mochten ja serbisch-orthodox sein, aber die meisten waren auch krank. Das konnte man doch nicht verantworten, wenn da Kinder kamen, die Krankheiten und Seuchen in Zagreb verbreiteten.

Selbstverständlich würden die Kinder zuerst eine medizinische Untersuchung durchlaufen, und eine Desinfektion war ebenfalls vorgesehen. Da brauche man sich keine Gedanken zu machen, wandte Diana ein.

Aber dennoch könne man doch nicht einfach wildfremde Kinder bei sich aufnehmen. Wer wisse schon, welche Erziehung sie genossen hatten, welche Unarten und vielleicht kriminellen Neigungen sie mitbrachten. Nein, das sei alles ganz ausgeschlossen.

Diana versuchte noch das eine oder andere Argument, aber sie hatte schon verstanden, worauf diese Diskussion hinauslief.

„Sagen Sie es mir ganz offen", forderte sie die Anwesenden auf. „Was ist unser Ergebnis? Heißt das, ich soll nur so viele Kinder aus dem Lager holen, wie die Taubstummenanstalt aufnehmen kann? Die anderen soll ich einfach dort lassen?"

Niemand widersprach ihr.

4

Đuro Vukosavljević hielt Kontakt mit dem Abgeordneten Besarović. Sie tranken gelegentlich Kaffee im Salon des Hotels Esplanade, in dem sich Besarović nun als Dauergast eingemietet hatte. Als ihm Vukosavljević von den neuen Entwicklungen, der möglichen Freilassung der Kinder, berichtete, trug Besarović ihm auf, Diana sofort zu ihm zu bringen.

Diana folgte der Einladung. Oder dem Befehl, je nachdem, wie man Besarovićs Verhalten interpretieren mochte. Als Diana vor ihm saß, mangelte es ihm jedenfalls an einem guten Umgangston, wie Diana in ihrem Tagebuch andeutete.

Zunächst reklamierte er den Erfolg für sich. Ohne seinen Einfluss, seine permanente Intervention hätte die Ustaša-Polizei einer Freilassung niemals zugestimmt. Nur durch geheime und schwierige Verhandlungen sei ihm das Kunststück geglückt.

„Und jetzt wollen Sie alle meine Bemühungen zunichtemachen", sagte er.

„Wie kommen Sie auf solche Ideen?", wollte Diana wissen.

„Ihr Mitarbeiter hat mir doch erzählt, Sie wollen die Kinder so schnell wie möglich aus dem Lager holen."

„Aber natürlich will ich das. Diese Gelegenheit dürfen wir uns doch auf keinen Fall entgehen lassen."

„Damit gefährden Sie die ganze Aktion."

„Das müssen Sie mir erklären", sagte Diana.

„Wissen Sie denn nicht, dass die Zusicherung bezüglich der Kinder nur der erste Schritt ist? Höchstens acht Tage noch, dann habe ich auch die Frauen aus dem Lager befreit."

„Das können Sie mir wirklich versichern?", fragte Diana.

„Aber ja doch. Meine Verhandlungen stehen kurz vor dem Abschluss. Wenn Sie jetzt aber die Kinder aus dem Lager holen, dann wird das nicht funktionieren. Also warten Sie noch."

„Dann muss ich aber Prof. Brössler Bescheid sagen und den Leuten in der Taubstummenanstalt. Ich meine, ich warte gerne, wenn Sie mir schwören können, dass auch die Frauen befreit werden."

„Sie wissen doch, ich habe Verbindungen in die höchsten Kreise. Der Poglavnik ist mein persönlicher Freund. Vertrauen Sie mir. In acht Tagen können Sie einen großen Erfolg feiern."

VII.
Hausdurchsuchung

1

Mittlerweile verfügte Diana über eine sehr genaue Liste der serbisch-orthodoxen Frauen und Kinder im Lager Loborgrad. Ende Februar 1942 befanden sich laut dieser Aufstellung 143 nichtjüdische Frauen im Lager. Zwei von ihnen waren Katholikinnen, die man wegen angeblicher kommunistischer Umtriebe verhaftet und interniert hatte.

Die Liste verzeichnete auch, wie viele Kinder die Frauen hatten, und danach richtete sich die Essenszuteilung. Da man nicht genug Geld auftreiben konnte, um jede Woche allen Frauen und Kindern Essen zu schicken, hatten Diana und ihre Mitarbeiter ein System entwickelt, um die Hilfsgüter möglichst gerecht zu verteilen. Kinder wurden bevorzugt. Die Pakete wurden in Dianas Garage gepackt und adressiert, und die jüdische Gemeinde nahm sie einmal in der Woche mit nach Loborgrad.

Immer noch wartete Diana auf eine offizielle Genehmigung. Sie diskutierte mit Đuro Vukosavljević wieder einmal, ob es nicht doch einen Weg gebe, auf dem man beim Ministerium für Gesellschaftsfragen um finanzielle Unterstützung ansuchen könnte. Vukosavljević schüttelte den Kopf. Er hatte das mit dem Abgeordneten Besarović mehrmals besprochen. Und wie immer hatte Besarović beteuert, er werde sich darum kümmern, die Gespräche seien im Gang, und man müsse sich nur noch etwas gedulden.

„Sie kennen das ja. Er redet gerne und viel“, meinte Vukosavljević. „Aber ich glaube, da sollten wir uns keine allzu großen Hoffnungen mehr machen.“

„Ich weiß nicht, ob es eine gute Idee war, den Transport der Kinder zu verschieben", sagte Diana. „Wenn das auch nur Gerede ist, dass er die Frauen freibekommt. Prof. Brössler war von der Verzögerung jedenfalls nicht begeistert."

„Vielleicht sollten Sie noch einmal mit Prof. Brössler reden."

Diana nickte und wandte sich wieder der Liste mit Lebensmitteln zu. Heute hatten sie doch einiges zusammengetragen. Teils mussten sie die Waren am Schwarzmarkt kaufen, und dort wurden besonders Dinge wie Kaffeeersatz und Ovomaltine immer teurer. Aber auch Zitronen, die so wichtig für die Versorgung mit Vitamin C waren, stiegen beharrlich im Preis. Daneben hatte sie noch Maisbrot zu verteilen und Schmalz und Grammeln, Käse, Speck und Wurst und natürlich Knoblauch. Die Frauen im Lager konnten nicht genug davon bekommen. Sie glaubten, Knoblauch sei so etwas wie ein Allheilmittel, schütze gegen Infektionen und auch gegen böse Geister.

2

Die Tür krachte gegen die Wand. Stiefel polterten, Männergesichter tauchten auf. Diana sah den Lauf einer Waffe, Uniformen, Abzeichen, die kurz aufblitzten. Ein Mann stand vor ihr und brüllte sie an. Sie verstand kein Wort. Der Mann trug keine Uniform. Er schrie immer noch. Jetzt verstand sie seinen Namen. Vrtljak, er kam von der Ustaša-Polizei. Es gebe eine Anzeige. Worum es in der Anzeige ging, sagte er nicht. Mit einer Handbewegung gab er seinen Männern Bescheid. Sie begannen mit der Durchsuchung.

Dianas Tochter Ilse wich zurück, als sich einer der Uniformierten an ihr vorbeidrängte, eine Schachtel nahm und sie ausleerte. Ein Päckchen Salz fiel auf den Boden, platzte auf. Der nächste Uniformierte zertrat das Päckchen und ging zielstrebig auf einen Stapel Decken zu. Als er eine der Decken in der Mitte herauszog, wankte der Stapel, kippte, die Decken purzelten durcheinander.

Diana wollte aufspringen, hielt sich an der Stuhllehne fest und sah, wie die Männer Schranktüren aufrissen, mit beiden Armen in die Regale griffen und Tassen, Töpfe voller Schmalz und Zuckerpackungen herauszerrten und auf den Boden warfen. Dianas Tochter Jelka folgte zwei Uniformierten, die tiefer in die Wohnung vordrangen. Bald hörte Diana, wie Jelka aufschrie, und dann zerbrach Glas und Keramik. Diana musste gar nicht nachsehen. Sie wusste, dass die Ustaša-Soldaten gerade ihre Küche verwüsteten. Sie konnte förmlich sehen, wie das Kaffeeservice durch die Luft segelte und dann am Fliesenboden zerschellte. Aber sie rührte sich nicht vom Fleck.

In der Ordination erhob sich ein Gebrüll. Dieser Vrtljak war vor kaum zwei Minuten durch eine Seitentür dort eingedrungen. Deutlich konnte Diana die Stimme ihres Mannes heraushören. Julije beschwerte sich über die Rüpelhaftigkeit der Soldaten. Es sei doch keine Art, einfach so in eine Arztpraxis zu platzen, ohne anzuklopfen, ohne um Erlaubnis zu fragen.

Hinter ihr stöhnte Vukosavljević auf. Ein Ustaša-Soldat hatte ihm den Ellbogen in den Magen gerammt.

„Passen Sie doch ein bisschen auf", sagte Diana zu dem Soldaten. „Der Mann ist beinahe achtzig."

„Halten Sie den Mund", fuhr sie der Soldat an und stieß eine Schachtel von einem Regal.

Diana wollte dem Soldaten in dem Arm fallen, doch Đuro Vukosavljević, der sich mittlerweile aufgerappelt hatte, hielt ihre Hand fest.

„Nicht", sagte er. „Es ist schon gut."

Momente später kam Julije mit dem Anführer der Ustaša-Soldaten aus der Ordination in die Garage. Vrtljak hielt einen Zettel in der Hand und überreichte ihn Diana. Diana sah ihn fragend an.

„Lesen Sie", bellte Vrtljak.

Diana überflog den Durchsuchungsbefehl und gab ihn dann an Juljie weiter.

„Haben Sie verstanden, was da steht?", fragte Vrtljak.

„Sie suchen also eine geheime Radiostation, einen geheimen Sender?", fragte Diana.

„Genau so ist es", bestätigte Vrtljak.

„Ich habe Ihnen schon gesagt, dass das absurd ist", sagte Julije. „Wie kommen Sie überhaupt auf diese Idee?"

„Wir haben einen anonymen Hinweis erhalten."

„Und Sie gehen jeder Verleumdung gleich nach?", fragte Julije. „Da haben Sie aber in Zeiten wie diesen eine ganze Menge zu tun."

„Sie leugnen aber nicht, dass Sie Essen und Kleidung für Serben sammeln?", fragte Vrtljak.

Diana und Julije antworteten nicht.

„Sie wissen, dass das verboten ist", fuhr Vrtljak fort. „Darauf stehen schwere Strafen. Sie helfen dem Feind."

Diana setzte zu einer Erwiderung an, aber sie wurde durch einen Soldaten daran gehindert. Er schlug mit dem Gewehrkolben gegen eine Schranktür, und alle fuhren vor Schreck in die Höhe.

„Wo ist der Schlüssel?", schrie der Soldat.

„Welcher Schlüssel?", fragte Diana.

„Hier, dieser Schrank ist versperrt. Da haben wir sicher die geheime Radiostation."

„Unsinn", meldete sich Ilse. „Da sind meine alten Sachen drin, und der Schlüssel liegt bei mir zu Hause."

„Dann brechen wir den Schrank jetzt auf", sagte Vrtljak.

„Unterstehen Sie sich." Diana stellte sich vor den Schrank. „Es gibt einen Schlüssel, und wir sind hier doch alle zivilisierte Menschen. Meine Tochter wird den Schlüssel holen, und dann sperren wir den Schrank auf, und Sie werden sehen, da sind nur alte Mädchensachen drin."

3

Vrtljak lenkte ein. In Begleitung eines Soldaten fuhr Ilse in einem Ustaša-Wagen zu ihrer Wohnung. Dort traf sie auf ihren Mann Đuro, dem sie hastig erzählte, was sich im Haus ihrer Mutter ereignete. Sie konnte ihn gerade noch darum bitten, sofort etwas zu unternehmen, bevor die

Soldaten sie wieder aus dem Haus drängten und in das Auto verfrachteten.

In der Garage ging derweilen die Durchsuchung weiter. Was noch nicht vernichtet war oder am Boden lag, wurde herausgezerrt, zerlegt und zerstört. Die Soldaten schlitzten die Wintermäntel mit ihren Messern auf, um zu überprüfen, ob zwischen Innenfutter und Stoff etwas eingenäht war. Sie leerten die Ovomaltine aus den Dosen auf den Tisch und stocherten in dem Pulver herum.

Diana, ihr Mann und ihre Mitarbeiter beobachteten das schweigend. Doch dann hielt es Diana nicht mehr aus.

„Sie glauben doch nicht, dass wir eine Radiostation in einer Zuckerpackung verstecken", sagte sie.

„Halten Sie den Mund, und lassen Sie uns unsere Arbeit machen", fuhr sie Vrtljak an.

„Aber Sie müssen doch nicht alle Lebensmittel unbrauchbar machen", sagte Diana. „Davon hat niemand etwas."

„Bevor Sie die Sachen an die Partisanen weitergeben."

„An die Partisanen?"

„Tun Sie nicht so erstaunt. Natürlich an die Partisanen. Sie unterstützen nicht nur die Serben. Sie haben sich auch mit den Partisanen verbündet. Sie und Ihr Mann, diese ganze Bande hier ist eine kriminelle Vereinigung zur Zerstörung des Unabhängigen Staates Kroatien. Wir haben eindeutige Hinweise, dass Sie und Ihre Mitverschwörer einen ganzen Lastwagen voller Essen und Kleider den Partisanen übergeben haben."

Diana sah Vrtljak an. Sie antwortete auf diese Anschuldigungen nicht. Mit den Partisanen hatte sie genauso wenig zu tun wie mit jeder anderen politischen Gruppe. Es ging ihr um die Kinder und die Frauen. Das war alles. Aber sie glaubte nicht, dass Vrtljak das verstehen konnte. Deshalb schwieg sie.

4

Noch bevor Ilse mit dem Schlüssel für den Schrank zurück war, tauchte eine Abordnung der Wirtschaftspolizei auf. Die Männer verteilten sich im Haus, durchsuchten noch einmal die Kästen, brachten das Bett im Schlafzimmer durcheinander und verwüsteten die Ordination. Niemand erklärte, was sie hier wollten und wonach sie suchten.

Seit Stunden stampften die Soldaten durchs Haus, suchten Verstecke, räumten Laden und Kisten aus, sahen unter Teppiche und schlitzten Polster auf. Sie fanden nichts, und allmählich erlahmte ihr Ehrgeiz. Vrtljak forderte von Julije die Wohnungsschlüssel und die Schlüssel zur Garage.

„Wir warten noch, bis Ihre Tochter zurückkommt", sagte er. „Dann versiegeln wir die Wohnung und die Garage. Sie alle werden verhaftet."

Diana sah ihren Mann an. Julije gab nicht zu erkennen, was er von der Situation hielt, ob er wütend war oder ob er sich fürchtete. Jetzt war das Schlimmste eingetreten. Die Ustaša steckte sie ins Gefängnis. Sie wurden der Rebellion angeklagt, des Terrorismus, und es war klar, dass sie das nicht überleben würden.

Ein Beamter des Innenministeriums begann damit, die Wohnräume zu versiegeln, als Ilse endlich zurückkam. Vrtljak schrie sie an, sie solle sich setzen und ihm sofort den Schlüssel aushändigen. Wütend stieß er den Schlüssel in das Schloss, riss die Türen auf und durchwühlte den Inhalt des Schrankes. Diana sah ihm dabei zu und dachte daran, dass auch ihre Töchter sterben würden. Sie hoffte nur, dass ihnen die Qualen und die Folter erspart blieben, die die Frauen in den Lagern zu erdulden hatten.

„Stehen Sie auf", sagte Vrtljak.

Diana rührte sich nicht. Ihr Mann sog hörbar die Luft ein. Nur Đuro Vukosavljević stemmte sich in die Höhe, klammerte sich mit beiden Händen an der Tischkante fest. Sonst rührte sich niemand.

„Ich habe gesagt, Sie sollen alle aufstehen", sagte Vrtljak wieder und seine Stimme war schneidend. „Ich wiederhole das nicht noch einmal. Ich lasse sie alle aus dem Raum prügeln."

Noch immer rührte sich niemand.

„Ich habe die mündliche Erlaubnis des Innenministers“, sagte Diana leise.

„Was?“, bellte Vrtljak.

„Ich habe es Ihnen vorhin erklärt, dass sowohl Innenminister Artuković als auch Dr. Kühnel von der jüdischen Abteilung der Ustaša-Polizei die Hilfsaktion gutheißen und mündlich ihre Unterstützung zugesagt haben.“

„Das interessiert mich nicht. Sie sind alle verhaftetet. Daran ändert auch eine mündliche Zusage nichts.“

„Aber vielleicht möchten Sie den Innenminister fragen, was er dazu zu sagen hat.“

Vrtljak lachte auf.

„Ich meine, es könnte doch erhebliche Unannehmlichkeiten für Sie geben, wenn der Innenminister erfährt, dass Sie gegen seine ausdrückliche Anweisung handeln“, sagte Diana.

Ohne ein weiteres Wort stürmte Vrtljak aus dem Raum. Bald hörte Diana, wie er ins Telefon sprach. Dann herrschte eine Weile Stille. Soldaten zündeten sich Zigaretten an und streckten sich. Zu reden wagte niemand.

In der Ordination, in der sich das Telefon befand, war es still. Vrtljak wartete offensichtlich auf einen Rückruf. Als es läutete, hob er sofort ab. Wieder sprach er. Seine Sätze klangen abgehackt. Es war nicht zu verstehen, was er sagte, aber es klang wütend. Als Vrtljak zurückkam, verhieß sein Gesichtsausdruck nichts Gutes.

„Wir warten“, sagte er und ließ sich von einem der Soldaten Feuer geben.

„Sie können auch Prof. Brössler vom Ministerium für Gesellschaftsfragen kontaktieren. Der wird Ihnen meine Angaben bestätigen. Er hat mir höchstpersönlich den Auftrag erteilt, nach Loborgrad zu fahren und die Kinder abzuholen“, sagte Diana nach einer langen Zeit des Schweigens.

„Halten Sie den Mund.“ Vrtljak war anzumerken, dass es ihm schwerfiel sich zu beherrschen. „Ich erwarte den Rückruf des Ministers. Machen Sie sich keine Hoffnungen.“

Dann begann das Telefon wieder zu läuten.

5

Vrtljak warf seine Zigarette hin und ging in die Ordination. Diana hörte wie er ein „Ja“ bellte. Stille. Bald darauf ein weiteres „Ja“, und dann knallte Vrtljak den Hörer auf den Apparat, dass Diana glaubte, das Telefon würde diese Attacke nicht unbeschadet überstehen.

Als Vrtljak zurück in die Garage kam, schenkte er sich von dem Schnaps ein, der auf dem Tisch stand. Er kippte das Glas in einem Zug und schenkte sich nach.

„Sie haben mächtige Freunde“, sagte er und trank den zweiten Schnaps. „Die Durchsuchung ist abgeblasen.“

Diana holte ein Tablett voller Schnapsgläser und stellte es auf den Tisch.

„Meine Damen, meine Herren“, sagte sie. „Stoßen wir an.“ Sie schenkte die Gläser voll und reichte das Tablett herum. Jeder Soldat und jeder Beamte, jeder ihrer Mitarbeiter nahm ein Glas, und auf ein Kopfnicken von Diana kippten sich alle den Schnaps in die Kehle.

Wie sich später herausstellte, hatte Ilses Mann Đuro sofort reagiert. Kaum hatten seine Frau und die Ustaša-Soldaten die Wohnung verlassen, griff er zum Telefon und versuchte, Savo Besarović zu erreichen. Der Mann von der Rezeption des Hotels Esplanade erklärte ihm, dass Besarović nicht im Haus sei. Soweit er wisse, finde eben in diesen Stunden eine Sitzung des Parlaments statt. Wenn er den Abgeordneten unbedingt erreichen müsse, dann solle er doch dort anrufen.

Er zögerte keinen Moment. Im Büro des Parlaments erreichte Ilses Mann eine Sekretärin, die ihm lang und breit erklärte, warum sie den Abgeordneten im Moment unmöglich aus der Sitzung holen könne.

Ilses Mann bestand darauf. Er wollte alle Konsequenzen, die sich aus der Störung ergaben, gern auf sich nehmen, aber es ginge um Leben und Tod, und in so einem Fall, darauf beharrte er, könne man sogar in eine Sitzung des Parlaments des Unabhängigen Staates Kroatien platzen und einen Abgeordneten kurz vor die Tür bitten.

Besarović rief die Sekretärin Eugen Dido Kvaterniks an und trug ihr auf, den Chef der Polizei und der Sicherheitsdienste über die Hausdurchsuchung zu informieren. Kvaternik solle die Ustaša zurückpfeifen und dafür sorgen, dass die Sache so schnell wie möglich beendet werde. Diesmal hatte Besarovićs Intervention tatsächlich Erfolg. Wer auch immer am anderen Ende der Leitung gewesen war, er hatte Vrtljak befohlen, die Hausdurchsuchung zu beenden und die Familie Budisavljević nicht weiter zu belästigen.

VIII.
Genehmigung von Vilko Kühnel

1

Prof. Kamilo Brössler zeigte sich alles andere als begeistert. Schon früh am Morgen des nächsten Tages, des 26. Februar 1942, hatte ihn sein Vorgesetzter angerufen und gefragt, was das für eine Geschichte sei mit dieser Diana Budisavljević und ihrer Hilfsaktion.

„Aber damit mussten wir rechnen“, sagte er, nachdem er Diana von dem Anruf berichtet hatte. „Sie fahren dennoch, wie vereinbart, nach Loborgrad und holen die Kinder.“

„Es wäre doch besser, jemand anderer würde die Aufgabe übernehmen“, wandte Diana ein.

„Gerade nicht. Jetzt, da wir unter Beobachtung stehen, dürfen wir nicht von unserem Plan abweichen. Das könnte als schlechtes Gewissen oder gar als Schuldeingeständnis gedeutet werden. Nein, Sie fahren, und wir machen so weiter wie bisher.“

Wenig später besuchte Diana auch Dr. Kühnel von der jüdischen Abteilung der Ustaša-Polizei. Die schlechten Nachrichten hatten sich bis zu ihm herumgesprochen, und er bedauerte die Unannehmlichkeiten außerordentlich. Das alles wäre nicht passiert, wenn er den anderen Dienststellen Bescheid gesagt hätte.

„Es tut mir wirklich unendlich leid“, sagte er.

„Dann helfen Sie mir“, sagte Diana. „Stellen Sie mir eine Erlaubnis aus.“

„Aber Sie wissen doch, wie das ist.“

„Es geht mir ja nicht um mich“, sagte Diana. „Ich bin doch auch für meine Mitarbeiter verantwortlich. Was mache ich, wenn einer von ihnen verhaftet wird? Da brauche ich etwas Schriftliches.“

Sie drang so sehr in ihn, dass er ihr letztlich recht gab und die schriftliche Genehmigung für den kommenden Tag zusagte. Diana holte das Dokument persönlich ab und ließ Abzüge von dem Schriftstück anfertigen und an ihre Mitarbeiter verteilen. Ihr Mann besah sich die Genehmigung, die Kühnel ausgestellt hatte und machte ein skeptisches Gesicht. Im Ernstfall würde das nichts helfen. Die Ustaša kümmerte sich nicht um irgendwelche Papierfetzen.

„Du kannst nicht davon ausgehen, dass jedes Mal ein Anruf von Kvaternik kommt und uns vor dem Lager rettet“, sagte Julije. „Du solltest die Aktion einstellen. Die Hausdurchsuchung war eine Warnung. Das nächste Mal geht das vielleicht nicht so glimpflich aus.“

„Aber wir müssen doch etwas für die Kinder tun, für die Frauen.“

In diesem Moment war Julije keinem Argument zugänglich, und er sah sich in seinen Befürchtungen bestätigt, als sich kein einziger Mitarbeiter fand, der die Hilfsaktion offiziell nach außen hin vertreten wollte.

Die Verantwortung blieb also ganz bei Diana. Nicht einmal Dr. Vidaković, der doch von Anfang an dabei war, der mit ihr gemeinsam die Kasse führte, wollte sich in der Öffentlichkeit zur Hilfsaktion bekennen. Er und alle anderen fürchteten, dass die Hausdurchsuchung nur der Anfang einer Reihe von Repressionen war.

Die Gespräche zogen sich lange hin, aber Diana wich nicht von ihrem Entschluss ab. Sie notierte Folgendes in ihrem Tagebuch: „Es war ja verständlich, dass mein Mann für mich und sich fürchtete und mit meiner Arbeit nicht einverstanden war, aber ich wollte, dass geholfen werde, soweit das irgend möglich war, niemand anderes wollte irgendein Risiko übernehmen, so blieb mir nichts übrig, als selbst für alles einzutreten. Ich ging von dem Standpunkt aus, dass mein Leben nicht wertvoller sei, als dasjenige all der unschuldig Verfolgten, und dass, wenn ich anderen zu helfen in der Lage wäre, ich dachte da in erster Linie an Kinder, mein Leben so reich sei, dass ich dann hinnehmen müsste, was eben kommen würde.“

2

Immer noch stand die Hilfsaktion, die ab nun zu Recht „Aktion Diana Budisavljević" genannt wurde, auf Messers Schneide. Die Ustaša-Polizei war wieder abgezogen und hatte eine verwüstete Wohnung und eine Garage hinterlassen, in der aufgerissene Zuckerpackungen, Nudeln und Reis am Boden verstreut lagen. Den Boden konnte man fegen, die Flecken von den Möbeln putzen und den Verlust ersetzen. Die Lieferungen an das Lager Loborgrad gingen weiter, und da einige der serbischen Frauen und Kinder in das neue Lager Gornja Rijeka, ganz in der Nähe von Loborgrad, gebracht worden waren, schickten Diana und ihre Helfer auch dorthin Lebensmittel und Kleider. Wenig davon kam wirklich an. Vor allem die Frauen in Gornja Rijeka bekamen kaum etwas von dem Essen zu sehen, und auch die Decken wurden immer noch von Lagerleiter Heger beschlagnahmt und nicht ausgeteilt.

Die Situation in Loborgrad und Gornja Rijeka hatte sich also kaum gebessert. Der harte Winter hatte die Menschen geschwächt, die Kälte und der meterhohe Schnee. Nun, im beginnenden Frühling erkrankten immer mehr Frauen und Kinder an Typhus. Im März und April waren es an die vierhundert.

Schon alleine deshalb drängte Prof. Brössler auf eine Reise nach Loborgrad. Diana solle nun endlich den Abtransport der Kinder organisieren. Jeder weitere Tag bedeute ein Risiko für die Gesundheit der Kinder. Die Einwände des Abgeordneten Besarović schmetterte Brössler ab. Wenn sich Besarović so für die Freilassung der Frauen einsetze, dann könne er das auch noch tun, nachdem man die Kinder vor dem sicheren Tod gerettet hatte.

Also machte sich Diana am 19. März auf den Weg. Begleitet wurde sie diesmal nur von einer Krankenschwester des Ministeriums. Wie Brössler gesagt hatte, war sie nun ganz alleine für die Auswahl und den Transport der Kinder verantwortlich.

Lagerkommandant Heger war nicht da, als Diana eintraf, und so musste sie eine Zeit mit seinem Stellvertreter verhandeln, der sie nicht ins Schloss lassen wollte. Diana blieb hartnäckig. Sie hatte nicht den weiten Weg gemacht, um ohne Ergebnis wieder zu gehen. Wenn sie jetzt nicht mit den Frauen reden konnte, dann würde sie warten. Egal, wie lange das auch immer dauern würde. Ihr Auftrag lautete, die Frauen darüber zu informieren, dass die Kinder aus dem Lager gebracht werden mussten.

Nach langem Hin und Her gab der Stellvertreter Hegers nach. Wenn es denn schon sein müsse, dann dürfe sie ins Schloss. Die Krankenschwester aber müsse im Hof warten.

Mit dieser Bedingung erklärte sich Diana einverstanden. Sie hätte die Krankenschwester gerne bei sich gehabt, schon alleine, weil die wesentlich besser Kroatisch konnte. Aber weitere Verhandlungen mit dem Stellvertreter kosteten nur Zeit.

Zuerst waren die Frauen von der Nachricht begeistert, dass ihre Kinder nun in Sicherheit gebracht wurden. Doch dann wollten sich die Mütter nicht von ihren Kindern trennen. Wer garantierte ihnen, dass es den Kindern wirklich besser ging, dass man sie nicht in ein anderes Lager steckte, dort verhungern ließ oder gleich umbrachte? Sie kannten Diana nicht, und sie wollten ihre Kinder nicht wildfremden Leuten übergeben.

Da half kein gutes Zureden und kein Versprechen. Die Frauen behielten die Kinder bei sich. Nur die Waisenkinder und jene, die ihre Eltern irgendwo auf dem Transport oder in einem Lager verloren hatten, durfte Diana auf ihre Liste schreiben.

3

Der Besuch im Lager war also nicht ganz so verlaufen, wie Diana sich das gewünscht hatte. Aber der erste Schritt war gemacht. Die Frauen hatten nun Zeit, sich noch einmal zu überlegen, ob sie ihre Kinder bei sich behalten wollten oder nicht. Die Entscheidung wäre auch Diana nicht leichtgefallen. Die Kinder in die Ungewissheit zu entlassen, nicht zu wissen, ob man sie jemals wieder zu Gesicht bekommen würde. Aber auch wenn das schwer auszuhalten war, es war die einzige Hoffnung. Denn die Ustaša würde die Kinder früher oder später ermorden.

Am Tag nach ihrem Besuch in Loborgrad telefonierte Diana mit Lagerkommandant Karl Heger. Er teilte ihr die neuesten Entwicklungen mit. Soeben hatte die deutsche Wehrmacht beschlossen, 150 serbisch-orthodoxe Frauen und Kinder aus Loborgrad nach Belgrad zu deportieren. Der Transport sollte in knapp einer Woche starten.

„Ihre Kinder können Sie schon am nächsten Dienstag abholen", sagte er. „Ich rufe Sie am Fünfundzwanzigsten noch einmal an."

Aber am 25. März wartete Diana vergeblich auf Hegers Anruf. Erst am folgenden Tag erreichte sie ihn und konnte ein Treffen arrangieren. Diesmal würde Heger selbst im Lager anwesend sein, versprach er. Nach fast einem Monat sah es endlich so aus, als könnte Diana die ersten Kinder aus dem Lager befreien.

4

Diesmal begleiteten Dr. Lujo Domljan und Frau Nevenka Mitrović von der Taubstummenanstalt Diana nach Loborgrad. Auch Schwester Jelka vom Gesundheitsministerium war wieder dabei. Für Dr. Domljan war es der erste Besuch in einem Lager, und wie er Diana später gestand, schockierte ihn der Anblick der ausgehungerten Kinder und der verwahrlosten Frauen zutiefst. Doch während des Besuchs ließ er sich nichts anmerken.

Lagerkommandant Heger befahl den serbisch-orthodoxen Frauen, im Hof anzutreten. Sie mussten strammstehen und durften sich nicht von der Stelle rühren, selbst wenn die Kinder zu weinen anfingen. Dann rief er die Namen auf. Einen nach dem anderen, und wenn die Frau sich meldete, hakte er ihn ab. Heger wollte feststellen, ob alle Frauen anwesend waren und ob die Zahl der angegebenen Kinder auch mit der Realität übereinstimmte. Alles müsse seine Ordnung haben.

Die ganze Zeit stand Diana daneben und verglich Hegers Aufzeichnungen mit ihrer Liste. Sie hatte diese Liste der Insassen anhand der Zettel und Bittschriften zusammengestellt, die ihr von den Frauen über die jüdische Gemeinde zugespielt worden waren, und sie dachte, sie könnte die Liste hier nun ergänzen. Immer wieder sah sie von ihren Notizen auf. Nun waren die Frauen nicht mehr nur Namen auf einem Blatt Papier, sie bekamen Gesichter. Zerlumpte Gestalten, die da im Hof standen und zusammenzuckten, wenn Heger ihre Namen bellte.

Die Frau, die jetzt an der Reihe war, meldete sich mit leiser Stimme. Heger nannte die Zahl ihrer Kinder und setzte schon an, den nächsten Namen aufzurufen, als Diana ihn unterbrach.

„Es kann ja sein, dass meine Liste nicht stimmt", sagte sie. „Aber hier steht, dass die Frau ein Kind mehr hat."

Als Heger sich zu ihr drehte, wich Diana einen Schritt zurück. Aber dann sah sie ihm in die Augen und zeigte auf ihre Liste. Unwirsch befahl er der Frau vorzutreten. Sie solle ihre Kinder rufen, und dann werde man ja sehen, wer recht habe.

Geduckt kam die Frau nach vorne und blieb vor Diana und Heger stehen. Sie scharte ihre Kinder um sich, und auch ohne zu zählen, war klar, dass Diana recht hatte. Die Liste des Lagerkommandanten war unvollständig.

Die Frauen und ihre Kinder wurden von den Wachen weggebracht. Sie waren damit für den Transport nach Serbien registriert. Die anderen Frauen mussten im Lager bleiben. Allerdings durfte Diana ihre Kinder mitnehmen, wenn die Frauen ihre Einwilligung gaben.

Nun begann ein zähes Verhandeln und Ringen. Wie schon beim letzten Mal weigerten sich die Frauen, ihre Kinder fremden Menschen zu übergeben. Da nützte auch Dr. Domljans Beteuerung nichts, dass es den Kindern in der Taubstummenanstalt gut gehen würde, dass sie dort versorgt würden und zu essen bekämen.

„Wer sagt uns denn, dass das stimmt?", fragte eine der Frauen.

„Das kann Ihnen niemand garantieren", antwortete Diana. „Aber Sie wissen selbst, was passiert, wenn Ihre Kinder hierbleiben."

Die Typhusepidemie hatte sich ausgeweitet, und alle Hygienemaßnahmen versagten. Die Wächter zwangen die Frauen einerseits, sich mit Desinfektionsmitteln zu besprühen, andererseits mussten sie das Wasser aus dem verseuchten Brunnen holen. Die Empfehlungen der Ärzte, besseres Essen auszuteilen, die Frauen öfter ins Freie zu lassen und eine durchgehende Behandlung mit Medikamenten zu beginnen, lehnte Heger ab.

Aber was Diana auch immer sagte, es half nichts. Nur zwei Frauen ließen sich überzeugen. Neben den beiden Waisenkindern Pero und Spasa Grubješ durfte Diana Risto Bijelić, die Brüder Milorad und Mladen Muratović aus dem Lager mitnehmen.

5

Das Ergebnis ermunterte Diana nicht gerade, aber sie hatte mit der Ablehnung gerechnet. Sein Kind wegzugeben, ist eine schwierige Entscheidung. Selbst wenn der Tod nur eine Frage der Zeit ist, hofft man doch immer noch. Niemand glaubt, dass er morgen an Typhus erkranken könnte, niemand kann unter der beständigen Drohung, jederzeit erschossen zu werden, leben.

Nur ein paar Mädchen verschlossen ihre Augen nicht vor der Gefahr. Sie bestürmten Diana, sie möge sie doch mitnehmen. Seit Monaten warteten sie hier, wurden von den Wachen gequält, und viele waren an Typhus erkrankt, manche gestorben.

Wie da ihre Stimmen aufbrausten und sich hier und da ein Lächeln auf den Gesichtern zeigte. Wie ihre Hände flatterten wie die Flügel kleiner Vögel und sie sich um sie drängten, da breitete Diana die Arme aus und versuchte, sie alle zu umarmen.

Da sie wusste, wie sehr Heger ihr misstraute und wie gern er ihr eine Bitte abschlug, schickte Diana Dr. Domljan ins Büro des Lagerkommandanten. Sie konnte hören, wie Heger den Doktor scharf anfuhr und ihm sagte, dass diese jungen Frauen keine Kinder mehr seien und sie deshalb auf keinen Fall das Lager verlassen durften.

Von Hegers Geschrei ließ sich Dr. Domljan nicht einschüchtern. Die Beschimpfungen schwappten ihm entgegen, aber er reagierte nicht. Vielleicht wollte Heger ihn provozieren. Vielleicht gab er aber nur seinem Naturell nach. Jedenfalls wartete Dr. Domljan auf eine Pause in dem Gebrüll und brachte seine Bitte noch einmal vor. Das Lager sei doch hoffnungslos überbelegt. Die Mädchen würden nur Probleme machen, denn es war sehr wahrscheinlich, dass viele von ihnen an Typhus erkranken würden. Außerdem müsse er die Mädchen ja nicht entlassen. Er könne sie der Taubstummenanstalt vorläufig überlassen, und wenn es nötig wäre, würde man sie wieder zurückschicken. Damit sei er die Mädchen los, habe aber immer noch die Verfügungsgewalt über sie.

So redete Dr. Domljan auf Heger ein. Immer wieder nutzte er die Pausen in Hegers Wutrede, und am Ende wurde Heger leise. Er nickte und gab Dr. Domljan die Erlaubnis. Er durfte die Mädchen mitnehmen. So kamen Danica Marković, Srba Tejić, Vera Puškić, Vera Šarenac, Bosa Vladisavljević und Staka Popović frei.

Mittlerweile hatte Diana ihre Verhandlungen mit den Frauen beendet und war zu Heger und Dr. Domljan gestoßen. Sie hörte, wie Heger letztlich klein beigab. Sie wollte schon wieder gehen, um den Mädchen die freudige Nachricht zu bringen, als Dr. Pavao Stern von der jüdischen Kultusgemeinde das Büro des Kommandanten betrat. Wie fast jeden Samstag war er ins Lager gekommen, um sich um die Kranken zu kümmern.

Er bat Heger, eine jüdische Frau sofort nach Zagreb bringen zu dürfen. Sie litt unter einer akuten Blinddarmentzündung, und es durfte keine Zeit verschwendet werden.

Heger explodierte. Er schrie so laut, dass selbst Diana, die seine Wutausbrüche kannte, sich die Hände über die Ohren hielt und den Blick senkte. Dr. Stern verließ das Büro, als wäre er auf der Flucht.

Nach wenigen Momenten schien sich Heger wieder beruhigt zu haben. Deshalb sagte Diana, sie als Gattin eines Arztes wisse genau, dass in so einem Fall Lebensgefahr herrsche. Die Frau müsse sofort versorgt werden.

„Es ist nicht die erste und nicht die letzte Scheißjüdin, die in diesem Lager krepiert“, antwortete Heger.

IX.
Die verschwundenen Kinder von Kordun

1

Anfang April 1942 erhielt Julije Budisavljević unerwarteten Besuch. Branko Kesić, ein Freund und Kollege, tauchte bei ihm auf und fragte, ob Julije eine Möglichkeit sehe, ihm eine größere Menge Salbe gegen Krätze zu verschaffen. An seinem Einsatzort im Kordun seien Medikamente Mangelware, und unter den vielen obdachlosen, hungernden Kindern war die Krätze weit verbreitet.

Eigentlich fiel die Versorgung der Kinder und der restlichen Zivilbevölkerung nicht in sein Aufgabengebiet als Militärarzt. Aber Kesić hatte Mitleid mit den vielen Kindern, die ausgehungert und oft ohne Eltern in den verlassenen Dörfern hausten. Begonnen hatte das Elend vor ziemlich genau einem Jahr, kurz nach der Machtübernahme der Ustaša. Gleich im April 1941 fielen Eugen Dido Kvaternik und seine Schergen über den Landstrich her. Der Kordun liegt westlich von Zagreb und war eines der ersten Ziele für die Mordkommandos der Ustaša. Vor allem in den Dörfern draußen am Land lebten viele Serben.

Kesić erzählte davon, wie sich hochrangige Ustaša-Funktionäre verschworen hatten, die Serben aus dem Kordun zu ermorden. Unter ihnen befanden sich der später weithin berüchtigte Vjekoslav „Maks" Luburić und der Sicherheitschef Eugen Dido Kvaternik gemeinsam mit lokalen Ustaša und mehreren katholischen Priestern.

Damals waren sich die Leute um Ante Pavelić noch nicht sicher, wie weit sie gehen konnten. Ob die Deutschen und die Italiener diese

Mordaktion dulden würden. Das Küstengebiet und ein großer Teil des Hinterlandes waren von italienischen Truppen besetzt. Das Binnenland bis hinein an die ungarische Grenze und bis nach Serbien wurde offiziell von den Ustaša unter Pavelić regiert. Aber die Deutschen hielten ihre kroatischen Verbündeten an der kurzen Leine.

„Es wird gemunkelt, die Ustaša hätten gerade vor den Italienern einen gewissen Respekt", sagte Kesić. „Immerhin hat Mussolini Pavelić zehn Jahre Asyl gewährt, hat die Pavelić-Leute ausbilden lassen, und wie man so hört, haben die Italiener keine Freude mit der Serbenpolitik der Ustaša."

Um ihr mörderisches Vorgehen gegen die Serben zu rechtfertigen, inszenierten die Ustaša-Verschwörer ein hinterhältiges Manöver. Am 5. Mai 1941 drang eine Truppe von lokalen Ustaša in das Haus des kroatischen Müllers Jose Mravunać ein und tötete ihn und seine ganze Familie. Sie beschuldigten aufständische Serben aus dem Nachbardorf Veljun, sie hätten den Mann, seine Töchter, seine Söhne und seine Frau abgeschlachtet, um die Staatsordnung zu untergraben, und darüber hinaus hätten die Serben die Mühle und das Wohnhaus geplündert, um sich Geld für ihre aufrührerischen Tätigkeiten zu verschaffen.

In seinem Dorf Hrvatski Blagaj war Mravunać überaus beliebt gewesen. Als Funktionär der kroatischen Bauernpartei kümmerte er sich vor allem um die Armen in der Gemeinde. Dabei machte er keinen Unterschied zwischen Kroaten und Serben. Wer auch immer zu ihm kam, war willkommen.

Schon am Morgen des nächsten Tages versetzte der Chef der Ustaša in Slunj alle Einheiten in Alarmbereitschaft. Sie sammelten sich, und unter der Führung von Maks Luburić wurden über vierhundert Menschen verhaftet.

Am 6. Mai wird in der Ostkirche der Đurđevdan oder St.-Georgs-Tag begangen. Die Ustaša hatte sich diesen hohen Feiertag ausgesucht, um ihre Opfer unvorbereitet zu treffen. Die Kirchen waren geschmückt, die Mädchen liefen mit grünen Zweigen und Blumen im Haar durch die Straßen. In den Häusern wurde das Essen vorbereitet, und noch hofften die Serben. Der Frühlingsbeginn würde, so der heilige Georg wollte, eine Wende zum Guten bringen.

Doch in diesem Jahr brachte er den Tod. Aus den Kirchen und den Häusern, aus den Gasthöfen und aus den Ställen trieben die Ustaša-Milizen Männer und Frauen auf die Straße. Gedrängt standen sie da, so aus der Feierlaune gerissen, und als einer protestierte, schlug ihm ein Ustaša den Gewehrkolben ins Gesicht.

„Was dann wirklich geschehen ist, konnte mir niemand sagen", fuhr Kesić in seiner Erzählung fort. „Nur so viel habe ich in Erfahrung gebracht. Die Gefangenen wurden festgehalten, und man durchsuchte ihre Häuser nach Waffen. Angeblich fand man Beweise für einen geplanten Aufstand. Das genügte den Ustaša. Aber der Richter aus Slunj, den man geholt hatte, um die Gefangenen zu verurteilen, befand nur 32 Gefangene für schuldig. Sie sollen an der Ermordung der Familie des Müllers beteiligt gewesen sein."

Diana hatte der Erzählung mit wachsendem Entsetzen zugehört. Wohl ahnte sie, worauf das hinauslaufen würde, aber sie hoffte sich zu täuschen.

„Den Ustaša passte das Urteil nicht. Sie brachten alle Gefangenen weg. Ich kann es nicht beschwören, dass es wirklich so geschehen ist, aber es wird erzählt, dass die Ustaša ganz in der Nähe einer katholischen Kirche eine Grube ausgehoben haben. Dort brachten sie die Gefangenen hin und erschossen sie."

2

Branko Kesić wusste nicht, was mit all den Frauen und Kindern geschehen war. Viele Dörfer lagen verlassen da. Nicht ein Mensch war übrig in den geplünderten und ausgebrannten Häusern. Kein Hund streunte durch die Straßen, und das Vieh hatten die Ustaša-Soldaten weggebracht.

In anderen Orten lebten noch Frauen und Kinder. Sie sammelten Holz in den Wäldern, und da und dort gab es ein paar Kühe und Schweine,

Hühner, die hinter dem Haus den Boden aufscharrten. Aber auch in diesen Dörfern hatte sich das Elend breitgemacht. Nie wusste man, wann die Soldaten kamen und die letzten Vorräte plünderten oder die Menschen aus den Häusern trieben und wegbrachten. Oft blieben die Kinder allein zurück. Verängstigt und ohne Hoffnung verkrochen sie sich in den Ställen oder streunten über die Felder auf der Suche nach etwas Essbarem. Für diese Kinder brauchte Kesić Medikamente, vor allem die Permethrin-Salbe gegen die Krätze, und Julije versprach, sich darum zu kümmern.

Diana bat Kesić, er möge sich bald bei ihr melden. Er solle herausfinden, ob es möglich wäre, eine Rettungsaktion für die verlassenen Kinder zu starten. Sie selbst wollte in Zagreb sehen, ob sie etwas über die Vorgänge im Kordun in Erfahrung bringen konnte.

Aber in den nächsten Wochen fand Diana kaum Zeit, überhaupt an die Kinder im Kordun zu denken. Der Abgeordnete Besarović hielt sie auf Trab. Er kündigte eine Lieferung mit Kleidern aus Sarajevo an. Die dortige serbisch-orthodoxe Gemeinde hatte eine Sammlung durchgeführt, und auf Besarovićs Anweisung gingen die Kisten nun direkt an Dianas Adresse.

„Sie können das nicht einfach über meinen Kopf hinweg entscheiden", sagte Diana. „Wir hatten hier schon einmal eine Hausdurchsuchung. Was, glauben Sie, geschieht, wenn diese Kisten bei mir ankommen? Die Ustaša wird wieder hier auftauchen, alles durchsuchen und die Kisten beschlagnahmen."

Besarović zeigte sich unbeeindruckt von Dianas Einwänden. Die Lieferung war schon auf dem Weg. Er könne sie jetzt nicht mehr stoppen. Also nahm Diana die Angelegenheit selbst in die Hand. Sie schickte Dr. Vidaković ins Büro der jüdischen Kultusgemeinde. Dort erklärte man sich bereit, die Kisten vorläufig unterzustellen, aber der Platz sei begrenzt, und die Kisten müssten in ein paar Tagen wieder verschwinden.

Die ganze Angelegenheit missfiel Diana zutiefst. Weder im jüdischen Büro, noch bei ihr waren die Kisten sicher, und wenn sie die Hilfsgüter über das Büro nach Loborgrad oder Gornja Rijeka schickte, kam sicher nicht einmal die Hälfte davon bei den Frauen und Kindern an.

Auch hatte Besarović versprochen, sich für die Freilassung der Frauen einzusetzen. Am 10. April, dem neuen Nationalfeiertag, sollte eine Amnestie erlassen werden, und die Frauen aus Loborgrad würden dann wohl endlich freikommen. Doch in den Listen, die der jüdischen Gemeinde vorlagen, fand sich kein einziger Name aus Loborgrad oder Gornja Rijeka.

So rief Diana abermals bei Besarović an und stellte ihn zur Rede. Sie wollte wissen, was er für die Freilassung der Frauen unternommen habe, aber er ging gar nicht darauf ein. Wütend beklagte er sich über Dianas Undankbarkeit. Er setze sich doch in allen Belangen für sie und ihre Aktion ein. Warum sie ihm nicht einfach vertrauen könne? Er sei gekränkt über ihre eigenmächtige Entscheidung bezüglich der Hilfslieferung aus Sarajevo.

„Ich übernehme jede Verantwortung", sagte er. „Wenn die Ustaša tatsächlich bei Ihnen auftauchen sollten, dann berufen Sie sich auf mich."

„Aber selbst wenn ich die Sachen in meinem Haus lagere, was nützt das? Solange ich keine eigene Bewilligung habe, muss ich die Kisten über das jüdische Büro schicken. Und Sie wissen so gut wie ich, dass dann nichts bei den Frauen und Kindern ankommt."

„Ich habe Ihnen gesagt, ich werde Ihnen diese Genehmigung verschaffen", sagte Besarović ungehalten. „Sie müssen einfach ein wenig Geduld haben."

„Seit Monaten versprechen Sie mir diese Genehmigung", sagte Diana. „Egal, was mit den Kisten auch immer passiert. Wir werden vorerst keine Sachen mehr nach Loborgrad schicken."

„Mit Leuten wie Ihnen kann man ja nicht arbeiten. Sie enttäuschen mich wirklich. Ich stehe doch immer hinter Ihnen, habe Ihnen überall geholfen, wo es nur möglich war, und jetzt stellen Sie mir ein Ultimatum. Das ist wirklich nicht zu fassen. Ich werde mir in Zukunft andere Verbündete suchen." Er legte auf.

Besarovićs Ärger währte nur kurz. Er rief eine Viertelstunde später wieder an und fragte Diana, wie sie die Sache mit den Kisten aus Sarajevo denn nun zu regeln gedenke. Diana wollte sich auf keine neue Diskussion einlassen und sagte nur, sie würde am Nachmittag jemanden in das Büro der jüdischen Gemeinde schicken, um die Angelegenheit zu besprechen.

Als Besarović merkte, wie verärgert Diana über sein Verhalten war, bat er um eine Aussprache. Er wolle am Nachmittag so zwischen drei und vier Uhr vorbeikommen, dann könnten sie über alles reden und konkrete Pläne machen. Aber kurz vor drei rief er an und sagte seinen Termin ab.

Seit Diana Dr. Besarović kannte, hatte er Versprechungen über Versprechungen gemacht. Er würde sich für die Freilassung der Frauen einsetzen, wollte eine offizielle Bewilligung für die Aktion Diana bewirken und sich selbst bei seinem Freund, dem Poglavnik Ante Pavelić, für die serbisch-orthodoxe Minderheit im Unabhängigen Staat Kroatien einsetzen.

Nichts davon hatte Besarović eingelöst. Die Kinder aus Loborgrad hatte Diana ohne seine Hilfe, ja im Grunde gegen seinen Willen, nach Zagreb gebracht. Genau genommen hatte Besarović kaum etwas beigetragen, und seine ständigen Beteuerungen hielten die Arbeit sogar auf. Denn während man darauf gewartet hatte, dass er endlich etwas unternahm, hätte man schon längst an anderer Stelle intervenieren können. Nein, diese Zusammenarbeit führte zu nichts, und Diana wollte in Zukunft keine Rücksicht mehr auf Besarović nehmen.

X.
Die Befreiung der Frauen aus Loborgrad

1

Gegen Ende April 1942 tauchten Gerüchte auf, die Ustaša habe angeordnet, alle serbisch-orthodoxen Frauen und Kinder aus den Lagern zu entlassen. Diana erfuhr davon zum ersten Mal, als sich Dr. Pajaš aus Loborgrad zu Besuch bei Julije in der Klinik aufhielt. Er berichtete von einem Rundschreiben, das auch Kommandant Heger erhalten habe und in dem ausdrücklich davon die Rede war, die Gefangenen so schnell wie möglich in ihre Heimatgemeinden zurückzuschicken.

Wenn jemand Auskunft über die Freilassung der Frauen geben konnte, dann wohl die jüdische Abteilung der Ustaša-Polizei. Deshalb suchte Diana gleich am nächsten Morgen das Büro von Vilko Kühnel auf.

Kühnel zeigte ihr die Abschrift eines Telegramms an den Kommandanten des Lagers in Gornja Rijeka und bestätigte das Gerücht. Alle serbisch-orthodoxen Gefangenen, so sie nicht als Kommunisten galten, seien freizulassen. Aber wie man das handhaben sollte, davon stand in dem Telegramm nichts, und auch von der Sicherheitspolizei gab es dazu noch keine Anweisungen. Am besten, man treffe sich am Montag wieder. Dann würde es sicher schon mehr Informationen geben.

Nun schien ein großer Erfolg nahe, und es schien, als würde er Diana einfach so in den Schoß fallen. Diese Anweisung hatte nichts mit ihren Bemühungen zu tun, und auch Besarović hatte mit Sicherheit nichts dazu beigetragen. Das hatte ganz andere Gründe. Diana vermutete, man wollte die kranken und unterernährten Menschen loswerden. Aber vielleicht handelte es sich auch nur um eine der vielen Finten des Regimes, und die Anweisung wurde in letzter Minute rückgängig gemacht.

2

Am Montag ließ Kühnel Diana im Vorzimmer warten. Als er dann endlich die Tür seines Büros öffnete, konnte Diana sehen, dass hinter ihm ein weiterer Mann stand, aber sie konnte sein Gesicht nicht erkennen. Es war eine Besprechung im Gang, und Diana wurde dazugebeten.

Der Mann, den sie vorher schemenhaft wahrgenommen hatte, war Kommandant Karl Heger. An einem Schreibtisch saß noch jemand. Kühnels Sekretär, wie sich herausstellte. Und beim Fenster stand ein Beamter der Sicherheitspolizei, der gekommen war, um die weitere Vorgangsweise zu besprechen.

Man hatte den Entschluss gefasst, sowohl das Lager Loborgrad als auch das Lager Gornja Rijeka von allen serbischen Insassen zu räumen. Dabei gab es allerdings ein Problem. Weder der Vertreter der Sicherheitspolizei noch Lagerkommandant Heger hatten eine Vorstellung, wo man die Frauen und Kinder unterbringen sollte. Denn bevor man daran denken konnte, die Menschen wieder in ihre Heimat zurückzuschicken, mussten sie unbedingt eine Zeit in Quarantäne verbringen. Die Typhusepidemie würde sonst auf das ganze Land übergreifen.

Besonders gut durchdacht war das alles nicht. Diana fragte nicht, warum man nicht in den Lagern für bessere hygienische Zustände und medizinische Behandlung sorgte. Auch schnitt niemand die Frage an, was mit den Menschen nach der Quarantäne geschehen sollte. Würde man sie dann in ihre Heimatgemeinden zurückschicken? Oder würde man sie wieder verhaften? Wollte man sie nur loswerden, bis sie wieder gesund waren, um sie dann als Arbeitssklaven nach Deutschland zu schicken?

Nach alledem fragte Diana nicht. Sie ging los und suchte Prof. Kamilo Brössler auf und fragte ihn, ob die Taubstummenanstalt in Zagreb wenigstens die Frauen und Kinder aufnehmen konnte. Auch Prof. Brössler fragte nicht weiter. Er sicherte nur seine Hilfe zu. Irgendwie und irgendwo würde man die Menschen unterbringen. Alles war besser als das Lager. Es müsse nur sicher sein, dass man die Frauen nicht direkt in der Anstalt wieder verhafte. Auch das habe es schon gegeben, und die Sicherheitspolizei solle schriftlich garantieren, dass sie solche Übergriffe diesmal unterlassen würde.

Mit dieser Nachricht ging Diana zurück in die jüdische Abteilung der Ustaša-Polizei. Der Beamte sicherte zu, sich um die Entlassungsbescheinigungen zu kümmern. Das könne nur eine Frage von Tagen sein.

Obwohl Diana dieser Ankündigung nicht glaubte, wollte sie dennoch weitermachen. Sie schrieb in ihrem Tagebuch, dass sie nie wieder etwas von dem Beamten der Sicherheitspolizei hörte und die Entlassungsbescheinigungen nie bei ihr ankamen. Aber das machte ihr zu diesem Zeitpunkt keine besonderen Sorgen. Entlassungsbescheinigungen oder nicht, sie musste die Frauen und Kinder so schnell wie möglich aus dem Lager holen. Besser heute als morgen. Denn waren die Menschen erst einmal in Zagreb und unter Aufsicht von Prof. Brössler, wäre es für die Ustaša schon erheblich schwieriger, sie alle wieder einzusammeln und zu internieren.

Lagerkommandant Heger war mittlerweile wieder abgereist, und Dianas Versuche, ihn telefonisch bei seinem Bruder in Zagreb und dann später bei der Bahnstation in der Nähe des Lagers zu erreichen, scheiterten. Das Lager Loborgrad hatte kein eigenes Telefon, und so bat Diana den Stationsvorsteher, Heger eine Nachricht zu übermitteln.

Als Heger am nächsten Vormittag anrief, drängte ihn Diana, sofort einen Termin festzusetzen. Gerade jetzt wären viele Plätze in der Taubstummenanstalt frei, und diese Gelegenheit müsse man nützen. Tatsächlich bewegte sie Heger dazu, ihr die Abreise der Frauen und Kinder für den übernächsten Tag zuzusagen. Es sei aber ihre Aufgabe, für die Unterbringung der etwa 60 Personen zu sorgen. Das ginge ihn dann nichts mehr an.

3

Bei einem Besuch im jüdischen Büro überreichte Dr. Pavao Stern Diana eine Liste mit Namen von Frauen, die im Lager Đakovo in Slawonien interniert waren. Bis dahin hatte Diana geglaubt, dort hielte man ausschließlich Jüdinnen aus Osijek und Umgebung fest. Aber die Liste sagte etwas anderes. Seit Dezember 1941 brachte die Ustaša Frauen und Kinder aus ganz Slawonien in das Lager, teils sogar aus Bosnien. Wie es aussah, befanden sich dort im Moment über 3000 Menschen, davon etwa 50 serbische Frauen mit ihren Kindern.

Die jüdische Gemeinde in Osijek bemühte sich um die jüdischen Insassen, aber die anderen Frauen und Kinder hatten niemanden, der ihnen Essen brachte oder sie mit Kleidern versorgte. Und im März 1942 hatte sich die Lage in Đakovo verschlimmert. Vjekoslav „Maks" Luburić, der mittlerweile für alle Lager auf dem Gebiet des Unabhängigen Staates Kroatien zuständig war, hatte über 1000 typhuskranke Frauen nach Đakovo bringen lassen. Seine Absicht war offensichtlich. Indem er die Frauen über das ganze Lager verteilte, in jede Baracke und Werkstätte infizierte Frauen steckte, versuchte er, mit möglichst wenig Aufwand möglichst viele Menschen zu ermorden.

Der Plan funktionierte. Wenige Wochen später war mehr als die Hälfte der Insassen an Typhus erkrankt. Frauen und Kinder starben in so hoher Zahl, dass der Totengräber von Đakovo Mühe hatte, jedem Toten ein eigenes Grab zu schaufeln.

Doch dieser Mann nahm seine Arbeit ernst. Er schuf den einzigen Lagerfriedhof in Kroatien. Auch wenn er die Namen der toten Kinder und Frauen nicht wusste, er bettete sie in die Erde und setzte ein Kreuz über jedes Grab, sodass man wenigstens den Ort, an dem sie begraben lagen, sehen konnte.

Von all diesen Vorkommnissen hörte Diana, und Dr. Stern erzählte ihr auch, dass die jüdische Gemeinde das Lager schon seit März nicht mehr betreten durfte. Aus hygienischen Gründen, wie es hieß.

Đakovo war ein Todeslager. Der Typhus sollte die Kinder und die Frauen dort langsam auslöschen, bis keine Seele mehr am Leben war. Das war Lubarićs Plan, und Diana wusste nicht, was sie dagegen unternehmen sollte. Essenslieferungen und Kleider mochten das unmittelbare Leid ein wenig lindern, aber das war nichts weiter als eine hilflose Geste. Sie konnte höchstens versuchen, sich auch in Đakovo auf die Anordnung der Ustaša zu berufen. Alle serbisch-orthodoxen Personen mussten aus dem Lager entlassen werden. Da bildete Đakovo keine Ausnahme. Doch ob sich Luburić davon beeindrucken lassen würde, wagte Diana zu bezweifeln.

4

Am 23. April 1942 trafen sich Diana und ihre Mitarbeiter schon in aller Herrgottsfrühe in der Garage, um Lebensmittelpakete und Kleider für die Frauen und Kinder aus Loborgrad zusammenzustellen. Zwei Eier, 10 dag Käse und 20 dag Brot wurden jeweils in einen Beutel gepackt. Für die Begleitmannschaft des Zuges gab es auch etwas zu essen und dazu noch 200 Zigaretten, und auch die Schwestern vom Roten Kreuz sollten nicht leer ausgehen. Für sie gab es ebenfalls eine Jause und 100 Zigaretten.

Der Transport musste schnell und professionell abgewickelt werden. Das Rote Kreuz übernahm diese Aufgabe und führte sie mit militärischer Präzision durch. Sobald die Lastwagen am Hauptbahnhof in Zagreb eintrafen, würden Mitarbeiter der Aktion und des Roten Kreuzes die Frauen und Kinder zur Desinfektion in die Entlausungsstation bringen. Dort lagen auch frische Kleider bereit, und schon auf dem Weg dorthin konnte man die ersten Daten aufnehmen. Danach stand der Transport in die Taubstummenanstalt auf dem Plan. Wenn alles funktionierte, sollte das nicht länger als zwei Stunden dauern.

Um neun Uhr erreichte Diana der Anruf von der Poststation Zlatar. Der Transport sei unterwegs. Wenn nichts Unvorhergesehenes dazwischenkam, dauerte die Fahrt nicht länger als drei Stunden. Um dreiviertel zwölf holte das Rote Kreuz die Essenspakete bei Diana ab und brachte sie zum Hauptbahnhof.

Die Zeit verging. Niemand meldete sich. Diana überlegte, ob sie zum Bahnhof fahren sollte, aber dort konnte man sie telefonisch nicht erreichen. Dann, gegen zwei Uhr Nachmittag, rief Heger an. Der Transport verspäte sich. Nach drei Reifenpannen sitze man jetzt fest. Der vierte Reifen sei geplatzt, man habe keinen Ersatz und müsse warten.

Zu diesem Zeitpunkt befanden sich die Lastwagen keine zwei Kilometer von Črnomerec, einem Vorort von Zagreb, entfernt. Von hier aus waren es kaum fünf Kilometer bis zum Hauptbahnhof. Aber Heger ließ die Frauen nicht aussteigen und zu Fuß gehen. Sie mussten bei strömendem Regen auf den Ladeflächen sitzen, konnten sich weder gegen die Nässe noch gegen die Kälte schützen.

Von hier aus ging es nicht weiter. Der Fahrer des Wagens hatte sich aufgemacht, um einen neuen Reifen zu besorgen. Ob er das auch tun würde, war ungewiss. Vielleicht setze er sich ins nächste Gasthaus und betrinke sich, sagte Heger, als er Diana anrief.

5

Mit einem Taxi fuhr Diana vom Bahnhof zur Entlausungsanstalt. Dort hoffte sie, Schwester Dragica Habazin vom Roten Kreuz zu treffen. Zuvor hatte sie im Ministerium für Gesellschaftsfragen angerufen. Ein Beamter hatte ihr versichert, man werde den abgängigen Lastwagenfahrer suchen und ihn dazu bringen, den Reifen zu reparieren. Doch Diana vertraute dem Ministerium nicht. Selbst wenn der Fahrer wieder auftauchte, wer konnte garantieren, dass Heger es sich nicht anders überlegte und die Frauen wieder ins Lager zurückbringen ließ? Sie musste die Sache selbst in die Hand nehmen, und Schwester Habazin konnte ihr dabei helfen.

Diana und Schwester Dragica Habazin vom Roten Kreuz waren einander zum ersten Mal im März 1942 begegnet, und sofort hatten sie erkannt, dass sie dieselben Ziele teilten. Alle Mitarbeiter, aber auch die

Polizisten und die Bahnarbeiter nannten Dragica Habazin Mutter, weil sie allgegenwärtig schien und immer einen Ausweg wusste. Doch als Diana in der Entlausungsanstalt ankam, war Schwester Habazin nicht da. Sie hatte sich vor Stunden aufgemacht, um einen anderen Transport zu erreichen. Frauen und Männer wurden in Viehwaggons zur Zwangsarbeit nach Deutschland verfrachtet. Meistens hatten die Menschen weder etwas zu essen noch etwas zu trinken, und wenn das Rote Kreuz nicht einsprang, dann gab es niemanden, der sie versorgte.

Direktor Hofer vom Roten Kreuz brach auf, um Schwester Habazin zu suchen. Diana wartete in der Entlausungsanstalt und bekam dort die Nachricht, dass ein Lastwagen des Ministeriums schon in Črnomerec sei und gerade die ersten Gefangenen nach Zagreb bringe.

Nach und nach trafen nun die Häftlinge ein. Das Ministerium schickte weitere Lastwagen, und erst jetzt funktionierte der Transport, so wie Diana sich das vorgestellt hatte. Die Frauen und Kinder bekamen etwas zu essen, wurden zur Entlausungsanstalt gebracht und erhielten neue Kleider.

Manche Frauen hatten wenig mehr als Fetzen am Leib, die meisten Kinder gingen barfuß. Kaum ein Kleidungsstück, das Diana nach Loborgrad geschickt hatte, war dort auch angekommen.

Als Lagerkommandant Heger dann endlich auftauchte, sagte er, das Gepäck der Frauen sei noch im Lager. Es werde in den nächsten Tagen geliefert. Diana machte sich keine Hoffnungen. Sie forderte von Heger nur die Entlassungsscheine. Aber er hatte nicht alle dabei. Er habe gar nicht an die Kinder gedacht, die sich schon in Zagreb befanden, behauptete er.

XI.
Noch mehr Verbündete

1

Nun trat Dianas Aktion in eine neue Phase ein. Wenn Diana zunächst einige Mitarbeiter um sich geschart hatte und durch Hartnäckigkeit bis ins Lager Loborgrad vorgedrungen war, so musste sie jetzt einsehen, dass ihre Kraft und ihr Einfluss nicht ausreichten, um die befreiten Frauen und Kinder auch alle sicher unterzubringen.

Schon bei der Ankunft der Frauen aus Loborgrad hatte sich gezeigt, dass ohne die Hilfe des Roten Kreuzes und die Erfahrung von Dragica Habazin die schnelle Versorgung der Frauen und Kinder eine unlösbare Aufgabe gewesen wäre.

Prof. Brössler hatte nicht gezögert und die Hilfsmaschinerie in Gang gesetzt. Sicher waren auch Julije Budisavljevićs Einfluss und Ansehen von Nutzen, um das Rote Kreuz zu aktivieren. Unter den vielen Helferinnen befanden sich außer Dragica Habazin, die in weiterer Folge eine so wichtige Rolle spielen sollte, auch Jana Koch und Tatjana Marinić.

Beide, Koch wie Marinić, waren nicht nur schon lange in der Sozialarbeit tätig und hatten sich vor dem Krieg für benachteiligte und kranke Frauen und Kinder eingesetzt, sie waren auch Mitglieder der Kommunistischen Partei Jugoslawiens.

Am 10. April 1941, also nur vier Tage nach dem Einmarsch deutscher Truppen, hatte Josip Broz Tito, Zentralsekretär der KPJ, zum Widerstand gegen die Faschisten aufgerufen.

Ebenso wichtig wie der militärische Kampf war der unbewaffnete Widerstand. Es galt in den befreiten Gebieten, aber auch im Unabhängigen

Staat Kroatien, eine wenigstens rudimentäre Infrastruktur aufrechtzuerhalten. Dafür waren in der Hauptsache Frauen wie Jana Koch und Tatjana Marinić zuständig.

Schon im Sommer 1941 sammelten sich nicht nur die Partisanen, die in den Kampf zogen. Unter ihnen befanden sich im Übrigen bald viele junge Frauen. In den Dörfern und Städten formierte sich die Antifaschistische Frauenfront. Diese Frauen wirkten im Untergrund, und Diana lernte viele von ihnen kennen. Sie fielen im Alltag kaum auf, gingen ihrer Arbeit nach und sorgten gleichzeitig dafür, dass die Opfer der Faschisten gerettet wurden. Dieses Ziel verband Diana und die Frauen der antifaschistischen Front, und auch in den Methoden fanden sie einander wieder.

Mira Morača, eine prominente Kommunistin der ersten Stunde, gab bei einem Treffen der Antifaschistischen Frauenfront die Devise aus: Kocht, strickt, näht und kümmert euch um Kinder und Verwundete. Aber ab jetzt arbeitet nicht jede Frau vor sich hin, sondern wir organisieren diese Arbeit in kleinen Einheiten. Wir unterstützen die Männer an der Front und sorgen gleichzeitig dafür, dass das Leben in den Dörfern und den Städten so gut wie möglich weitergeht.

Davon wusste Diana zu diesem Zeitpunkt noch sehr wenig. Sicher waren Gerüchte über den Aufstand der Partisanen zu ihr gedrungen, und sie hatte aus den Zeitungen erfahren, mit welcher Entschlossenheit die Jugoslawische Volksbefreiungsarmee gegen die Ustaša und gegen die Deutschen kämpfte. Der Zulauf war enorm. Aus den ursprünglich kaum 8000 Kämpfern der Volksbefreiungsarmee wurden bis Jahresende 80.000, und durch Sabotageaktionen und Guerillataktik erbeuteten die Partisanen in dieser Zeit auch eine erhebliche Menge an Waffen. Im August und September 1941 konnten Tito und seine Volksbefreiungsarmee etwa ein Drittel des Territoriums Serbiens erobern und dort ein erstes befreites Gebiet errichten. Diese Republik Užice sollte die Keimzelle des Widerstandes und des neuen jugoslawischen Staates werden.

Nun war Diana mitten hineingeraten in diesen Kampf. Ihr erstes und einziges Ziel war, die Kinder vor dem Tod zu retten. Dazu musste sie Verbündete finden. Die Frauen, die beim Roten Kreuz, bei der Roten Hilfe und auch in den Ministerien arbeiteten, waren sehr oft Sympathisantinnen der Kommunisten, ja aktive Mitarbeiterinnen und Unterstützerinnen der Antifaschistischen Frauenfront. Diana fühlte selbst wohl keine Nähe zu linken Ideen. Sie nutzte aber ihre neu gewonnenen Verbindungen, um ihre Ziele zu verfolgen und die anstehenden Probleme zu lösen. Schon in den nächsten Tagen und Wochen sollte Diana erkennen, welche Vorteile es hatte, nicht nur über Verbindungen in Regierungskreise und zur katholischen Kirche, sondern auch zu den Antifaschisten zu verfügen.

2

Nachdem der erste große Transport von Loborgrad nach Zagreb abgeschlossen war, blieb noch eine Menge zu tun. Heger hatte sich nur zum Teil an die Vereinbarung gehalten und mit einigen Ausreden dafür gesorgt, dass acht katholische Frauen nicht aus dem Lager entlassen wurden. Diana schickte ihnen und einer Frau namens Daša Lizdek am folgenden Tag über das jüdische Büro Lebensmittelpakete.

Am 29. und 30. April 1942 vermerkte Diana in ihren Aufzeichnungen, dass sie sich für eine Reiseerlaubnis eingesetzt hatte. Cvija Nikolić sollte über Vermittlung der jüdischen Gemeinde aus dem Lager Loborgrad nach Zagreb ins Krankenhaus gebracht werden. Sie sollte dort in der Frauenabteilung behandelt und nach der Entlassung auf Kosten der Aktion Diana in Zagreb untergebracht werden.

In den folgenden Tagen und Wochen versuchte Diana, viele Frauen entweder in Zagreb selbst unterzubringen oder sie in ihre Heimatdörfer zurückzuschicken. Dabei ergaben sich die üblichen Verzögerungen. Die Polizei fühlte sich für eine Reiseerlaubnis nicht zuständig. Deshalb musste Diana im Ministerium intervenieren. Dort erfuhr sie, dass die Frauen ein Passbild brauchten, und so schickte sie Cvija Nikolić zu einem Fotografen. Ihre Reise sollte in einer Woche Richtung Heimat gehen.

Diesen Fall betrachtete Diana damit als abgeschlossen. Aber eine andere Frau, Daša Lizdek, machte ihr erheblich mehr Sorgen. Daša Lizdek stand auf der Liste der Frauen, die von Diana mit Lebensmittelpaketen versorgt worden waren. Sie wurde aber nicht mit den anderen Frauen entlassen, sondern musste aufgrund einer Typhuserkrankung im Lager bleiben. Erst am 20. Mai erhielt sie von Heger den Entlassungsschein.

Besonders interessant scheint in diesem Zusammenhang, dass Daša Lizdek und Cvija Nikolić von der jüdischen Abteilung der Sicherheitspolizei in ihren Büchern geführt wurden. Heute wird allgemein behauptet, Diana Budisavljević hätte keine jüdischen Frauen und Kinder gerettet. Diese Eintragungen widersprechen dieser kategorischen Behauptung allerdings. Freilich lässt sich im Moment nicht feststellen, ob es sich bei Daša Lizdek und Cvija Nikolić um Jüdinnen gehandelt hat oder um Roma oder serbisch-orthodoxe Frauen, die aus irgendeinem heute nicht mehr nachvollziehbaren Grund in die Listen der jüdischen Abteilung der Sicherheitspolizei geraten sind. Allerdings gibt es noch ein weiteres Indiz für Dianas Einsatz für jüdische Kinder. Wie sie selbst in ihren Aufzeichnungen festhält, brachte sie am 24. Oktober 1942 zehn kranke jüdische Kinder in die Trenkovastraße, also ins jüdische Büro „Skrb za logore".

In den Wochen und Monaten der Hilfsaktion, aber ganz besonders im Sommer 1942, hat wohl niemand auf die Religionszugehörigkeit der Kinder geachtet. Diana, das Rote Kreuz und die antifaschistischen Frauen sorgten sich um jedes Kind, und es ist undenkbar, dass sie ein Kind zurückgelassen hätten, nur weil es der falschen Religion angehörte.

3

Die Frauen aus dem Lager saßen vorerst in Zagreb fest. Teils waren sie in der Taubstummenanstalt untergekommen, teils hatten Diana und ihr Mann für private Unterkünfte gesorgt. Julije kümmerte sich vor allem um jene Frauen, die medizinische Versorgung brauchten. So begleitete er unter anderem Cvija Nikolić, die schon im Dezember krankheitshalber aus dem Lager in ein Krankenhaus in Zagreb überstellt worden war und danach eine Unterkunft brauchte. Diese fand man bei einer serbischen Frau namens Ana Palamaš.

Hier mag einer der Schlüssel für Dianas Erfolg verborgen liegen. Auf den ersten Blick sehen wir eine mutige Frau, die, ohne um die Konsequenzen zu fürchten, Frauen und Kindern beisteht. Und dieser erste Blick trügt auch nicht. Aber Diana war nicht irgendeine Professorengattin aus Zagreb. Sie war Mitglied einer der angesehensten und einflussreichsten Familien in Kroatien und Serbien. Der Bruder ihres Mannes, Srđan Budisavljević, gehörte zu den profiliertesten Politikern des SHS-Staates und des Königreichs Jugoslawien.

Schon sehr früh engagierte sich Srđan Budisavljević politisch. Mit 22 Jahren zog er als Abgeordneter der Kroatisch-Serbischen Koalition ins kroatische Parlament ein und war nach dem Ersten Weltkrieg ein Verfechter eines gemeinsamen Staates der Slowenen, Kroaten und Serben.

1939 wurde er Sozialminister im Königreich Jugoslawien, und nach dem Angriff der Deutschen und der Zerschlagung des Staates gehörte er der Exilregierung an. Er war 1945 einer der drei Reichsverweser, die den jugoslawischen König bei den Verhandlungen mit Josip Broz Tito und der Volksbefreiungsarmee vertraten. Nach dem Krieg weigerte sich Srđan Budisavljević, mit den Kommunisten zusammenzuarbeiten, wurde aber von ihnen weiterhin geachtet und geschätzt.

Diana hatte also Verbindungen in die höchsten politischen Kreise des Landes. Selbst Ante Pavelić und die Ustaša konnten das nicht ignorieren. Auch sie waren vom Wohlwollen vieler Einzelner abhängig, und sie wollten es sich nicht mit so einflussreichen Leuten wie den Budisavljevićs verscherzen.

Ein weiteres Indiz für Dianas gute Vernetzung mit den Mächtigen sind die Verbindungen ihres Mannes zu Erzbischof Stepinac. Die Beziehungen müssen sehr freundschaftlich gewesen sein, denn Julije bot sogar an, im Kriegsverbrecherprozess, den die Kommunisten gegen Stepinac anstrebten, auszusagen, wurde aber nicht vorgelassen. Darüber hinaus verfügte Julije Budisavljević selbstverständlich über ausgezeichnete Kontakte zum Roten Kreuz und zur Ärzteschaft. Das erleichterte den Beginn der Aktion

Diana ungemein. Außerdem war der Name Budisavljević offensichtlich weithin bekannt und hatte einen guten Klang, wie unter anderem Prof. Brösslers Tagebucheintragungen nahelegen.

XII.
Der kroatische Pope und die Massaker von Glina

1

Als Diana von einem „kroatisch-orthodoxen" Popen in Zagreb erfuhr, war sie skeptisch, aber dennoch bemühte sie sich um einen Termin bei ihm. Es gab keine traditionelle orthodoxe Kirche in Kroatien und daher auch keine kroatisch-orthodoxen Popen. Vermutlich war dieser Pope noch nicht einmal ein Geistlicher und die ganze Sache nur ein Ablenkungsmanöver der Ustaša, um ihren Vernichtungsfeldzug gegen die serbische Bevölkerung ein wenig zu verschleiern. Wir haben nichts gegen den orthodoxen Glauben, schienen sie zu sagen, aber wenn ihr in Kroatien lebt, dann könnt ihr nicht serbisch-orthodox sein, dann müsst ihr euch zur kroatischen Nation bekennen.

Der Pope empfing Diana und eine Abordnung ihrer Aktion. Đuro Vukosavljević und Dr. Vidaković begleiteten sie, und Diana konnte an ihren Gesichtern ablesen, wie wenig sie diesem Geistlichen über den Weg trauten. Zwar hatte Diana die Listen der internierten Serben in Loborgrad und Gornja Rijeka mitgebracht und übergab sie dem Popen auch, aber sie glaubte nicht an Unterstützung von dieser Seite.

Die kroatisch-orthodoxe Kirche war im Wesentlichen eine Erfindung der Deutschen. Vor allem Siegfried Kasche, der Gesandte Hitlers in Zagreb, machte sich für diese Idee stark. Er war davon überzeugt, auf diese Weise die Massaker der Ustaša eindämmen zu können.

Als Metropolit der kroatisch-orthodoxen Kirche wurde der russisch-orthodoxe Bischof Grigorij Ivanovič Maksimov eingesetzt. Er bemühte sich um serbisch-orthodoxe Geistliche und hatte anfangs einigen Erfolg. Da und dort konnten die Popen eine ehemals serbisch-orthodoxe Kirche wiedereröffnen, und die Ustaša ließ die Gemeinden zufrieden. Doch das währte nicht lange.

Dianas Besuch beim Popen blieb ein folgenloses Zwischenspiel. Die kroatisch-orthodoxe Kirche brachte keine Lösung, und das war auch nicht zu erwarten gewesen. Sie wusste, er war nur eine Marionette der Ustaša-Führung, und die wiederum hing am Gängelband der Nazis. Die Ermordung der Serben konnten weder dieser Pope noch sein Metropolit aufhalten.

Schon bei der Proklamation des Unabhängigen Staates Kroatien am 10. April 1941 ahnten es viele. In den Tagen und Wochen danach wurde die Ahnung zur Gewissheit. Das neue Regime wollte einen ethnisch einheitlichen Staat, und diesem Ziel stand vor allem die serbische Bevölkerung im Weg. Ante Pavelić und sein engster Kreis waren dazu entschlossen, alle Serben auf kroatischem Gebiet auszurotten.

Allein im April 1941 ermordeten die Ustaša-Milizen fast tausend Serben in mehreren Massakern. Eine ungeheure Zahl, und die wenigen Überlebenden berichteten von der Brutalität, mit der die kroatischen Einheiten vorgingen. Bewaffnete stürmten die Dörfer, trieben die Männer zusammen und brachten sie zu abgelegenen Schluchten. Anschließend schlugen sie ihnen mit Hämmern die Schädel ein, und oft landeten Verletzte in einer Grube mit Toten. Der Löschkalk verätzte ihnen die Haut, und sie wurden vom Gewicht der Leichen erdrückt.

Die Ustaša-Milizen fielen über das Land her wie eine Plage. Vom Frühjahr 1941 bis zu ihrem Untergang 1945 dauerte der Terror. Von Dorf zu Dorf, von Stadt zu Stadt zogen die fanatisierten Soldaten, mordeten, vergewaltigten und verstümmelten ihre Opfer. Zu Beginn des Ustaša-Regimes lebten etwa eine Million Serben in Kroatien, ein Drittel der Bevölkerung, und jeder Tote, jedes Massaker stürzte das Land weiter in den Abgrund der Unregierbarkeit und des Chaos.

Der Gesandte Hitlers in Zagreb, Siegfried Kasche, sah diese Gefahr. Die Ermordung so vieler Menschen auf so engem Raum zerstörte die zivile Ordnung. Keine Staatsmacht der Welt war in der Lage, diese entfesselte Gesetzlosigkeit zu stoppen. Deshalb drang er auf Ante Pavelić ein und zwang ihn, seine Politik zu ändern. Die deutschen Besatzer wussten, dieses Morden zerstörte den Staat, machte ihn unregierbar, und was aus Sicht der Deutschen noch viel schlimmer war, jeder Gewaltakt der Ustaša trieb den Partisanen Anhänger in die Arme.

Aber Kasche wagte es nicht, Pavelić die Verfolgung der Serben zu verbieten. Außerdem hätte das wenig gebracht. Weder Pavelić noch Eugen Dido Kvaternik oder ein anderer führender Ustaša-Politiker verfügte über die Macht, den marodierenden Milizen Einhalt zu gebieten. Das zeigte sich unter anderem auch im Kordun, aus dem Diana dieser Tage neue Nachrichten erhielt.

2

Der Brief erreichte Diana am Pfingstsonntag, dem 25. Mai 1942. Dr. Branko Kesić, der nun seit einigen Wochen wieder im Kordun stationiert war, schrieb über beunruhigende Entwicklungen. Bis jetzt hatten die Ustaša-Milizen die verbliebenen Serben nicht weiter verfolgt. Hauptsächlich Frauen und Kinder und ein paar alte Männer lebten noch in den Dörfern. Sie hatten sich über den Winter gerettet, begannen, die Gärten zu bestellen, und hier und da versuchte jemand, ein Feld umzupflügen.

„Die gesamte Bevölkerung der Region, egal, ob orthodox oder katholisch, aber in der Mehrzahl orthodox, wird in Lager gebracht“, hieß es in dem Brief. „Die Räumung begann entlang der Route Glina–Petrinja–Sunja. Nach meiner Schätzung wurden bis jetzt etwa 3000 Menschen, Kinder, Frauen und Männer, in die Lager gebracht. Die Räumung erfolgt so rasch, dass die Menschen nicht einmal die notwendigsten Dinge mitnehmen können. Kinder müssen oft in leichter Kleidung, barfuß, ja halbnackt ihr Heim verlassen. […] Derzeit werden alle Menschen in das Lager Jasenovac gebracht.“

Weiter berichtete Branko Kesić über die Plünderungsaktionen der Ustaša. Vieh, Nahrung und Möbel wurden aus den Dörfern wegtransportiert, sodass nur geisterhafte, halb zerstörte Häuser zurückblieben. Nun lag das Land verlassen da. Kesić konnte nicht sagen, was mit den Menschen weiter geschehen war. Der Brief schloss mit der Bitte, herauszufinden, wohin man die Kinder gebracht hatte, und sich um sie zu kümmern.

Kesićs Bericht klang wie ein Echo auf die Ereignisse am 11. und 12. Mai des Vorjahres. Es war wenig mehr als ein Jahr vergangen, seitdem die Ustaša das erste Mal über die Gegend hergefallen war. Damals marschierte ein Trupp der Ustaša unter der Führung von Mirko Puk in Glina ein. Es waren Studenten unter den Ustaša, Schüler und Handwerker, Juristen und Lehrer, auch ein paar Bauernjungen hatten sich dem Mob angeschlossen. Bewaffnet mit Gewehren und Pistolen liefen sie durch die Straßen und brüllten. Sie hämmerten gegen Türen, und wenn ihnen nicht sofort aufgemacht wurde, traten sie die Tür ein und verwüsteten das Haus.

Alle Männer mussten aus den Häusern, wurden durch die Straßen zu einer orthodoxen Kirche getrieben. Wer nicht schnell genug ging oder sich auch nur umsah, bekam einen Gewehrkolben in den Rücken oder in die Seite gerammt. Als ein Mann stolperte, schrie ihn ein Ustaša an und trat ihn so lange, bis er wieder aufstand und weiterhetzte.

Später wusste niemand mehr genau, wie viele serbische Männer man in die orthodoxe Kirche eingesperrt hatte. Vielleicht waren es 260, vielleicht aber auch 400. Sie mussten sich auf die Bänke setzen oder auf den Boden, und dann gingen Mirko Puk und seine Schergen durch die Reihen und verlangten Ausweise. Sie wollten wissen, wer von den Serben zum katholischen Glauben konvertiert war.

Zwei Männer konnten solche Dokumente vorweisen. Sie wurden freigelassen. Dann begann das Prügeln. Junge Männer, die vor ein paar Wochen noch die Universität in Zagreb besucht hatten, um Recht zu studieren, Schüler und Handwerker, die nun improvisierte Ustaša-Uniformen trugen, traten mit ihren Stiefeln gegen die Köpfe der Gefangenen, schlugen ihnen mit den Fäusten ins Gesicht. Wer sich wehrte, wurde erschossen. Dann zündeten die Ustaša die Kirche an. Mit ihren Gewehren im Anschlag stellten sie sich um das Gebäude auf und erschossen jeden, der versuchte, den Flammen zu entkommen.

Doch das war erst der Anfang. Die zwei Männer, die zum katholischen Glauben konvertiert waren, waren im Mai noch freigekommen, und ihr Beispiel verbreitete sich schnell im Kordun. Viele Gemeinden traten geschlossen zum Katholizismus über. Auch in Glina konvertierten viele der Überlebenden. Doch wenn die Serben gedacht hatten, sie würden der Verfolgung entgehen, wenn sie nur den katholischen Glauben annahmen, dann täuschten sie sich.

Als Ende Juli Vjekoslav „Maks" Luburić mit seiner Schlächterbande in Glina einfiel, zählte ein katholischer Taufschein nichts mehr. Von weit im Umkreis holten seine Männer die Serben aus den Dörfern und Weilern. Es war ihnen egal, ob sie katholisch getauft waren oder nicht. Wer als Serbe galt, musste mit. Auf Lastwagen und Pferdefuhrwerken brachten die Ustaša die Männer nach Glina, und wieder war eine serbisch-orthodoxe Kirche das Ziel.

Einer der wenigen Überlebenden dieser Tage in Glina, Ljuban Jednak, berichtete davon, wie er zur Kirche gebracht wurde. Er wunderte sich, als er die hell erleuchtete Kirche betrat. Es schien, als würde jeden Moment die heilige Messe beginnen.

Man hatte schlimme Dinge über Maks Luburić gehört, aber vielleicht war er heute nur hier, um die Serben zusammenzutreiben und zu einer Zwangstaufe zu bringen.

Noch während Ljuban Jednak sich umsah, kamen zwanzig oder dreißig Ustaša-Soldaten in die Kirche. Sie marschierten durch den Mittelgang und stellten sich vorne auf.

„Zündet die Kerzen an", schrien sie, und wer auch immer Streichhölzer eingesteckt hatte, folgte der Aufforderung.

„Glaubt ihr an unseren Poglavnik?", brüllten die Ustaša.

„Ja, wir glauben an ihn", antworteten die Gefangenen.

„Glaubt ihr an unseren großen Unabhängigen Staat Kroatien?"

„Wir glauben an ihn."

„Wiederholt das alle dreimal. Wiederholt es. Wir glauben an den großen Poglavnik. Wir glauben an den großen Unabhängigen Staat Kroatien."

Die Gefangenen brüllten aus Leibeskräften. Fünf oder sechs Mal schrien sie es.

Damit waren die Ustaša nicht zufrieden. Die Gefangenen mussten sich auf Befehl hinlegen, wieder aufstehen, sich noch einmal hinlegen. Immer so weiter. Dann befahl man ihnen sich auszuziehen. Mäntel, Hosen, Hemden, Schuhe, alles mussten sie auf einen großen Haufen in der Mitte der Kirche werfen.

Dann riefen die Ustaša einzelne Männer auf. Spätestens jetzt war Ljuban Jednak klar, dass er die Kirche wahrscheinlich nicht lebend verlassen würde. Er sah zu, wie sie den ersten Mann verhörten. Ob er etwas über die Četniks wisse, wurde er gefragt, und als er nicht antwortete, schnitten die Ustaša ein Stück vom Glockenstrang ab und verprügelten ihn damit.

Ein anderer, Pero Miljević war sein Name, sagte, er habe von den Četniks gehört, und es gäbe Unterlagen bei einem Notar oder Kassier, in denen man die Namen nachlesen könne. Aber das half ihm nichts. Einer der Ustaša schlitzte ihm mit einem Messer den Bauch auf, und Pero Miljević brach zusammen.

Stojan Bojić kam als Nächster dran. Er flehte Maks Luburić und seine Gesellen an, sie mögen ihn doch freilassen. Er würde ihnen auch alles sagen, was er wisse. Luburić ließ sich darauf ein, und Bojić erzählte ihm von einem Hinterhalt, der von den Četniks befohlen worden war. Die Bauern sollten mit Heugabeln auf die Ustaša losgehen, und gleichzeitig sollten sie die Telefonverbindungen unterbrechen.

Luburić geriet ihn Wut. Er schrie Bojić an, solche Leute wie ihn könne man nicht brauchen. Leute, die das Volkseigentum zerstörten und die öffentliche Ordnung gefährdeten. Die Ustaša packten Bojić und warfen ihn auf einen Tisch. Sie befahlen ihm zu singen, und dann schnitten sie ihm die Kehle durch.

In seiner Zeugenaussage bei einem Kriegsverbrecherprozess gab Ljuban Jednak an, das Blut aus Bojićs Hals sei drei Meter weit in alle Richtungen gespritzt. Alle, die in der Nähe waren, wurden von oben bis unten besudelt. Dann stachen sie ihm von hinten in den Hals, und als er schon beinahe leblos vom Tisch auf den Boden rutschte, sprangen ein paar

Ustaša hinzu und traten ihm mit ihren Stiefeln so lange auf den Schädel, bis er platzte.

3

So erging es fast allen Männern in der Kirche. Einer nach dem anderen wurde erschlagen oder erstochen. Luburić griff selbst in das Massaker ein. Er schnallte sich ein serbisches Erntemesser an die Hand und schnitt den Gefangenen, einem nach dem anderen, die Kehle durch. So ging das stundenlang, und eine Abteilung der Ustaša war nur damit beschäftigt, die Toten oder zu Tode Verwundeten aus der Kirche zu tragen und auf Lastwagen zu laden.

Ljuban Jednak konnte sich bis fast ganz zum Schluss verstecken. Er lag neben einigen Leichen und stellte sich tot. Ustaša gingen in der Kirche herum und stachen auf die Körper ein. Sie wollten sichergehen, dass auch keiner mehr am Leben war. Ein Ustaša setzte Jednak einen Fuß auf den Kopf, stach mit seinem Bajonett in die Körper neben ihm, als sich in einer Ecke etwas rührte. Ein Überlebender. Die Ustaša zerrten ihn heraus und stellten ihn auf die Beine.

„Bringt mich nicht um", sagte der Mann. „Ihr habt doch alle schon umgebracht. Lasst mich am Leben."

Sie fragten ihn nach seinem Namen und seinen Verwandten. Als er sagte, er habe zwei Schwestern, eine achtzehn, die andere zweiundzwanzig, meinte einer der Ustaša, wenn das so sei, könne man sich vielleicht doch einig werden. Ob er ihm seine achtzehnjährige Schwester überlassen würde, wenn er ihn dafür nicht ermorde. Er nahm den Mann an der linken Hand. Der Mann nickte.

Ein anderer Ustaša kam hinzu und nahm den Mann an der rechten Hand. Er hätte gerne die andere Schwester, die zweiundzwanzigjährige.

Ja, auch das, sagte der Mann.

Ein dritter Ustaša trat mit einer brennenden Kerze auf die Gruppe zu. Die beiden Soldaten hielten den Gefangenen fest, und der Ustaša mit der

Kerze setzte den Schnurrbart des Gefangenen in Brand. Dann hob er die Kerze und begann, dem Mann ein Auge zu versengen. Die Ustaša hielten ihn fest, und er schrie und schlug um sich, aber die Flamme der Kerze fraß sich dennoch durch die Haut und verbrannte ihm den Augapfel.

4

Vor Angst wie gelähmt lag Ljuban Jednak unter den Leichen. Er bewegte sich nicht, wehrte sich nicht, als Soldaten kamen und ihn auf einen Lastwagen warfen. Später sagte er, er konnte durch die Planken der Ladefläche sehen, wohin sie fuhren. Es ging hinaus aus Glina Richtung Novo Selo.

Ljuban Jednak kannte den Weg. Zuerst fuhren sie über Schotterstraßen, dann wurde die Fahrt unruhig. Der Lastwagen bog auf einen Acker ab, holperte ein paar hundert Meter über die aufgebrochene Erde und blieb dann stehen.

Die Ladeklappe fiel, und die Ustaša-Soldaten zogen einen Körper nach dem anderen vom Lastwagen und warfen sie ihn in eine Grube. Auch Ljuban Jednak landete dort. Manche, die noch nicht tot waren, legte man zur Seite. Eine Frau jammerte, als man sie von einem Lastwagen zerrte. Sie schien aus einer Ohnmacht zu erwachen. Die Soldaten bemerkten es und rissen sie hoch.

„Ich bin die Lehrerin aus Bović", sagte sie. „Lasst mich gehen."

Aber die Soldaten rissen ihr die Kleider vom Körper und vergewaltigten sie über der offenen Grube. Dann schlugen sie ihr mit einem Hammer auf den Kopf und warfen sie zu den anderen.

„Hast du nicht gesehen", sagte einer der Vergewaltiger. „Sie hat einen Ring am Finger. Den kann man verkaufen."

Einer stieg hinunter, zog der toten Frau den Ring ab und steckte ihn ein.

Ljuban Jednak überlebte. Die Ustaša schossen zwar noch ein paarmal in die Grube, aber sie erwischten nur sein Bein. In der Nacht kroch er aus dem Grab und humpelte davon.

5

Von alldem stand nichts in Branko Kesićs Brief. Nur, dass jetzt auch die Kinder aus Glina verschwunden waren. Die Kinder und die Frauen. Abtransportiert von Ustaša-Soldaten, in Viehwaggons gesteckt und verschickt.

Es bestand kaum ein Zweifel, wo die Menschen gelandet waren. Die Frage war nur, in welches Lager man sie gebracht hatte. Nicht nach Loborgrad oder Stara Gradiška, so viel war sicher. In Đakovo war in letzter Zeit auch kein solcher Transport angekommen. Jedenfalls nicht, soweit Diana wusste. Aber es gab noch viele andere Lager in Kroatien, weit über das Land verteilt. In irgendeinem waren diese Kinder jetzt, und Diana würde herausfinden, in welchem.

XIII.
Der Erzbischof und die Caritas

1

Tag für Tag erreichten Diana neue Nachrichten aus den Lagern. In Đakovo spitzte sich die Lage zu. Die Frauen mussten bleiben. Der Typhus breitete sich weiter aus, und ob die Lebensmittellieferungen tatsächlich ankamen, konnte niemand mit Gewissheit sagen.

Auch aus Stara Gradiška erreichte Diana ein Hilferuf. Genau konnte sie es anhand der übermittelten Liste nicht sagen, aber in dem Lager befanden sich neben den Juden eine große Anzahl von Serben, aber auch Kroaten und Roma. Um die jüdischen Gefangenen kümmerte sich wie immer die jüdische Gemeinde. Die anderen blieben auf sich allein gestellt.

Stara Gradiška war ein Teil von Jasenovac, des größten Konzentrations- und Vernichtungslagers in Kroatien. Seit August 1941 riss der Strom an Häftlingen nicht ab. Juden, Serben, Roma, Kommunisten oder sonst wie unliebsame Personen wurden nach Jasenovac gebracht und ermordet. Ante Pavelić meinte im April 1942 zynisch, das Lager könne unbegrenzt Menschen aufnehmen. Im Mai und Juni deportierte die Ustaša über 10.000 Roma nach Jasenovac. Alle wurden kurz nach ihrer Ankunft getötet.

Auch Prof. Brössler hatte schlechte Nachrichten. Die Ustaša-Polizei hatte in der Taubstummenanstalt vorgesprochen. Man wollte eine Liste der serbischen Frauen. Das wertete Brössler als Warnsignal und als Vorzeichen neuer Verhaftungen. Man müsse dafür sorgen, dass die Frauen und die Kinder so schnell wie möglich in neue Unterkünfte gebracht würden. Am besten draußen auf dem Land, möglichst weit verstreut, sodass die Ustaša-Polizei sie nicht gleich wieder alle auf einmal verhaften konnte.

Über die verschwundenen Kinder aus dem Kordun wusste Prof. Brössler wenig mehr als Diana. Er vermutete aber Schlimmes. Das Ministerium für Gesellschaftsfragen und er persönlich hatten die strikte Order, sich nicht um diese Angelegenheit zu kümmern. Und wenn die Stelle für Kinderhilfe im Ministerium für Gesellschaftsfragen dezidiert angewiesen wurde, sich nicht um in Viehwaggons verladene Kinder zu kümmern, braucht man keine große Fantasie, um sich vorzustellen, was das zu bedeuten hatte.

2

Trotz all der Lebensmittellieferungen nach Đakovo und Loborgrad, der Besuche in der Taubstummenanstalt und der Sorge um die Frauen gingen Diana die verschwundenen Kinder aus dem Kordun nicht aus dem Kopf. Sie wandte sich abermals an Erzbischof Alojzije Stepinac. Zwar hatte er bis jetzt kein einziges seiner Versprechen gehalten, aber Diana wollte es dennoch versuchen. Stepinac galt als Unterstützer des neuen Regimes. In Ansprachen lobte er Pavelić und seinen Einsatz für das katholische Christentum. Kroatien könne wieder zu altem Glanz zurückkehren und das Bollwerk des Katholizismus gegen die Bedrohung aus dem Osten werden.

Gleichzeitig, aber viel weniger laut und öffentlich, kritisierte Stepinac immer wieder das Vorgehen der Ustaša. Schon im Mai 1941, als er von den Massakern im Kordun erfuhr, schrieb der Erzbischof einen Brief an Pavelić, in dem er sich gegen das brutale und ungesetzliche Vorgehen der Ustaša in Glina aussprach. Später nannte er das Vernichtungslager Jasenovac einen „schändlichen Makel für den Unabhängigen Staat Kroatien“. Dianas Hoffnung auf Hilfe war also nicht gänzlich unbegründet.

Erzbischof Stepinac empfing Diana äußerst kühl. Er habe nicht viel Zeit, sagte er, und als Diana ihm erklärte, warum sie gekommen war, wehrte er ab.

„Wissen Sie, ich habe keinen Einfluss auf die Regierung", sagte er. „Erst kürzlich habe ich mich für eine jüdische Frau eingesetzt. Ich bin persönlich zum Minister gegangen und habe ihn gebeten, die Frau nicht aus ihrer Wohnung zu werfen. Geholfen hat das gar nichts. Man hört nicht auf mich."

„Sie erzählen mir hier etwas von einer Wohnung?", fragte Diana. Sie konnte ihre Fassungslosigkeit kaum verbergen. „Ich bin zu Ihnen gekommen, weil hunderte Kinder verschwunden sind, und Sie erzählen mir etwas von einer Wohnung? Sie sollen ein Volk retten, ein ganzes Volk, das systematisch ausgerottet wird."

„Was kann ich dafür?" Stepinac sah Diana an. „Es sind die Deutschen. Die Nazis tragen an dem allen die Schuld. Gegen Hitler kann ich rein gar nichts unternehmen. Sie sehen doch selbst, wie skrupellos diese Leute sind."

„Aber in Deutschland gibt es viele Priester und auch Bischöfe, die sich um ihre Gläubigen kümmern. Wissen Sie, verehrter Bischof, wie viele Serbisch-Orthodoxe zum katholischen Glauben übergetreten sind? Sehr viele haben sich bekehrt. Aber die Ustaša kümmert das nicht. Sie bringt diese Menschen trotzdem um. Und die katholische Kirche schaut tatenlos zu, wie ihre Mitglieder abgeschlachtet werden."

„Das ist alles nicht so einfach, wie Sie sich das vorstellen", sagte Stepinac. „Der Staat hat sich noch nicht gefestigt."

„Was auch immer Sie sagen, verehrter Erzbischof, es ist die Aufgabe der Kirche, sich der Menschen anzunehmen, ihr Elend zu lindern. Verstehen Sie doch. Es geht um Kinder. Man kann doch nicht zulassen, dass Kinder ermordet werden."

Diesem Argument hatte der Erzbischof nichts entgegenzusetzen, und er versprach, sein Möglichstes zu tun. Er wollte in Erfahrung bringen, wohin man die Kinder gebracht hatte, und wenn es die Behörden zuließen, dann könne man an eine Rettungsaktion denken.

3

Die Zusicherungen des Erzbischofs überzeugten Diana nicht. Sie rief noch am selben Tag den Zagreber Domherrn Stjepan Bakšić an und ersuchte um ein Treffen. Nur kurz schilderte sie ihm ihr Anliegen und bat darum, sich auch beim Erzbischof noch einmal für die verschwundenen Kinder einzusetzen. Am besten, so meinte Diana, wäre eine Sitzung aller Domherren von Zagreb, denn wenn nur genug Geistliche von der Dringlichkeit der Sache überzeugt wären, würde auch der Erzbischof mit mehr Elan an die Rettung der Kinder herangehen.

Als Diana den Domherrn Stjepan Bakšić am nächsten Nachmittag besuchte, trat ihr ein bulliger Mann in Priesterkutte gegenüber. Neben ihm stand Monsignore Pavao Jesih, der Leiter der Katholischen Aktion in Kroatien. Sie baten Diana, ihr Anliegen vorzutragen, und sie hörten geduldig zu. Hörten von den verschleppten Kindern, von den Viehwaggons und den verlassenen Dörfern.

Die beiden Priester zweifelten nicht an Dianas Bericht. Auch sie hatten von den Massakern in Glina gehört. Die Verschleppung der Kinder war eine Fortsetzung der Grausamkeiten im Kordun. Eine über die Maßen verstörende Entwicklung. Vor allem Monsignore Jesih wollte die Angelegenheit nicht ruhen lassen, bis er Nachricht vom Schicksal der Kinder hatte.

So wartete Diana in den nächsten Tagen auf die Antwort aus der Zagreber Diözese, und die fiel diesmal viel weniger rau und abweisend aus. Erzbischof Stepinac war die Freundlichkeit in Person. Gleich nachdem Monsignore Jesih ihn über das Gespräch mit Diana informiert habe, sei er persönlich zum Sozialminister gegangen und habe interveniert, sagte Stepinac. Er habe seine ganze Autorität in die Waagschale geworfen, und er sei sehr zuversichtlich, dass die Behörden mit der katholischen Kirche in dieser Frage kooperieren würden.

Noch immer war Diana skeptisch. Aber im Laufe des Gesprächs ließ sie sich von Monsignore Jesihs Euphorie anstecken. Stepinac erzählte, welche Zugeständnisse er dem Sozialminister abgerungen habe. Mit Hilfe der Katholischen Aktion sollten die Kinder in kirchlichen Einrichtungen untergebracht werden. In den Klöstern, Internaten und Heimen der Kirche gab es genug Platz für diese Kinder und für noch viele weitere. Der Erzbischof versprach, alles in seiner Macht Stehende zu tun, um die Kinder unter die Obhut der Kirche zu stellen.

4

Es war schon beinahe zehn Uhr abends, als Schwester Habazin an diesem Montag, dem 8. Juni 1942 anrief. In einer Stunde, also gegen elf Uhr, würde ein Transport aus Stara Gradiška ankommen. Angeblich Frauen und Kinder, die man als Zwangsarbeiter nach Deutschland deportierte. Habazin bat Diana, mit ihren Helfern zu kommen und das Rote Kreuz zu unterstützen. Als Diana wenig später am Bahnsteig des Südbahnhofs eintraf, warteten dort schon Schwestern des Roten Kreuzes und der Leiter des Transportes, ein Mann namens Hecker.

Diana und Schwester Habazin verwickelten Hecker in ein Gespräch. Es war nicht der erste Arbeitertransport aus Stara Gradiška oder Jasenovac, erzählte er. Die Kroaten mussten ihr Kontingent an Arbeitssklaven für das Deutsche Reich erfüllen, und so schickte man serbisch-orthodoxe Häftlinge. Wenn es ging, Männer, aber eben auch Frauen und Kinder. Erst vor ein paar Tagen war ein Transport mit mehr als 400 Männern über Zagreb nach Deutschland gegangen.

Für die Frauen am Bahnsteig war diese Nachricht keine Überraschung. Vor ein paar Tagen hatten Diana und ihre Mitarbeiterinnen etliche hundert Essensportionen an diese Männer ausgeteilt. Die Bilder von den ausgemergelten Gesichtern verfolgten Diana immer noch.

Aber jetzt musste sie sich auf die Frauen und Kinder in diesem Transport konzentrieren. Angeblich waren sie nicht sehr lange in Stara Gradiška gewesen, bevor sie in die Waggons gepfercht und auf die Reise geschickt worden waren. Doch so genau konnte das niemand sagen. Hecker meinte, so viele Menschen, wie durch dieses Lager geschleust würden, da verliere jeder die Übersicht.

„Könnten Sie nicht dafür sorgen, dass die Kinder hier in Zagreb aussteigen dürfen?", fragte Diana.

„Wie stellen Sie sich das vor, und vor allem, was wollen Sie mit den Kindern?", fragte Hecker.

„Wenn die Kinder mit ihren Müttern nach Deutschland gehen, was geschieht dort wohl mit ihnen? Wir haben hier die Möglichkeit, die Kinder sicher unterzubringen", sagte Diana.

„Dann versuchen Sie es. Aber ich glaube nicht, dass Sie großen Erfolg haben werden."

Was Hecker damit meinte, wurde Diana schnell klar, nachdem der Zug angehalten hatte. Die Türen der Viehwaggons wurden zurückgeschoben. Auf dem Boden hockten Frauen und Kinder. Es war dunkel, und man konnte nicht einmal sagen, wie viele Personen sich in einem Waggon befanden.

Mit Schwester Habazins Hilfe sprach Diana die Frauen an. Ob sie wussten, wohin man sie brachte? Ob man ihnen gesagt hatte, was in Deutschland auf sie wartete?

Aber die Frauen wollten ihre Kinder nicht einfach Fremden überlassen. Auch die Rotkreuzuniformen überzeugten sie nicht. So mitten in der Nacht, irgendwo auf einem Gleis, kamen Frauen, verteilten Essen und Getränke und wollten die Kinder mitnehmen. Nein, wer konnte ihnen garantieren, dass die Kinder nicht wieder zurück ins Lager gebracht wurden? Wer stand dafür ein, dass die Kinder nicht, sobald sich der Zug in Bewegung gesetzt hatte, von Soldaten ermordet wurden? Niemals würden sie ihre Kinder irgendjemandem überlassen, den sie nicht kannten, dem sie nicht vertrauten. Keine Mutter würde das tun.

Aber wenn sie sich schon um Kinder kümmern wollten, dann sollten sie doch nach Stara Gradiška fahren. Dort gab es tausend Kinder und mehr, viele ohne Eltern. Die vegetierten vor sich hin, verhungerten, wurden von Ustaša-Wachen missbraucht und zu Tode geprügelt.

Als der Zug weiterfuhr und die Rotkreuzschwestern ihre Sachen zusammenpackten, stellte sich Hecker neben Diana.

„Wo sind denn nun Ihre geretteten Kinder?", fragte er.

„Wenn Sie mir helfen wollen, dann sagen Sie mir, wie ich die Kinder aus dem Lager bekomme. Dort sollen über tausend Kinder sein, viele ohne Eltern.“

„Und Sie können die alle retten?“

„Zumindest kommen sie dann aus dem Lager“, sagte Diana. „Und alles Weitere können Sie ruhig mir überlassen.“

5

Auf dem Heimweg dachte Diana darüber nach, was ihr die Frauen erzählt hatten. Wenn sich in Stara Gradiška wirklich so viele Kinder aufhielten, viele davon alleine, konnte es sich da nicht um die verschwundenen Kinder aus dem Kordun handeln?

Natürlich war das nur eine Vermutung, aber die Angaben passten. Die Kinder und einige Frauen waren erst vor ein paar Wochen nach Stara Gradiška gebracht worden. Sie stammten dem Vernehmen nach aus der Gegend um Glina. So behauptete es jedenfalls eine der Frauen. Eine andere meinte, die Kinder seien aus Karlovac, und eine dritte sagte, man habe die Kinder aus verschiedenen Teilen des Landes verschleppt und dann ins Lager gebracht.

Das würde auch erklären, warum Erzbischof Stepinac bei seinen Nachforschungen gescheitert war. Das Ministerium für Gesellschaftsfragen konnte ihm nicht sagen, wo sich die Kinder aufhielten, weil man das dort gar nicht wusste. Die Ustaša-Polizei, die Sicherheitsdirektion und die Lagerverwaltung versteckten diese Kinder nicht nur vor der katholischen Kirche und dem Roten Kreuz, sondern vor ihren eigenen Leuten.

Aber Diana hatte jetzt herausgefunden, wo sich die Kinder befanden, und sie war entschlossen, sie aus dem Lager zu befreien. Sie wusste mittlerweile, wen sie gar nicht erst zu fragen brauchte. Weder das Ministerium für Gesellschaftsfragen noch der Erzbischof hatten es geschafft, die Verschleierungstaktik der Ustaša zu durchbrechen. Das konnte nur jemand, der mächtiger war als die Ustaša.

Hecker, als Mitglied der deutschen Dienststelle des Ministeriums für Arbeiterbeschaffung in Zagreb, konnte ein Verbündeter sein, der weit mehr Einfluss hatte als der Erzbischof oder Prof. Brössler. Nur war sich Diana nicht sicher, ob Hecker seine in der Nacht gemachte Zusage auch ernst meinte. Deshalb ging sie gleich am nächsten Morgen ins Ministerium und fragte nach.

Wie befürchtet, traf sie Hecker nicht an. Er war unterwegs, und der Sekretär, der mit ihr sprach, hielt sie für eine Abgesandte des Roten Kreuzes. Während Diana dieses Missverständnis aufzuklären versuchte, betrat ein weiterer Mann den Raum und hörte eine Weile zu. Es handelte sich um Rittmeister Gustav von Koczian, der mit wachsendem Interesse Dianas Ausführungen lauschte.

Er machte keine großen Versprechungen, aber er notierte sich Dianas Telefonnummer. Wie sich später herausstellen sollte, war Diana soeben einem ihrer wichtigsten Verbündeten begegnet.

XIV.
Zwangsarbeiter

1

Der Anruf erreichte Diana am Vormittag des 11. Juni 1942. Es hieß, das Lager in Đakovo solle nun endgültig evakuiert werden. Flecktyphus, Bauchtyphus und Ruhr breiteten sich weiter aus. In Đakovo herrschte der Tod. Die Wärter wagten sich kaum noch in die Baracken. Sie hatten Angst sich anzustecken. Auf der Krankenstation lagen die Kinder aufgeschichtet in den Betten und auf dem Boden. Niemand kümmerte sich um sie. Viele verdursteten und verhungerten, weil sich niemand mehr in ihre Nähe traute.

Die Strategie der Ustaša war leicht zu durchschauen. Sie pferchten die kranken Menschen auf möglichst engem Raum zusammen, warfen Leichen in die Brunnen und warteten. Irgendwann würde dort niemand mehr am Leben sein. Die Frauen und Kinder sollten an ihrem eigenen Dreck ersticken, sich am verseuchten Wasser infizieren oder verhungern. Aber das Ministerium für Gesellschaftsfragen schritt ein. Das Lager musste nun binnen zwölf Stunden aufgelöst werden.

Über 3000 Frauen und Kinder vegetierten dort in der alten Mühle vor sich hin, und nun konnte Diana einen Teil von ihnen befreien. Der Erlass zur Freilassung der serbisch-orthodoxen Gefangenen war noch nicht widerrufen worden. Darauf konnte sich Diana berufen, und sie setzte sich mit Savo Besarović in Verbindung. Als Abgeordneter zum Parlament, als Freund des Poglavnik müsse er doch einen Weg finden, um die Frauen zu retten. Sei er nicht als Vertreter der serbisch-orthodoxen Minderheit ins Parlament gerufen worden, vertraue ihm der Staatschef nicht gerade in diesen Fragen?

Wie immer versprach Besarović, er werde sich sofort darum kümmern, und Diana solle sich keine Sorgen machen, die Frauen seien so gut wie frei.

Diana machte sich keine Illusionen über Besarovićs Zusicherungen. Bis jetzt hatte er noch kein einziges seiner Versprechen gehalten, und auch diesmal war nichts von ihm zu erwarten. Aber sie wusste einfach nicht, wen sie sonst anrufen sollte. Mehr konnte sie im Moment nicht tun.

Am gleichen Tag meldete sich Rittmeister von Koczian. Er wollte mit Diana über die Kinder im Lager Stara Gradiška reden. Vielleicht konnte er seine Verbindungen nutzen.

Sie trafen sich im Hotel Esplanade. Von Koczian erklärte Diana und ihrem Begleiter Dr. Vidaković, dass eine Befreiung der Kinder sehr schwierig sei. Die Führungsspitze des Staates wollte die Vernichtung der Serben, und Pavelić und seinen Leuten war es ganz egal, ob erwachsene Männer oder kleine Kinder umgebracht wurden. Solange es ihrem Ziel – ein ethnisch einheitliches Kroatien – diente, würden sie keinen Finger rühren, um auch nur ein Kind zu retten. Doch es gebe da gewisse Möglichkeiten, meinte von Koczian.

Die Ustaša mochten brutal sein und entschlossen, aber ohne die Deutschen waren sie nichts. Die Dienststelle des deutschen Ministeriums für Arbeiterbeschaffung in Zagreb hatte einen gewissen Einfluss auf die Regierung, und von Koczian war bereit, diese Macht zu nutzen, um die Kinder befreien. Er versprach, sich bald wieder zu melden. In der Zwischenzeit wollte er zu Pavelićs Stellvertreter, Marschall Slavko Kvaternik, gehen und ihm sein Anliegen vortragen. Slavko Kvaternik war der Vater von Eugen Dido Kvaternik, dem Chef der RAVSIGUR. Er hatte also sowohl auf den Staatschef als auch auf den Beauftragten für die Vernichtung der Serben einen gewichtigen Einfluss. Wenn überhaupt jemand, dann konnte Slavko Kvaternik für die Befreiung der Kinder sorgen.

2

Die Transporte Richtung Deutschland gingen weiter. Beinahe jeden Tag traf ein Zug am Zagreber Hauptbahnhof ein, und das Rote Kreuz unter Schwester Dragica Habazin kümmerte sich um die Gefangenen.

Immer wieder begegnete Diana dort auch Hecker von der Dienststelle für den Arbeitseinsatz. Die meiste Zeit war sie damit beschäftigt, Essen und Zigaretten in die stinkenden, dunklen Waggons zu reichen, aber manchmal stand sie am Bahnsteig und unterhielt sich mit Hecker.

In der Nacht sah man kaum, wem man das Essen und die Zigaretten aushändigte, aber man hörte die Menschen dort in der Dunkelheit auf dem Stroh, auf dem rohen Holzboden der Waggons, und gelegentlich tauchte ein Gesicht auf. Die hohlen Wangen und fiebrigen Augen, beleuchtet von einem Scheinwerfer.

In einem der Transporte befanden sich besonders viele kranke Frauen und Kinder. Den Schwestern vom Roten Kreuz gingen bald die Medikamente aus, und Diana fragte Hecker, warum man diese armen Geschöpfe zum Arbeitseinsatz nach Deutschland schicke. Viele von ihnen würden doch kaum den Transport überleben.

„Was glauben Sie, was mit ihnen passiert, wenn sie in Jasenovac oder Stara Gradiška bleiben?“, fragte Hecker. „Es gibt für diese Menschen keine Hoffnung. Sie werden sterben, hier oder in Deutschland.“

„Aber vielleicht für die Kinder“, sagte Diana. „Sie müssen mir helfen, die Kinder zu retten.“

Hecker seufzte.

„Es kann doch nicht sein, dass die Kinder einfach zurückgelassen werden und in den Lagern verhungern“, sagte Diana. Sie wusste, dass Hecker eigentlich helfen wollte. Das hatte sie in den vielen Gesprächen schon herausgefunden. Aber er brauchte noch etwas Ermutigung, einen Anstoß, um wirklich etwas zu unternehmen. Immerhin war er nicht in Kroatien, um Gutes zu tun. Seine Dienststelle sollte für einen ungebrochenen Fluss an Arbeitskräften ins Deutsche Reich sorgen. Dabei kümmerte es die Verantwortlichen herzlich wenig, ob diese Arbeiter den Weg freiwillig antraten.

3

Menschen aus Kroatien, aus Serbien, Bosnien und dem Rest des Balkans suchten schon seit dem Ende des Ersten Weltkriegs Arbeit im Norden. Viele gingen ins Deutsche Reich und nach Österreich, um dort in der Industrie zu arbeiten oder sich als Hausmädchen zu verdingen. Aber als die Wehrmacht im März 1941 einmarschierte, änderte sich alles. Über 100.000 Kriegsgefangene wurden aus Kroatien und Serbien nach Deutschland deportiert. Meist handelte es sich dabei um Kämpfer der Königlich-Jugoslawischen Armee.

Der Hunger des Deutschen Reiches nach Arbeitern war damit aber noch lange nicht gestillt. Hitler hatte Pavelićs Machtergreifung durchgesetzt, um einen verlässlichen Partner am Balkan zu haben. Jemanden, den er lenken konnte und der dafür sorgte, dass die deutsche Kriegsindustrie sowohl mit Rohstoffen als auch mit Arbeitskräften versorgt wurde.

Obwohl Pavelić formal gesehen einen souveränen Staat errichtet hatte, blieben die Wehrmacht, die Gestapo und die SS im Land. Sie überwachten den Unabhängigen Staat Kroatien in vielen Belangen, und vor allem forderten sie Tribut für ihren Schutz.

Schon einen Monat nach der Machtübernahme durch die Ustaša schloss das kroatische Ministerium für Gesellschaftsfragen mit Vertretern des Deutschen Reiches eine Vereinbarung. In den Sitzungen, die zwischen dem 2. und 8. Mai 1941 stattfanden, legte man fest, wie viele Zwangsarbeiter Kroatien pro Jahr zu liefern hatte. Zunächst sollten bis Ende des Jahres 54.500 Menschen aus dem kroatischen Staatsgebiet die Kriegswirtschaft im Dritten Reich unterstützen, aber schon ein paar Monate später erhöhte man die Zahl, und im Oktober forderten die Deutschen bereits 150.000 Zwangsarbeiter.

Diana hatte diese Entwicklung verfolgt. Am Anfang, in den ersten Wochen, meldeten sich viele freiwillig. So konnten sie dem Kriegsdienst entgehen, und sie glaubten, in Deutschland sicher zu sein. Der erste Transport wurde groß gefeiert. Am 21. Juni marschierten Vertreter der Ustaša-Regierung und offizielle Vertreter des Deutschen Reiches vor dem

Hauptbahnhof in Zagreb auf. Zuvor hatte man in einer Sporthalle vor den zukünftigen Arbeitern Reden gehalten. Von der unverbrüchlichen Freundschaft zweier Bruderstaaten war die Rede und vom Kampf gegen den Bolschewismus.

Als die Männer in die Waggons stiegen, schwenkten Kinder Fahnen, und die Kapelle der deutschen Wehrmacht spielte Märsche.

In Wirklichkeit war das eine Farce.

4

Mitten in eine Besprechung mit den Leuten vom Roten Kreuz platzte ein Telefonanruf Heckers. In Maribor stecke ein Transport mit Zwangsarbeitern fest. Die deutsche Dienststelle verweigere die Übernahme der Männer, Frauen und Kinder.

„Die Menschen sind zu schwach“, sagte Hecker. „Die Kollegen meinen, es zahlt sich nicht aus, die Leute nach Deutschland zu bringen. Krepieren können sie auch in einem kroatischen Lager.“

„Um wie viele handelt es sich?“, fragte Diana.

„Weiß ich nicht genau. Achtzig Kinder jedenfalls, hat man mir gesagt. Können Sie diese Leute irgendwo unterbringen? Dann leite ich den Zug nach Zagreb zurück.“

Diana wunderte sich ein wenig, dass Hecker nicht wusste, wie viele Menschen in dem Transport waren, aber es war auch nicht wichtig. Die Deutschen hatten die Lage genauso wenig im Griff wie die Kroaten, und wenn in einem der Lager ein Transport zusammengestellt wurde, trieben die Wächter die Menschen wie Vieh zum Bahnhof. Nur dass man Vieh zählt, bevor man es in Waggons verlädt.

„Das war nun das herrlichste Geschenk, das ich in meinem Leben bekam. Leute, die ich vor dem sicheren Tod retten sollte“, schrieb Diana in ihr Tagebuch. Der Eintrag berichtet weiter, wie Diana sich sofort aufmachte, um für die Unterbringung der Menschen zu sorgen.

Sie telefonierte mit Direktor Ljudevit Šafarić von der Taubstummenanstalt, und der sagte ihr zu, dass er so viele Kinder aufnehmen würde, wie Diana ihm auch immer bringen konnte, doch für die Erwachsenen könne er nichts tun. Da müsse sie mit Prof. Brössler verhandeln.

Wie sich herausstellte, war Prof. Brössler verreist. Er würde erst in ein paar Tagen aus Sarajevo zurückkehren, und in der Zwischenzeit gab es keine Möglichkeit, ihn zu erreichen. Das brachte Diana nun in eine Zwangslage. Ohne seine Verbindungen zu Kinderheimen und Krankenhäusern konnte Diana kaum ein einziges Kind irgendwo unterbringen. Sollte sie Hecker sagen, sie könne die Kinder aufnehmen, aber die Erwachsenen müssten zurück ins Lager? Das würde bedeuten, die Menschen in den sicheren Tod zu schicken. Das brachte sie nicht übers Herz. Schwach und krank wie sie waren, warteten doch in Jasenovac schon die Schlächter auf sie. Nein, Diana würde das nicht zulassen. So es in ihrer Macht stand, würde keinem dieser Menschen von einem Ustaša die Kehle aufgeschlitzt werden.

„Wir übernehmen den gesamten Transport“, sagte sie zu Hecker, als sie ihn keine zwei Stunden nach ihrem ersten Gespräch anrief.

Mit den Helfern vom Roten Kreuz, den Hilfsschwestern und den Mitarbeiterinnen ihrer eigenen Aktion fasste Diana einen Entschluss. Irgendwann musste Prof. Brössler wieder in Zagreb auftauchen. Es konnte sich höchstens um ein paar Tage handeln, und so lange würde man die Menschen schon irgendwo unterbringen.

5

Am folgenden Tag traf der Transport gegen drei Uhr nachmittags am Hauptbahnhof in Zagreb ein. Heckers Zahlen waren der Realität nicht einmal nahegekommen. Es waren nicht achtzig Kinder in dem Transport, sondern 220. Insgesamt befanden sich 450 Menschen in dem Zug. Davon 240 Frauen und sechs Männer. 450 Menschen, die nicht durch die Messer und Gewehre der Ustaša sterben würden. Dazu war Diana fest entschlossen.

Die Waggons wurden zur Entlausungsstation umgeleitet und dort auf einem Nebengleis abgestellt. Im Moment war es besonders wichtig, kein unnötiges Aufsehen zu erzeugen. Mit ein bisschen Glück konnten die Waggons dort auch ein paar Tage stehen, ohne dass es der Polizei oder der Ustaša auffiel. Aber zuerst mussten die Menschen versorgt werden. Sie brauchten etwas zu essen, und dann mussten sie durch die Entlausung. Das alles war an diesem Nachmittag mühsamer als sonst, weil die Schwestern des Roten Kreuzes nicht verfügbar waren.

Es war laut und hektisch. Die Menschen sprangen aus den Waggons, halfen den anderen, die schwächer waren als sie. Kinder weinten und riefen nach ihren Müttern, und Diana konnte sich kaum Gehör verschaffen in all dem Chaos.

Erst als die Frauen und Männer merkten, dass keine Ustaša-Soldaten sie mit Gewehrkolben und Stöcken traktierten, beruhigten sie sich ein wenig. Aus den Waggons krochen die Letzten hervor. Mit hageren Gesichtern, keuchend, reihten sie sich in die Schlange der Wartenden.

Zuerst gab es etwas zu essen. Mit beiden Händen griffen die Menschen danach, manche stopften sich das Brot in den Mund, kauten mit geschlossenen Augen. Sie hatten schon seit Tagen nichts mehr gegessen.

Ob die Menschen an Typhus litten, konnte Diana auf den ersten Blick nicht sagen. Aber so ausgezehrt wie sie waren, genügte auch viel weniger, um sie zu töten. Die Menschen mussten so schnell wie möglich in feste Unterkünfte, brauchten medizinische Versorgung und regelmäßiges, nahrhaftes Essen. Doch genau das konnte Diana im Moment nicht bieten. Nur die Kinder wurden an diesem Tag aus der Entlausungsanstalt weggebracht. Um Mitternacht ging der letzte Transport in die Taubstummenanstalt. Doch Diana hatte kaum Zeit, Atem zu holen. Fast zur selben Stunde traf ein Zug mit 860 Frauen und Kindern am Südbahnhof ein.

XV.
Kozara

1

Die Partisanen hatten schon im Herbst und Winter 1941/42 damit begonnen, sich im Kozara-Gebirge im Nordwesten von Bosnien festzusetzen. Nach und nach vertrieben sie die Ustaša-Milizen aus den Dörfern und Städten, und im Frühjahr gingen die Partisanen daran, ihre Herrschaft zu festigen.

Am 1. Jänner 1942 verhafteten die Kozara-Partisanen 460 Mitglieder kroatischer Kampfverbände. Sie entwaffneten die Soldaten, belehrten sie über die Ziele der Jugoslawischen Volksbefreiungsarmee und ließen sie wieder laufen. Sie sollten ihren Vorgesetzten berichten, wie sehr sich die Partisanen in diesem zerklüfteten Gebiet schon ausgebreitet hatten. Sie waren dabei, im Kozara-Gebirge eine zivile Ordnung zu errichten und den Hauptort Prijedor zum Stützpunkt ihrer Verwaltung zu machen. Kozara sollte eine der Keimzellen eines neuen Staates werden, eines befreiten und wiedervereinigten Jugoslawien. Solche Aktionen ereigneten sich in den ersten Monaten des Jahres 1942 recht häufig.

Es schien auch, als würde die vorwiegend serbische Bevölkerung die Partisanen unterstützen. Viele der Männer schlossen sich den Partisanen an, sogar ganze Einheiten der serbisch-nationalistischen Četniks, die sich ebenfalls in diesem Gebiet bewegten, liefen zur Volksbefreiungsarmee über.

In Zagreb sah man diese Entwicklung mit Besorgnis. Sowohl Pavelić als auch der deutsche Gesandte Kasche und der deutsche Bevollmächtigte General Edmund Glaise von Horstenau wussten, dass sie rigoros gegen die Partisanen und die aufständischen Serben vorgehen mussten. Sonst drohte der Unabhängige Staat Kroatien zu zerfallen und vollends unregierbar zu werden.

Glaise von Horstenau und die Führung der Wehrmacht nahmen die Angelegenheit selbst in die Hand. Sie wussten, dass Pavelić und seine Ustaša ohne Hilfe nicht in der Lage waren, das Gebiet zurückzuerobern. Deshalb erhielt General Paul Bader, Militärbefehlshaber in Serbien, den Auftrag, das Kozara-Gebiet zu durchkämmen und von kommunistischen Aufständischen zu säubern. Laut einem Befehl von Generalfeldmarschall Wilhelm List waren die Partisanen als Geiseln zu nehmen und gegebenenfalls zu erschießen.

Die Aktion begann im April 1942. Einheiten der deutschen Wehrmacht und der Ustaša drangen in das Gebiet vor und hoben ganze Dörfer aus. Im Stab General Baders befand sich ein später sehr prominenter Österreicher: Kurt Waldheim.

Am 8. April stürmten die Verbände der Kampfgruppe Bader das Dorf Jablanac. Sie fanden die Häuser und Höfe verlassen. Alle Einwohner waren schon vor Tagen in die Wälder geflüchtet, hatten die Save überquert und im Gebiet der Partisanen Schutz gesucht.

Wenige Tage später fielen die Soldaten über das Dorf Mlaka her. Hier entkamen nur 18 Einwohner. Sie schafften es über die Save und damit in die Freiheit. Die anderen wurden aus den Häusern getrieben und viele von ihnen an Ort und Stelle getötet. Wer den Verdacht erregte, ein Sympathisant der Partisanen zu sein, wurde sofort erschossen. 930 Menschen, darunter 286 Kinder, verloren an diesem Tag ihr Leben. Von Kugeln getroffen, von Bajonetten aufgespießt, die Kehle durchgeschnitten, zu Tode getrampelt. Dieses Massaker sollte den Menschen im Kozara-Gebirge zeigen, was mit jenen geschah, die sich auf die Seite der Partisanen schlugen. Die überlebenden Frauen und Kinder wurden nach Stara Gradiška gebracht.

Als Diana zum ersten Mal nach Stara Gradiška kam und die Frauen und Kinder sah, die im Freien zwischen ihren Tieren lagerten, waren vermutlich auch noch einige Überlebende aus dem Dorf Mlaka dabei. Viele stammten aber aus anderen Dörfern und Städten, die von der deutschen Wehrmacht und der Ustaša bei der zweiten Aktion im Juni und Juli verwüstet wurden.

2

Nach ihrem Einsatz im Kozara-Gebiet wurde die Kampfgruppe Bader in den Süden abkommandiert. Unter den über 80.000 Soldaten der Wehrmacht, der Ustaša und anderer faschistischer Verbände befand sich immer noch der spätere UNO-Generalsekretär und österreichische Bundespräsident Kurt Waldheim. Als Offizier, der für den Nachrichtendienst und logistische Aufgaben zuständig war, wurde er angeblich nie in Kampfhandlungen verwickelt. Allerdings verlieh ihm das Ustaša-Regime am 22. Juni 1942 den Orden der Krone Zvonimirs für tapferen Kampf unter feindlichem Feuer.

Waldheim ging mit der Kampfgruppe Bader später in den Süden der Herzegowina, wo die Wehrmacht und die Ustaša einen heftigen und letztlich vernichtenden Schlag gegen das Hauptquartier der Partisanen führten. Die Partisanen unter Tito mussten das Gebiet um Foča räumen und zogen sich auf serbisches Gebiet zurück.

Diese Kampfhandlungen im April und Mai führten dazu, dass sich die Partisanen neu formierten. Die Verbände im Norden erhielten durch die Niederlage im Süden neuen Zustrom. So konnte die Volksbefreiungsarmee unter ihrem Kommandanten Kosta Nađ am 16. Mai 1942 Prijedor, den Hauptort des Kozara-Gebiets, einnehmen und von der faschistischen Besatzung befreien. Schon in den Tagen danach richteten die Partisanen eine zivile Verwaltung ein und begannen mit der Sicherung der Umgebung.

Dieser Sieg schnitt die Wehrmacht von den Eisenminen in Ljubija, etwa 13 Kilometer südwestlich von Prijedor, ab. Der versperrte Zugang zu den Eisenminen und das Erstarken der Partisanen führten zu einer weiteren Säuberungsaktion.

Später sollte Kurt Waldheim beteuern, er habe niemals in Kampfhandlungen eingegriffen. Jedenfalls wechselte er im Frühjahr 1942 von der nun aufgelösten Kampfgruppe Bader zum Stab von General Friedrich Stahl, der mit einer weiteren Säuberungsaktion gegen die Partisanen im Kozara-Gebiet betraut war.

Mit 21.000 Soldaten der Ustaša und der Domobrani, der regulären kroatischen Armee, und 15.000 Soldaten der deutschen Wehrmacht begann Stahl am 10. Juni 1942 um 4 Uhr 30 morgens seinen Vorstoß gegen Prijedor. Die Taktik der faschistischen „Kampfgruppe West" bestand darin, die Partisanen zu überraschen und die Stadt im Sturm zu nehmen.

Binnen drei Tagen drängte die Kampfgruppe West die Partisanen aus den Städten Prijedor und Ljubinje zurück. Aber die etwa 3500 Mann starke Partisanenarmee wehrte sich in den Rückzugsgefechten heftig. Jeder Mann wusste, welches Schicksal ihm blühte, falls er von der Wehrmacht oder der Ustaša gefangengenommen werden sollte. Die Soldaten der Wehrmacht hatten den Befehl, jeden Partisanen zu erschießen. Den Tod vor Augen, eroberten die Partisanen in den kommenden Tagen sogar Banja Luka wieder von den Faschisten zurück, aber dann schloss sich der Belagerungsring.

Vom 24. Juni bis zum 8. Juli, also binnen zwei Wochen, ermordeten die Ustaša und die Wehrmacht über 5300 Menschen im Kozara-Gebiet. Viele davon Zivilisten, Kinder und Frauen, die vor den heranrückenden Soldaten flohen, schließlich eingeholt, vergewaltigt und dann getötet wurden. Gerüchte verbreiteten sich. An der Straße zwischen Prijedor und Banja Luka stünden hunderte, ja tausende Galgen, und dort würden die Wehrmacht und die Ustaša jeden Tag die jungen Männer aus den Bergen und aus den Dörfern hintreiben und erhängen.

Niemand wollte das glauben. So grausam konnte doch keine Armee sein. Aber dann tauchten Fotos auf. Sie wurden herumgereicht, wurden an die Kommandostellen der Wehrmacht in Zagreb und in Belgrad geschickt. Schwarzweißfotos, die eine schier endlose Reihe von Galgen zeigten, eine Leiche neben der anderen.

Die Partisanen konnten diese Massenexekutionen nicht verhindern. Sie hatten sich in die Bergdörfer zurückgezogen und kämpften von dort aus gemeinsam mit der Bevölkerung gegen die Faschisten. Kurt Neher, ein Wehrmachtsoffizier und Journalist, schilderte in einem Bericht an seine Vorgesetzten die Begegnung mit einer Gruppe verzweifelter Bergbewohner und Partisanen.

Eine Frau begann zu schreien. Sie schrie laut und lange, und hundert andere stimmten in das Geschrei ein. Männer, Frauen und Kinder stürzten sich auf die Soldaten. Wie eine wild gewordene Horde, so berichtete Neher, mit gefletschten Zähnen und zu Krallen gekrümmten Händen, so rannten die Menschen auf die Soldaten los.

Die Soldaten eröffneten das Feuer, aber die Menschen wichen nicht zurück. Eine Welle nach der anderen, Hunderte warfen sich in das Feuer, zu erschöpft, um noch Angst zu haben, zu verzweifelt, um sich zu retten. „Ihre Gesichter waren bestialisch verzerrt", schrieb Neher. „Man sah, dass sie wirklich zu einer niedrigen Rasse gehören."

3

Kurt Waldheim hielt sich im Sommer 1942 im Kozara-Gebiet und in dessen unmittelbarer Nähe auf. Als Stabsoffizier wusste er über die Ziele der Aktion Bescheid, auch wenn er selbst vielleicht nicht in die Kampfhandlungen eingriff. In einem Interview für eine Belgrader Zeitung Mitte der 80er Jahre des 20. Jahrhunderts meinte Waldheim, es habe dort im Kozara-Gebiet zwar heftige Kämpfe, aber keine Massaker gegeben.

Am 3. und 4. Juli 1942 versuchten Partisanenverbände, den Belagerungsring der Faschisten zu durchbrechen, und hielten auf ein zwei Kilometer breites, unbesetztes Gebiet entlang der Straße von Prijedor nach Bosanska Dubica zu. Diese Bewegung blieb nicht unbemerkt, aber dennoch konnten das 1. und 3. Partisanenbataillon mit ungefähr 800 Mann diese Lücke im Belagerungsring nutzen, um der Umklammerung zu entgehen. In ihrem Gefolge befanden sich um die 10.000 Flüchtlinge.

Andere Truppenteile, vor allem Verwundete, blieben im Kessel und setzten sich weiterhin zur Wehr. Bis Mitte Juli hatten die Partisanen 1700 Gefallene zu beklagen.

Die Partisanen waren geschlagen und versuchten nur noch, sich und die Zivilisten aus dem Kozara-Gebiet in Sicherheit zu bringen. Aber das gelang in den seltensten Fällen. Die Wehrmacht hatte nicht nur den Befehl, die Aufständischen ausfindig zu machen und zu töten. War diese erste Aufgabe erledigt, dann galt es, das Gebiet zu durchkämmen und die Bevölkerung zu deportieren. Die Serben aus dem Kozara-Gebiet unterstützten die Partisanen, und wenn man sie in ihren Häusern und Wohnungen beließ, würde man diesen Unruheherd nie in den Griff bekommen. Außerdem, und das scheint einer der Hauptgründe für das Eingreifen der Wehrmacht gewesen zu sein, brauchte die deutsche Kriegswirtschaft dringend Zwangsarbeiter, und Kroatien war säumig.

Nachdem die meisten Partisanenverbände vertrieben oder aufgerieben waren, durchstreiften die Wehrmacht und die Ustaša das Gebiet. Sie durchsuchten die Städte und Dörfer, drangen in die Gebirgsweiler vor und in die abgelegenen Bauernhöfe. Selbst die Wälder durchkämmten sie und stöberten die Menschen in Höhlen und Waldhütten auf.

Diese Aktion hatte schon während der Kampfhandlungen begonnen. Überall, wo die Kampfgruppe West einmarschierte, fing man die Menschen zusammen und brachte sie weg. Die erste Station für die Flüchtlinge war meist Hrvatska Dubica. Dort sammelte man die einzelnen Gruppen. Insgesamt deportierte die Kampfgruppe West vom 10. Juni bis zum 30. August 1942 68.000 Menschen aus dem Kozara-Gebiet, davon über 23.000 Kinder. 13.000 Zivilisten wurden in diesem Zeitraum von den faschistischen Verbänden ermordet.

Oft brachte man die Menschen dann direkt ins Konzentrationslager Jasenovac, oder man sammelte sie erneut an einem Ort in der Nähe. In Bosanska Gradiška am südlichen Ufer der Save befand sich so ein Sammelzentrum. Dort kamen die Menschen mit ihrem Vieh und ihren Habseligkeiten an. Sie wurden gezwungen, auf einem Feld, am Waldrand oder auf einer Wiese zu kampieren. Es gab kein Essen, und Wasser mussten sich die Menschen aus dem Fluss besorgen. Die erste Selektion begann, und man trieb die Menschen über den Fluss nach Stara Gradiška. Dort wurden die Frauen und Kinder von den Männern getrennt. Dann trennte man die Männer, die zur Zwangsarbeit abkommandiert wurden, von jenen, die zu schwach oder zu alt dafür waren.

An einem einzigen Tag wurden 2000 Männer als Zwangsarbeiter deportiert. 4000 weitere wurden nach Jasenovac gebracht und sofort ermordet.

Nach diesem Ausleseprozess blieben 16.000 alte Männer, Frauen und Kinder, die in Jablanac und Mlaka interniert wurden. Von dort schickte man viele der Frauen als Zwangsarbeiterinnen nach Deutschland. Die Kinder wurden von den Frauen getrennt und in die Kinderlager Jastrebarsko und Sisak gebracht. Ältere Männer und Buben über zwölf Jahren deportierte man nach Jasenovac.

XVI.
Kordun

1

Sehr bald gerieten die kroatischen Behörden mit ihren Menschenlieferungen ins Deutsche Reich in Rückstand. Im Juni 1941 gab es noch genug Freiwillige, die sich auf den Weg machten, um in deutschen Fabriken Handgranaten zu bauen und Panzer zusammenzuschrauben. Aber der Tribut war zu hoch. 150.000 bis Ende des Jahres, das war nicht zu schaffen. Nicht mit Freiwilligen.

Schon Ende April 1941 stürmten Ustaša-Milizen die serbischen Dörfer im Kordun, verhafteten die Männer und brachten sie zu den Zügen. Wenn Hitler Zwangsarbeiter haben wollte, dann sollte er sie bekommen. Waren es Serben, umso besser. Pavelić und die Führung der Ustaša sahen darin eine willkommene Lösung ihrer Probleme. Sie konnten den Hunger der Deutschen nach Zwangsarbeitern stillen und wurden gleichzeitig die Serben los. Vernichtung durch Arbeit. Das sparte der Ustaša Kugeln.

Diana Budisavljević und ihre Helfer versorgten viele dieser Transporte. Vor allem ab dem Sommer 1942 kamen fast täglich Züge in Zagreb an, die Männer, Frauen und auch Kinder nach Deutschland brachten. In jenen Tagen und Nächten hatte Diana aber noch eine andere Sorge. Sie hatte immer noch keinen Platz für die Erwachsenen, die mit dem Transport aus Maribor zurückgekommen waren. Also ging sie nach einer durchwachten Nacht zu Erzbischof Stepinac und berichtete ihm von der Lage der Männer und Frauen.

Es müsse jetzt sofort etwas geschehen, sagte Diana. Sobald die Ustaša herausfanden, dass über hundert Menschen in den Baracken in der Nähe der Desinfektionsanstalt hausten, würden sie das Gelände durchsuchen und Verhaftungen durchführen. Man musste kein Prophet sein, um zu wissen, wo die Reise enden würde.

Erzbischof Stepinac zögerte diesmal nicht. Er rief Stjepan Dumić, den Direktor der Caritas, zu sich und fragte ihn, was die Kirche und die Caritas jetzt und sofort anbieten könnten.

Dumić wusste Bescheid. Schon am Vorabend hatte sich Dr. Vidaković bei ihm eingefunden und von der Angelegenheit berichtet, und Dumić war in der Zwischenzeit nicht untätig gewesen. Der Jeronimisaal werde gerade adaptiert, und man könne in Kürze mit der Überstellung beginnen.

Zum ersten Mal schien es so, als ob die Räder der Hilfsbereitschaft ineinandergriffen und sich in Bewegung setzten. Die Schwestern des Roten Kreuzes meldeten, dass sie die Verpflegung der Menschen übernehmen konnten, und noch bevor die Gestrandeten aus den Baracken abgeholt wurden, war ein Arzt zur Stelle, der ein paar Frauen ins Infektionsspital überwies.

Auch aus der Taubstummenanstalt erreichten Diana Nachrichten. Die meisten Kinder befanden sich in sehr schlechtem Zustand. Von den 220 Kindern litten 147 an mehr oder weniger schweren Erkrankungen. Zwei Kinder mit Lungentuberkulose und drei mit schwerem Skorbut kämpften ums Überleben. Besonders verbreitet waren Krätze und Durchfall.

Diana blieb in diesen Sommertagen kaum eine Stunde, um zu verschnaufen. Immer wieder wurde sie zum Bahnhof gerufen, weil ein neuer Transport mit Zwangsarbeitern ankam, und zwischendurch besuchte sie die Taubstummenanstalt oder den Jeronimisaal, um dort Kleider auszuteilen und über das weitere Schicksal der Menschen zu verhandeln.

Caritasdirektor Dumić schlug vor, die Frauen und Männer auf dem Land bei Bauern unterzubringen. Das könne er gut organisieren, und die Pfarrer vor Ort würden in den meisten Fällen sicherlich mitmachen. So könne man Eltern und Kinder zusammen unterbringen. Die Menschen würden sich am Land bald erholen, und der Ustaša mache man einen Strich durch die Rechnung, wenn man die Leute möglichst weiträumig verteile, sodass es schwer wäre, sie wieder einzusammeln.

Der nächste Transport brachte 237 Männer, 444 Frauen und 35 Jugendliche über fünfzehn Jahren aus dem Konzentrationslager Jasenovac. Unter den Gefangenen war kein einziges Kind. Diana fragte die Frauen, wie das möglich sei, und sie befürchtete schon das Schlimmste. Doch die Frauen versuchten, sie zu beruhigen. Nein, die Wärter hätten versprochen, den Kindern nichts anzutun. Sie sollten in ein Kinderheim kommen und dort gut versorgt werden. Besser als im Lager und besser als in Deutschland.

Diana glaubte das nicht. Die Schlächter in Jasenovac kümmerten sich nicht um Kinder. Aber sie hatte kaum Zeit, sich darüber Gedanken zu machen, denn abermals wurde von der deutschen Dienststelle für Arbeiterbeschaffung ein Zug in Maribor zurückgewiesen. Wieder waren die Gefangenen zu schwach und zu krank. Kein Betrieb in Deutschland würde diese Menschen aufnehmen.

2

Schon wenige Tage nach dem Rücktransport aus Maribor wies die deutsche Stelle für Arbeiterbeschaffung einen Transport in Linz zurück. Die Arbeiterinnen waren für die Hermann-Göring-Werke bestimmt, aber die 280 Frauen und Kinder konnten sich vor Schwäche kaum auf den Beinen halten. Zur Arbeit taugten sie nichts, befand man, und deshalb sollten sie zurück nach Kroatien.

Hecker von der Deutschen Dienststelle für Arbeiterbeschaffung rief Diana an, und wieder organisierte sie in Windeseile die Verpflegung und Entlausung der Frauen und Kinder. Da so schnell nur ein Arzt vom Roten Kreuz aufzutreiben war, rief Diana ihren Mann an. Julije Budisavljević, Primarius Dr. Hühn und Primarius Dr. Thaler übernahmen die Untersuchung und Versorgung der Geretteten.

Mit aufgeblähten Hungerbäuchen standen die Kleinen da. Die Kleider hingen in Fetzen, und kaum eines der Kinder trug Schuhe. Die Frauen waren bis auf die Knochen abgemagert. Einige von ihnen litten an Flecktyphus, und die Schwestern des Roten Kreuzes weigerten sich, die Frauen in die Desinfektion zu begleiten.

Es gab keine Handschuhe, keine Gesichtsmasken, nichts, was die Helfer vor einer Ansteckung hätte schützen können. Diana und Julije bedrängten die Wachen, sie sollten doch Schutzkleidung an die Helfer ausgeben, aber die Soldaten verweigerten das. Nur für militärische Zwecke sei der Einsatz von Schutzmaßnahmen erlaubt. Wenn sie unbedingt diesen serbischen Untermenschen helfen wollten, dann mussten sie das auf eigene Gefahr tun.

Die Frauen durften in den Jeronimisaal der Katholischen Aktion. In der Taubstummenanstalt herrschte zu dieser Zeit Quarantäne. Mehrere Fälle von Flecktyphus waren unter den Kindern aufgetreten. Gesunde Kinder wollte man der Ansteckungsgefahr nicht aussetzen, und so verfügte man einen Aufnahmestopp. Aber im Jeronimisaal wurden jetzt nach und nach Plätze frei, denn Dr. Dumić hatte die ersten Frauen und Kinder in Landgemeinden vermittelt. Die „Kolonisation", wie Diana das in ihrem Tagebuch nannte, hatte begonnen.

Im Jeronimisaal traf Diana zum ersten Mal auf einen weiteren Mitarbeiter und Verbündeten Brösslers. Velimir Deželić leitete die karitative Einrichtung und war gleichzeitig Beamter im Ministerium für Gesellschaftsfragen. Deželić war überhaupt einer der engagiertesten Intellektuellen Kroatiens in der ersten Hälfte des 20. Jahrhunderts.

Die Gesellschaft des Heiligen Hieronymus oder Sveti Jeronim, wie er auf Kroatisch heißt, war 1869 von Georg Haulik, dem ersten Erzbischof von Zagreb, gegründet worden und sollte sich einerseits um die Volksbildung und andererseits um bedürftige Familien und Kinder kümmern. Neben der Herausgabe von Büchern und Zeitschriften engagierte sich die Gesellschaft des Heiligen Hieronymus als Betreiber von Schulen und Kinderheimen, eines davon war der Jeronimisaal in Zagreb.

Kamilo Brössler hatte Velimir Deželić schon von Dianas Aktion erzählt, und Direktor Dumić informierte ihn über den Platzbedarf. Deželić war sofort bereit, die Kinder aufzunehmen und weitere Helferinnen einzustellen. Er verfügte nicht nur innerhalb der katholischen Kirche über äußerst gute Kontakte, sondern stand auch mit dem Roten Kreuz und der Internationalen Roten Hilfe, obwohl diese wegen ihrer kommunistischen Ausrichtung offiziell verboten war, in gutem Einvernehmen. So spannte sich sehr bald ein geheimes Netz der Hilfsbereitschaft durch Zagreb, wucherte hinaus in die Vorstädte und sollte bald das ganze Land durchziehen.

3

Neben den Zwangsarbeitertransporten kamen im Sommer 1942 auch Kindertransporte am Hauptbahnhof in Zagreb an. Im ersten Zug reisten etwa hundert Kinder, und Diana wurde gerufen, um den Rotkreuzschwestern dabei zu helfen, Milch zu verteilen.

Die Wachen und Polizisten am Bahnhof ignorierten Dianas Fragen. Niemand wollte ihr sagen, woher die Kinder kamen und wohin sie gebracht wurden. Hecker, der sonst immer die Transporte überwachte, war nirgends zu sehen, und die Ustaša-Soldaten schrien, man solle sich beeilen, der Zug würde hier nicht ewig halten.

Wie nicht anders zu erwarten, befanden sich die Kinder in einem erbärmlichen Zustand. Erst als Diana eine Frau fand, die den Transport begleitete, erfuhr sie, was hier im Gange war. Die Frau, selbst eine Gefangene, erzählte, dass man die Kinder in Stara Gradiška ihren Müttern weggenommen hatte und sie nun auf dem Weg ins Lager Gornja Rijeka waren. Warum die Ustaša das angeordnet hatte, wusste die Gefangene nicht.

Diana hatte keine Zeit, weitere Fragen zu stellen. Auch konnte sie niemanden finden, der offiziell für den Transport zuständig war. Also musste sie zusehen, wie die Türen der Waggons geschlossen wurden und der Zug mit den Kindern in Richtung Gornja Rijeka abfuhr.

Schon zwei Tage später hielt der nächste Kindertransport am Hauptbahnhof in Zagreb. Diesmal waren es zweihundert Kinder, die nach Gornja Rijeka gebracht wurden. Die Ustaša-Wachen ließen es zu, dass der

Zug auf einem Nebengleis abgestellt wurde. Wieder bot sich Diana und Schwester Dragica Habazin das gleiche Bild. Hungernde Kinder auf dem Boden der Waggons. Diesmal waren mehrere Frauen in dem Transport. Sie erzählten, dass in Gornja Rijeka ein Kinderheim eingerichtet würde. Die Kinder sollten nicht mehr im Lager sterben, sondern gut versorgt werden und unter der Obhut des Ministeriums für Gesellschaftsfragen aufwachsen.

Diesmal blieb etwas mehr Zeit, und Diana begann, Listen anzufertigen. Jedes Kind bekam ein Schild um den Hals, auf dem sein Name stand. In der Liste waren der Name des Kindes, die Namen der Eltern und der Heimatort verzeichnet.

Die Ustaša kümmerte sich nicht darum, ob Eltern und Kinder zusammenblieben. Sie rissen den Frauen, die als Zwangsarbeiterinnen nach Deutschland deportiert wurden, ihre Kinder aus den Händen, fragten nicht nach Namen und Orten. Die Frauen würden ihre Kinder nie wiedersehen. Sie wurden nach Deutschland geschickt, um dort zu sterben. Die Kinder waren nur Ballast. Man ließ sie verhungern und warf sie in einen Fluss.

4

Wie Diana befürchtet hatte, brach in Gornja Rijeka Flecktyphus aus. Die Kinder aus Stara Gradiška wurden krank in den Zug gesteckt, und niemand kümmerte sich darum, welche Seuchen sie in das neue Lager brachten. Als Diana Prof. Brössler davon berichtete, erklärte er ihr, dass dieses neue Kinderlager in Gornja Rijeka kaum mehr als ein Ablenkungsmanöver für die Deutschen war.

Kamilo Brössler erzählte von den Gerüchten, die in den Ministerien kursierten. Angeblich hatte sich Wilhelm Knehe von der deutschen Wehrmacht persönlich bei Ante Pavelić über die Behandlung der Kinder beschwert. Wobei der Protest eines einfachen Majors den Poglavnik vermutlich nicht sonderlich beeindruckte. Aber Edmund Glaise von

Horstenau, den deutschen Bevollmächtigten General in Kroatien, musste Pavelic´ ernst nehmen, und von Horstenau kochte vor Wut, als er von den Vorgängen in Jasenovac hörte. Die Grausamkeit der Ustaša sei unmenschlich und die Schlächterei in den Lagern eines zivilisierten Volkes unwürdig, sagte er und forderte Pavelic´ auf, seine Schergen zurückzupfeifen.

„Staatlich konzessionierte Räuberbande nennt von Horstenau die Ustaša. Und er hat recht. Aber zynisch ist es trotzdem", sagte Brössler. „Der gute General ist sonst nicht so mitfühlend. Wenn die Deutschen durch die Dörfer ziehen und Serben und Juden vor sich hertreiben, da kennt er kein Mitleid. Und die Endlösung der Judenfrage, als ob das etwas anderes wäre."

Die Deutschen hatten also protestiert, und nun schaffte die Ustaša einige der Kinder aus dem schlimmsten Lager in ein anderes Lager. Das war nicht, was Diana erreichen wollte. Die Kinder mussten befreit werden, mussten zu Familien auf dem Land, wo sie zu essen bekamen, wo sie in die Schule gehen und spielen konnten, wie Kinder das eben so machen.

Diesem Ziel, der Befreiung der Kinder, kam Diana am nächsten Tag einen großen Schritt näher. Rittmeister von Koczian bat sie in die Dienststelle für Arbeiterbeschaffung. Sie solle sich dort mit ihm und Hecker treffen. Die gute Nachricht wollte er ihr nicht am Telefon verkünden. Erst als sie ihm gegenüberstand, sagte er es ihr. Minister Eugen Dido Kvaternik hatte dem Ansuchen stattgegeben. Diana durfte die Kinder aus den Konzentrationslagern befreien.

Ihre erste Reise sollte sie nach Stara Gradiška, ein Außenlager von Jasenovac, führen. Dort waren die meisten Kinder interniert. Prof. Brössler wusste schon Bescheid und übernahm die Koordination der Reise von Zagreb aus.

XVII.
Reise nach Stara Gradiška

1

Am Morgen des 9. Juli 1942 frühstückte Diana Budisavljević in ihrer Wohnung in Zagreb und wählte dann die Nummer des Ministeriums für Gesellschaftsfragen. Sie hoffte, Prof. Kamilo Brössler persönlich zu sprechen und nicht wieder bei seiner Sekretärin zu landen. Ein letzter Anruf vor ihrer Fahrt in die Dunkelheit.

Brössler hatte noch einmal alles überprüft. Ja, die Genehmigungen lagen vor, der Zug war reserviert, und in Jasenovac war der Lagerkommandant über ihr Kommen informiert. Außerdem hatte Rittmeister von Koczian im Ministerium für Gesellschaftsfragen noch einmal mit Nachdruck den Standpunkt der Deutschen klargestellt. Vom Roten Kreuz begleiteten sie fünfzehn Schwestern, darunter Dragica Habazin und Jana Koch.

„Aber seien Sie vorsichtig", sagte Brössler. „Auch wenn die Sache von höchster Stelle abgesegnet ist, man kann nie vorhersehen, was diesen Leuten einfällt. Die Ustaša, aber das muss ich Ihnen nicht sagen, halten sich nur an jene Gesetze, die ihnen gerade angenehm sind."

Die Warnung bezog sich vor allem auf Vjekoslav „Maks" Luburić, Generalbeauftragter für die Lager im Unabhängigen Staat Kroatien. Aller Voraussicht nach würde sich Luburić in Jasenovac aufhalten und die Rettungsaktion beobachten.

Er trug nicht ohne Grund den Beinamen „Maks, der Metzger". Es gab viele Gerüchte über Luburić. Er sei ein Sadist, sagte man, geisteskrank und bis zum Irrsinn von der Ausrottung aller Serben besessen. Davon hatten auch die Frauen erzählt, die Diana am Bahnhof in Zagreb getroffen hatte.

Frauen, die aus den KZs Jasenovac und Stara Gradiška nach Deutschland deportiert wurden, um dort als Zwangsarbeiterinnen zu dienen.

Alles ist besser als diese Hölle, hörte sie immer wieder. Jasenovac ist die Hölle, und Luburić ist der Oberteufel. Es reichte ihm nicht, die Menschen mit Maschinengewehrsalven niederzumähen. Die Frauen hatten beobachtet, wie Wärter Männer auf den Appellplatz brachten. Die Ustaša verhöhnten sie, schrien über den Platz, sodass es alle hören konnten. Für serbische Ärzte habe man eine Sonderbehandlung. Die Hände mit Draht hinter dem Rücken gefesselt, stolperten die Männer, fielen vornüber, und die Ustaša traten ihnen in die Rippen und in den Bauch, bis sie sich wieder aufrappelten und weitergingen. Mit einem Tritt in die Kniekehlen zwang man sie vor den anderen Gefangenen zu Boden, und dann setzte man ihnen den Revolver auf den Hinterkopf.

Für die meisten Gefangenen gab es keine Revolverkugel. Sie wurden mit Maschinengewehren erschossen, mit Hämmern erschlagen, oder man ließ sie verhungern.

Diana hatte gehört, dass Luburić, der Metzger persönlich, eine andere Methode bevorzugte. Er schnallte sich das Srbosjek, ein sichelförmiges Erntemesser, mit Lederriemen um die Hand und schlitzte den Opfern damit die Kehle auf. Er veranstaltete sogar Wettbewerbe. Gewonnen hatte jener Wächter, der binnen einer Stunde die meisten Menschen mit dem Messer tötete.

Daran dachte Diana Budisavljević auf der langen Zugfahrt von Zagreb in den Süden. Aber ihr gingen auch noch andere Gedanken durch den Kopf. Sie fragte sich, wie sie hierhergekommen war. Hier in einen Zug, der nach Süden fuhr und sie in die Hölle bringen würde.

Geboren und aufgewachsen war Diana in Innsbruck. Am 15. Jänner 1891 als Tochter des Kaufmanns Max Obexer geboren, durchlebte sie eine Kindheit, wie sie für eine Tochter aus bürgerlichem Hause üblich war. Ihre Mutter Anna brachte die große Welt in das stattliche Haus in der Maria-Theresien-Straße in Innsbruck. Sie stammte aus Amerika, hatte aber deutsche Vorfahren. Es wurde viel musiziert, und Diana lernte früh, sich in zwei Sprachen und in unterschiedlichen Kulturen zu bewegen.

Schon als Jugendliche begeisterte sich Diana vor allem für zwei Dinge. Für Richard Wagner und für die Jagd. Daran erinnerte sie sich jetzt hier in diesem Zugabteil. An die kalte Luft an einem Herbstmorgen auf der Pirsch, an das klare Licht, in dem man hunderte Kilometer weit über die Berge sehen konnte.

Die Erinnerungen waren ganz deutlich. Diana hörte ein Murmeltier pfeifen. Es warnte die anderen Tiere vor den Jägern. Am Himmel kreiste ein Adler. Die Gämsen, gewarnt vom Ruf des Murmeltiers, sahen sich hastig um und verschwanden mit ein paar Sprüngen in den Kluften des Steilhanges.

Der große Krieg kam auch nach Innsbruck. Was man später den Ersten Weltkrieg nennen sollte, stellte Diana Obexers Welt auf den Kopf. Selbst hier in Innsbruck, weitab von der Front, drang der Krieg ins tägliche Leben. Diana schrieb sich an der Universitätsklinik für einen Pflegekurs ein. Vielleicht tat sie es, um Verwundete zu versorgen, vielleicht auch nur, weil Mädchen aus gutem Hause solche Kurse nun einmal besuchten. Dort jedenfalls begegnete sie einem jungen Arzt aus Kroatien. Julije Budisavljević hatte sein Studium 1907 an der Universitätsklinik in Innsbruck abgeschlossen und arbeitete nun als Assistenzarzt an der chirurgischen Abteilung.

Diana verliebte sich in diesen großen Mann und heiratete ihn 1917. Zwei Jahre später, nach dem Ende des Krieges und dem Zerfall des Habsburgerreiches, folgte sie ihm nach Zagreb, wo er als Professor für Chirurgie an der Universität unterrichtete.

Nichts hatte sie darauf vorbereitet, dass sie nun, mit über 50 Jahren, als Mutter zweier Töchter, in einem neuen Krieg auf dem Weg in ein Konzentrationslager war, um Kinder zu retten.

2

Obwohl Diana die ganze Fahrt über an ihre Heimat, an die Berge und ihre erste Begegnung mit Julije gedacht hatte, war die Angst nie ganz verschwunden. Als sie nun vor den Toren des Konzentrationslagers wartete, sah sie ihn schon, Luburić, den Metzger. Er stand mit Offizieren der Wehrmacht und einigen Männern in Zivil vor dem Verwaltungsgebäude. Sie waren alle sehr nervös. Vor allem die Offiziere der Wehrmacht schienen sich nicht besonders wohlzufühlen.

Als Luburić Diana, Schwester Habazin, Tatjana Marinić, Jana Koch und Vladimir Broz, den von Prof. Brössler beauftragten Transportleiter, auf sich zukommen sah, ignorierte er sie demonstrativ und lud die Offiziere zu einem Rundgang durch das Lager ein. Mehrmals kamen er und die deutschen Offiziere und die Abgesandten der Ministerien an Diana und ihren Begleitern vorbei. Luburić sah sie dabei nicht einmal an. Dann, der Rundgang war, so schien es, zu Ende, verschwand Luburić mit den Männern in einem Gebäude.

Diana und Schwester Habazin wussten nicht, was sie von der Situation halten sollten. Sie sprachen darüber, das Warten aufzugeben und zurück in ihr Hotel zu fahren, entschieden sich dann aber dagegen. Sie mussten heute noch mit Luburić sprechen und mit ihm eine Vereinbarung treffen. Sie mussten ihm zeigen, dass sie sich nicht vor ihm fürchteten, sonst würde er sie morgen ganz sicher nicht ins Lager lassen, und sie würden kein einziges Kind retten. Also blieben sie.

In der Ferne bei den Baracken beobachteten Diana und Schwester Habazin zwei Männer in weißen Kitteln. Ärzte vermutlich. Aber so ausgemergelt wie sie waren, musste es sich wohl doch um Häftlinge handeln. Neben ihnen standen Ustaša-Wachen, die Gewehre geschultert, Pistolen am Gürtel. Weder Diana noch Schwester Habazin wagten es, einen aus der Gruppe anzusprechen. Sie wussten nur, dort irgendwo war das Kinderspital. Vielleicht das Haus gleich neben den Baracken?

Während sie so dastanden, Transportleiter Broz rauchte eine Zigarette nach der anderen, fiel die Dämmerung über das Lager. Die Schatten der Gebäude verschmolzen allmählich mit der beginnenden Nacht, und vom Fluss her wehte ein kühler Lufthauch. Jana Koch und Tatjana Marinić unterhielten sich leise.

3

Dann endlich, als es schon Nacht wurde, trat Luburić aus dem Gebäude und kam auf Diana zu. Er tat erstaunt. Warum sie denn nicht schon längst den anderen gefolgt wären? Drinnen im Saal gebe es etwas zu essen und zu trinken. Sie hätten sich doch melden können.

Diana unterbrach seine Rede und wollte wissen, ob sie morgen das Lager besuchen und die Kinder abholen könne. Luburić nickte, selbstverständlich, jederzeit ab acht Uhr früh, seien sie hier willkommen, und nun solle sie ihm doch endlich in den Saal folgen.

Dort saßen sie, die Beamten aus den Ministerien, die SS-Offiziere, und tranken Bier. Sie hatten sich hier im Lager getroffen, um den Besuch eines deutschen Generals zu feiern und ihm die Errungenschaften des Unabhängigen Staates Kroatien vorzuführen.

Die Frauen bekamen sofort Plätze angeboten. Männer standen auf, rückten Sessel zurecht, nur Transportleiter Broz musste sich selbst einen Stuhl heranziehen.

Während Essen nachserviert wurde, stand ein Mann in Uniform auf. Auf seiner Brust glänzten Orden, die Epauletten auf seiner Schulter wiesen ihn als hochrangigen Vertreter des Staates aus. Es war der Gesundheitsminister Ivan Petrić.

Die Gespräche verstummten, und Petrić räusperte sich. Er begrüßte die Abordnung der SS, den Lagerkommandanten Luburić und bedankte sich für den sehr informativen Rundgang durch das Lager. In seiner Rede lobte er vor allem die Effektivität der Verwaltung. Tausende Menschen, Männer und Frauen, würden jeden Tag hier im Lager Jasenovac ankommen, und dennoch gäbe es kein Chaos. Jede Person würde registriert, ihre Brauchbarkeit beurteilt und sofort in eine bestimmte Kategorie eingeordnet. Die kräftigen und gesunden Häftlinge blieben nicht lange im Lager. Sie wurden zur Arbeit nach Deutschland gebracht. Dort leisteten sie ihren Beitrag in kriegswichtigen Unternehmen und trugen so dazu bei, Deutschland und damit auch Kroatien den Sieg im Kampf gegen die Alliierten zu sichern.

Ohne das Lager Jasenovac und vor allem ohne die professionelle und aufopfernde Arbeit von Maks Luburić sei das alles nicht möglich. Man könne Luburić gar nicht genug loben und ehren, denn als Beauftragter für alle Lager auf dem Gebiet des Unabhängigen Staates Kroatien trage er eine hohe Verantwortung, der er mit Bravour gerecht werde.

Die Rede verdarb Diana den Appetit. Sie wusste genau, worin Luburićs Effizienz bestand. Ja, es stimmte, die Kräftigen, die einigermaßen Gesunden, brachte man nach Deutschland. Aber die Schwachen wurden ermordet. Darin bestand die professionelle Arbeit Luburićs und seiner Schergen. Die einen überließ man den Deutschen, damit sie in Fabriken zu Tode geschunden wurden, die anderen erledigte man gleich selbst an Ort und Stelle.

Luburić bedankte sich bei Petrić und schmierte den Deutschen Honig ums Maul. Ohne die hervorragende Ausbildung im Lager Sachsenhausen wäre das alles hier nicht möglich. Nur weil er von seinen deutschen Kollegen und Vorbildern gelernt habe, könne er die Lager in Kroatien so effizient führen und die Verpflichtungen gegenüber dem Deutschen Reich erfüllen.

Bei ihrem letzten Besuch in Innsbruck hatte Diana Gerüchte über das Lager Sachsenhausen gehört. Das Konzentrationslager war schon 1936 errichtet worden, und von Anfang an war es auf die Ermordung von Häftlingen ausgelegt. Hier hatte Luburić gelernt, dass man Menschen nicht nur erschießen, erschlagen oder sonst wie gewaltsam töten kann. Es genügt auch, ihnen die Essensrationen zu streichen, sie marschieren und arbeiten zu lassen, bis sie vor Erschöpfung umfallen und sterben.

4

Als sich die Abendgesellschaft allmählich auflöste, war es schon Nacht geworden. Schwester Habazin stellte sich neben Luburić und verlangte von ihm, er solle einen Wagen und einen Fahrer bereitstellen, damit sie sicher zu ihrer Unterkunft zurückkamen.

Schroff fuhr Luburić Schwester Habazin an. Es sei nicht seine Aufgabe, für ihre Bequemlichkeit zu sorgen. Sie und Diana könnten ruhig zu Fuß gehen. Es drohe keine Gefahr.

Gerade in diesem Moment kam die Nachricht von einem Gefangenentransport. Ein Mann war aus der Reihe ausgebrochen und in den Fluss gestürzt. Sofort schossen die Wachen auf ihn.

Schwester Habazin ließ nicht locker. Sie wolle nicht von einem nervösen Ustaša-Wächter umgebracht werden. Es sei ja kein Geheimnis, meinte sie zu Luburić, dass seine Leute auf alles feuerten, was sich bewege.

Ein deutscher Offizier, der die Unterhaltung mitanhörte, mischte sich ein und bot Schwester Habazin, Diana, Jana Koch, Tatjana Marinić und Transportleiter Vladimir Broz Plätze in seinem Wagen an. Er fahre in ihre Richtung, und es sei immer besser, unter dem Schutz der SS zu stehen, als sich allein auf den Weg durch die Dunkelheit zu machen.

Auf der Fahrt wurde der Mann gesprächig. Vor ein paar Tagen habe er eine seltsame Begebenheit am Bahnhof von Okučani beobachtet.

„In Kroatien werden die katholischen Priester ja normalerweise sehr verehrt und respektvoll behandelt“, sagte er. „Es ist ja auch kein Wunder. Die Ustaša und die Kirche arbeiten Hand in Hand. Haben Sie gewusst, dass der Lagerkommandant von Jasenovac ein Franziskanermönch ist? Aber darauf wollte ich gar nicht hinaus. Dieser Priester dort am Bahnhof von Okučani beobachtet, wie man Frauen und Mädchen in die Waggons steckt. Eine recht alltägliche Szene eigentlich. Aber plötzlich beginnt der Priester zu schimpfen und zu schreien. Er sagt, was für eine Schande das ist, dass man gute katholische Frauen und Mädchen nach Deutschland schickt, damit sie Huren für die Soldaten werden.“

Der SS-Offizier sah Diana an, um zu überprüfen, welche Wirkung seine Geschichte auf sie hatte. Dann fuhr er fort. „Die Ustaša-Wachen haben ihn windelweich geprügelt. Die Zähne haben sie ihm ausgeschlagen, damit er so etwas nicht mehr sagen kann.“ Der SS-Offizier machte eine Pause. „Ich meine, natürlich hatte der Priester recht. Genau das passiert mit den Frauen. Sie werden in Soldatenbordelle gebracht. Aber muss man das in aller Öffentlichkeit sagen?“

XVIII.
Das Kinderspital in Stara Gradiška

1

Diana und die anderen standen ganz dicht am Lagertor. Es war sieben Uhr in der Früh, und der Ustaša-Soldat verwehrte ihnen den Zutritt zum Lager. Er wisse nichts von einer Hilfsaktion, und wenn sie der Papst wären, er könne sie nicht einlassen.

Doch Diana ließ sich nicht abwimmeln. Sie verlangte den Kommandanten und sagte, sie werde hier nicht eher weggehen, bis Luburić selbst ihr ins Gesicht sage, dass er seine Zusage vom Vortag widerrufe.

Dieser Auftritt machte Eindruck. Der Wächter versuchte nicht mehr, die Delegation loszuwerden, sondern rief in der Kommandantur an und bekam die Order, Diana und ihre Begleiter vorzulassen und sie unter schwerer Bewachung zum Kinderspital zu geleiten.

Auf dem Weg dorthin kamen sie bei einer Baracke vorbei, und Diana sah durchs Fenster Kinder, Knaben von vielleicht acht bis zwölf Jahren. Sie hockten auf dem verdreckten Boden und starrten hinunter in einen Graben, in dem sich Schweine tummelten. Der Gestank fuhr Diana scharf in die Nase. Sie wollte wissen, was mit den Kindern los sei. Warum man sie in diesem Gebäude eingesperrt habe und ob man sie nicht ebenfalls nach Zagreb mitnehmen könne.

Der Wächter sah Diana verächtlich an und meinte, er könne keine Kinder sehen. Dann wandte er sich ab und ging weiter. Für einen Moment überkam Diana die Angst, und sie fragte nicht weiter nach. Erst am Nachmittag sollte sie herausfinden, was es mit den Buben in der Baracke auf sich hatte.

Jetzt aber führten die Wärter Diana und ihre Helfer in ein Gebäude weitab von der Baracke und den Schweinen. Auch hier war alles voller Fliegen und voller Dreck. In dem heruntergekommenen Haus war der Boden von den Fäkalien der Kinder verschmiert. Das Stroh hatte sich mit Urin und Kot vollgesogen, und die Kinder, die in den wenigen Betten keinen Platz fanden, hatten sich dort mit Decken und Polstern Nester gebaut.

Ein Arzt stand bereit und begann, die Kinder zu untersuchen. Nur die stärksten und gesündesten, so erzählte er, würden in das neue Ustaša-Kinderlager in Gornja Rijeka geschickt. Die Kinder hier wären dazu ganz gut geeignet.

Er klopfte den Kindern den Rücken ab und drückte ihnen sein Stethoskop auf die Haut. Dabei sah er immer wieder zu den Frauen hoch. Dragica Habazin stand ihm am nächsten, und sie hörte deutlich, was er vor sich hinmurmelte.

„Ich werde euch alles zeigen. Das Kinderspital, aber auch den Dachboden und den Turm. Ihr müsst davon berichten, wenn ihr wieder draußen seid. Die Welt muss davon erfahren."

Diana fasste ihn an der Schulter. „Wir nehmen alle Kinder mit", sagte sie. „Wir sind nicht von der Ustaša."

Der Arzt nickte und ließ von den Kindern ab. Für einen Moment wusste er nicht, was er tun sollte. Dann nickte er wieder und machte weiter. Doch jetzt sah er sich die Kinder nur mehr an, um zu überprüfen, ob sie wirklich nicht an Typhus oder Diphtherie litten.

Die Kinder, so berichtete er, hatten ihre Eltern verloren. Man hatte sie ihren Müttern weggenommen und die Frauen ins Deutsche Reich deportiert. Diana kannte diese Geschichte, sie hatte sie schon oft von den Frauen gehört, denen sie am Bahnhof in Zagreb Essen und Wasser gegeben hatte. Und nun stand sie also vor diesen verlassenen Kindern. Transportleiter Broz und einige der Schwestern begannen gleich damit, die Jungen und Mädchen darüber zu informieren, was nun mit ihnen geschehen sollte. Diana, Schwester Habazin und der ihnen zugeteilte Arzt machten sich auf, um das Kinderspital zu inspizieren.

2

Die Kinder starrten die Besucher aus großen Augen an. Sie hockten auf den Betten. Die Decken waren mit Dreck verkrustet, und hier und da lugte ein Bein oder ein Arm hervor. Diana und Schwester Habazin konnten sehen, wie schlecht ernährt die Kinder waren, wie verwahrlost. Unter den aufgeblähten Bäuchen schauten dürre Beine hervor. In den Augen sah Diana die Hungersterne tanzen. Die meisten Kinder waren transportfähig, wie der Arzt und Schwester Habazin feststellten. Schwach, ausgehungert und lethargisch, aber transportfähig. Es bestand jedenfalls die Hoffnung, dass sie die Fahrt nach Zagreb überleben und dort wieder zu Kräften kommen würden.

Jana Koch erinnerte sich viele Jahre später noch an ihre ersten Eindrücke. „Die Räume waren etwa fünf mal fünf Meter im Quadrat. Sie waren vollgestopft mit den Körpern von Kindern. Den Körpern von Kindern! Kleine Skelette mit großen glänzenden Augen. Die sterbenden Kinder lagen auf einem verrotteten Holzboden, bis zu den Knöcheln türmten sich die Exkremente. Deshalb gab es dort auch tausende Fliegen, die alles bedeckten und sich in Schwärmen auf den geschundenen Körpern niedergelassen hatten, um ihnen den letzten Tropfen Leben auszusaugen."

„Dann kam das Furchtbare", schrieb Diana Budisavljević in ihren Aufzeichnungen. „[Weitere] Zimmer ohne jede Einrichtung. Es gab nur eine Reihe von Töpferln am Boden. Teils liegend, teils sitzend waren da kleinere Kinder in unvorstellbar abgemagertem Zustand. Jedem Kind stand der Tod schon ins Gesicht geschrieben."

Weder Diana noch Schwester Habazin konnten fassen, was sie hier zu sehen bekamen. Man musste kein Arzt sein, um zu erkennen, dass viele dieser Kinder kurz vor dem Tod standen. „Sie werden den Transport niemals überleben", sagte der Arzt. „Es hat keinen Sinn."

Doch Diana war nicht wochen- und monatelang von einem Minister zum anderen, von Bischof Stepinac bis zur deutschen Dienststelle für Arbeiterbeschaffung gelaufen, um jetzt aufzugeben.

„Wir holen den Transportleiter. Er wird entscheiden", sagte sie und war auch schon aus dem Zimmer und lief in den Hof, wo Vladimir Broz und die Schwestern vom Roten Kreuz gerade die Tische für die Registrierung der Kinder aufstellten.

Broz gab Diana recht. Sie waren nicht ins Lager gekommen, um Kinder zurückzulassen. Die Kinder mussten auf eigenen Beinen stehen können. Das war das einzige Kriterium. Nur die Kinder, die sich nicht mehr selbst aufrecht halten konnten, durfte man zurücklassen. Denn für sie kam wirklich jede Hilfe zu spät.

Also stellten die Frauen die Kinder auf die Füße und sagten ihnen, sie sollten ein paar Schritte gehen. Nicht alle konnten das.

„Die meisten starben noch während des Tages", schrieb Diana, und dann berichtete sie von einem weiteren Raum.

Der Arzt und die Wachen verboten ihnen, den Raum zu betreten. Nur durch die offene Tür durften sie einen Blick auf die sterbenden und toten Kinder werfen. Hier war Diphtherie ausgebrochen, und um die Infektion nicht im ganzen Lager zu verschleppen, hatte man die Kinder isoliert. Da niemand den Raum betreten oder verlassen durfte, starben die Kinder nach und nach. Die meisten verdursteten oder verhungerten.

3

Im Freien vor dem Kinderkrankenhaus hatten Helfer Tische und Bänke aufgebaut. Die Ustaša trieben die ersten Kinder aus dem Gebäude. Sie mussten sich in einer Reihe aufstellen, und Dianas Helfer trugen die Namen der Kinder in Listen ein, verteilten Nummern. Jedes Kind bekam ein Pappschild mit seiner Nummer an einer Schnur um den Hals.

Später sollten Diana und ihre Helfer dazu übergehen, die Pappschilder durch Metallplaketten zu ersetzen. Denn die Kinder waren ausgehungert und aßen die Schilder schon während der Fahrt zum Bahnhof auf. Aber diese ersten Rückschläge spornten Diana nur noch mehr an. Gemeinsam mit ihren Helferinnen, unter ihnen Jana Koch und Tatjana

Marinić, perfektionierte Diana dieses System zur Erfassung der Kinder nach und nach.

Als Diana ins Freie trat, begannen die Helfer gerade mit der Arbeit. Zuerst kamen die Waisenkinder an die Reihe. Da musste man niemanden um Erlaubnis fragen. Aber bei den anderen Kindern lautete die Anweisung des Ministeriums, dass sie nur mit Erlaubnis der Mütter aus dem Lager mitgenommen werden durften.

In der Zwischenzeit debattierten die Schwestern vom Roten Kreuz mit den Müttern. Diana hatte die folgende Diskussion nun schon einige Male erlebt. Viele wollten ihre Kinder nicht an Fremde übergeben. Sie hatten Angst, ihre Kinder nie wiederzusehen. Die meisten glaubten nicht, dass Diana die Kinder wirklich retten wollte. Zu oft hatten sie beobachtet, wie Ustaša die Kinder nahmen, ihnen auf den Kopf schlugen und sie dann in die Save warfen.

Überall waren Fliegen. Schon im Krankenhaus selbst hatte Diana das bemerkt. Die Fliegen krochen den Kindern in die Augenwinkel, tranken von der Tränenflüssigkeit. Sie krabbelten über Gesichter und Hände und schlüpften den lethargischen Kindern in Mund und Nasenlöcher.

Auch die Schweine und Kühe waren von Fliegen bedeckt. Wütend wedelten die Kühe mit den Schwänzen und schlugen sich selbst auf die Flanken, schüttelten die Köpfe. Aber die Fliegen erhoben sich nur kurz, schwebten wie ein schwarzer Schleier in der Luft und setzten sich dann wieder auf die Tiere.

Diana fragte sich, warum die Menschen die Tiere nicht töteten. Dann hätten sie wenigstens für den Moment etwas zu essen. Aber sie kam nicht dazu, jemanden zu fragen, denn in diesem Moment stürmte Maks Luburić auf sie zu. Noch bevor er sie erreicht hatte, begann er zu schreien.

„Was denken Sie sich eigentlich dabei“, brüllte er. „Sie kommen einfach hierher und wollen Kinder mitnehmen. Serbische Kinder. Kümmern Sie sich doch lieber um kroatische Kinder. Die sind auch hungrig, brauchen auch neue Kleider. Wissen Sie eigentlich, in welchen Umständen diese Kinder leben müssen? Das reine Elend. Meine Mutter hat uns unter schwierigsten Bedingungen großgezogen. Uns hat niemand geholfen."

Diana versuchte, ihn zu unterbrechen. Aber er ließ sich nicht beirren. Erst als sie ihre Stimme erhob und sagte, sie habe ja eine Genehmigung von höchster Stelle, vom Ministerium, hielt Luburić inne.

So eine Genehmigung sei hier nichts wert, bellte er. „Ich bin der Kommandant dieses Lagers, und ich bestimme, was hier passiert. Eine Genehmigung des Ministers?" Luburić lachte. „Dieser Minister wird auch noch hier bei mir im Lager landen. Und dann hat er nichts mehr zu sagen. Hier habe ich die Macht, nicht irgendein Minister. Ich kann nicht nur ihn verschwinden lassen. Wenn ich will, sind Sie weg." Er zeigte auf Diana. „Sie und alle Ihre Helfer, und niemand wird Sie jemals wiederfinden."

4

Gemeinsam mit einer kroatischen Gefangenen brachte Diana die Kinder aus dem Krankenhaus ins Freie. Einige von ihnen warteten schon lange auf ihren Abtransport. Ursprünglich hätten sie nach Gornja Rijeka kommen sollen. Aber nun würde Diana die Kleinen übernehmen.

Eines der Mädchen, es wog kaum mehr als ein Blatt Papier, so schrieb Diana, starb in ihren Armen. „Sie starben teils dort, teils von uns mitgenommen noch später, wie so viele dieser kleinen Märtyrer als unbekannte, namenlose Kinder. Und jedes hatte eine Mutter, die sich die Augen nach ihm ausweinte, und jedes hatte sein Heim, sein Kleidchen, und kam nackt in ein Massengrab. Neun Monate getragen, mit Schmerzen geboren, mit Seligkeit begrüßt, mit Liebe gepflegt und aufgezogen, und dann – Hitler braucht Arbeiter, schafft die Frauen herbei, nehmt ihnen die Kinder, lasst sie verkommen, welches unendliche Weh, welcher Schmerz."

Während Diana im Krankenhaus arbeitete, starben viele Kinder. Die oft mit Kot beschmierten Körper wurden von den Helferinnen auf einer Stiege abgelegt und warteten dort, bis man sie fortbrachte.

Die Frauen auf der Wiese weigerten sich immer noch, ihre Kinder Unbekannten anzuvertrauen. Deshalb musste Diana selbst dorthin. Das Gelände war eingezäunt, und Tiere und Menschen lagen nebeneinander auf dem Boden. Die Fliegen waren überall. Auch hier litten die meisten Kinder an Durchfall, und es gab zu wenig Wasser und kein Papier, um sie sauber zu halten.

Warum sie nicht einige Tiere schlachteten, damit die Kinder Fleisch zu essen hätten, fragte Diana.

Die ganze Zeit gebe es nur harte, schlecht gekochte Bohnen und dreckiges Wasser, bekam sie zur Antwort.

„Aber da laufen doch Schweine herum und Kühe. Irgendwer kann die doch schlachten."

„Wir werden doch wieder in unsere Dörfer zurückkehren", sagte eine Frau. „Da brauchen wir das Vieh dann."

„Aber wenn ihr verhungert, wird euch das Vieh nichts nutzen."

„Ja, aber wenn wir das tun", sagte eine andere Gefangene, „dann kommen die Ustaša und erschießen uns."

Immer wieder scherten Kinder aus der Reihe der Wartenden aus. Sie hockten sich auf einen der Töpfe, die entlang des Kinderspitals standen. Ihr Durchfall war so heftig, dass der dünnflüssige Stuhl Teile des Darms mit herausdrückte.

Diana sah, wie ein Kind zusammenbrach. Einer der Häftlinge beugte sich nieder und schüttelte langsam den Kopf. Das Kind war tot. Er hüllte den Körper in eine Decke und hob ihn hoch. Als er mit dem toten Kind die Reihen der Kinder entlangschritt, rutschte der Kopf hervor. Er baumelte wie an einem dünnen Draht in der Luft.

Kaum eine Minute später kam der nächste Häftling mit einem Bündel im Arm. Er trug die kleine Leiche an den Frauen vorbei über die Wiese. Dabei sah er weder nach links noch nach rechts. Die Frauen verstummten und starrten ihn an.

Der nächste Häftling hatte die ausgemergelte Leiche des Kindes nur notdürftig eingehüllt. Die großen Augen waren erloschen. Aber die Frauen wandten die Köpfe ab, als sie der Blick des toten Kindes streifte.

Ein toter Körper nach dem anderen wurde an den Frauen vorbeigetragen. Die Häftlinge verschwanden mit den Leichen irgendwo am anderen Ende der Wiese. Dort hatten sie eine Grube ausgehoben, in die sie die toten Körper der Kinder warfen und sie dann mit einer Schicht Erde bedeckten. Nur so viel Erde, dass die Fliegen ein wenig abgehalten wurden. Denn schon in ein paar Stunden würde die nächste Schicht aus Kinderleichen folgen.

Sieben tote Kinder trug man an den Frauen vorbei. Ausgemergelte Körper, die Arme kaum dicker als der Knochen unter der Haut. Nun brach der Widerstand der Mütter. Weinend kamen sie zu Diana.

„Nimm mein Kind“, schrie eine der Frauen. „Bevor es verhungert.“ Andere stimmten ein. „Seit drei Tagen habe ich nichts mehr gegessen. Aber die Ration reicht nicht einmal für meinen kleinen Jungen.“

Unter Weinen und Schreien reichten ihr die Mütter die Kinder, und auch die Kinder weinten, streckten ihre Arme nach den Müttern aus, und Tränen liefen ihnen über die Wangen, und nur nach und nach wurde die Reihe der Kinder länger, die an den Tischen standen und darauf warteten, registriert zu werden.

5

Am Nachmittag tauchte einer der Lagerkommandanten mit einem Filmteam auf. Er kümmerte sich nicht um Diana und ihre Helfer, auch den toten Kindern, den Frauen und dem Vieh warf er nur einen abschätzigen Blick zu.

Hinter ihm marschierten junge Burschen. Sie waren acht bis zwölf Jahre alt. Es waren die Burschen, die Diana schon am Morgen gesehen hatte. Da waren sie noch auf dem Boden einer Baracke gehockt und hatten den Schweinen in einem Graben zugesehen. Jetzt marschierten die Buben in Zweierreihen. Sie trugen Papieruniformen, und auf ihren Revers und den Kappen prangte das Logo der Ustaša.

„Das sind meine kleinen Janitscharen“, sagte der Lagerkommandant und grinste. „Ich habe sie selbst unter den serbischen Jungen ausgesucht.

Ganz so, wie die Osmanen es früher gemacht haben. Die gehören mir, und ich werde aus ihnen stramme Ustaša-Soldaten machen."

Das Filmteam begleitete den Lagerkommandanten und seine „Janitscharen" zu einem kleinen Park, gleich neben dem Verwaltungsgebäude. Dort mussten die Jungen Aufstellung nehmen. Man versprach ihnen, sie würden gleich etwas zu essen bekommen. Aber dann ließ man sie da in der Sonne stehen, stundenlang. Wenn einer umkippte, durften die anderen nicht helfen. Das gehörte sich nicht für einen Soldaten.

Immer wieder sah Diana zu den Buben hinüber. Sie hätte ihnen gerne geholfen, aber sie hatte Angst vor dem Lagerkommandanten. So sah sie nur aus der Ferne zu, wie ein Junge nach dem anderen zusammenbrach.

Während der ganzen Zeit war sie damit beschäftigt, Kinder zu registrieren, ihnen neue Kleider anzuziehen und sie für den Transport bereitzumachen. Die Mütter gaben ihre Schals und Tücher, damit Diana und ihre Helferinnen sie als Windeln verwenden konnten.

Nach und nach verfrachteten sie die Kinder in Busse und brachten sie zur Bahnstation. Einige der Kinder hatten schrecklichen Durchfall und waren deshalb sehr durstig. Die Sitze in den Bussen wurden mit Windeln ausgelegt, um sie nicht zu ruinieren.

Diana fuhr mit dem letzten Bus, und als sie dann endlich mit den Kindern im Zug nach Zagreb saß, konnte sie zum ersten Mal an diesem Tag die Augen schließen und sich ein wenig ausruhen.

In dem Waggon lagen 62 Kinder auf dem Boden. Es gab nicht einmal Stroh. Alles war voller Dreck und der Gestank nach Fäkalien begann sich auszubreiten. Immer wieder weinte ein Kind, schrie in der Dunkelheit des Viehwaggons nach seiner Mutter oder seinem Großvater.

„Opa, Opa, deck mich zu. Mir ist kalt", wimmerte eine Kleine, und dann war nichts mehr zu hören. Die Fahrt dauerte lange. Immer wieder hielt der Zug auf offener Strecke, fuhr dann wieder an, hielt erneut. An den Bahnstationen konnten die kräftigeren Kinder aussteigen. Diana versuchte, die Schwachen so umzubetten, dass sie nicht in ihren eigenen Fäkalien lagen, aber das wurde von Stunde zu Stunde schwieriger.

Am Boden tummelten sich Spulwürmer, die mit dem Durchfall aus den Kleinen herausströmten. An einer Haltestelle besorgte sich Diana Gerten, um die Spulwürmer zusammenzukehren und beim nächsten Stopp aus dem Waggon zu wischen. Zwischendurch ging sie mit einer Wasserflasche von Kind zu Kind. Die Angst stieg in ihr hoch, sie könnte mit einem Zug voller toter Kinder in Zagreb ankommen.

XIX.
Die Kinder aus den Lagern

1

Mit diesem ersten Transport retteten Diana und ihre Gefährten etwa 650 Kinder aus dem Lager Stara Gradiška. Als sie am Abend am Hauptbahnhof in Zagreb ankamen, waren die Kinder erschöpft. Die Schwestern vom Roten Kreuz und Diana selbst hatten kaum etwas gegessen, und auf der unruhigen Fahrt war an Schlaf nicht zu denken gewesen.

Als sich nun die Türen der Waggons öffneten und die ersten Kinder über die Bodenkante auf den Bahnsteig kletterten, begann die Arbeit erneut. Die Kinder waren lethargisch, deshalb hatten die Schwestern keine Mühe beim Durchzählen. Aber dann mussten die Kinder in die Desinfektionsanstalt gebracht werden. Viele, die sich im Lager gerade noch auf den Beinen halten konnten, schafften es jetzt nicht mehr, sich aufzurappeln. Sie mussten getragen werden.

Diana lief in die Desinfektionsanstalt und überprüfte, ob die Kinder dort gut versorgt wurden. Ärzte des Roten Kreuzes untersuchten die Kinder, halfen, wo es nur möglich war.

Als Diana wieder auf den Bahnsteig zurückkehrte, sah sie einen Mann, der von Waggon zu Waggon hetzte. Er blieb bei jedem Waggon stehen, sah kurz in die Finsternis hinein und rannte dann weiter.

„Ljubo, Ljubo“, rief er und wischte sich Tränen von den Wangen.

Diana holte ihn ein, legte ihm eine Hand auf die Schulter und wartete einen Moment, bis der Mann sich ein wenig beruhigt hatte. Vor Aufregung konnte er kaum sprechen, und seine Stimme brach immer wieder. Nur so viel verstand Diana, er war auf der Suche nach seiner Tochter, seinem kleinen Mädchen.

Nach und nach erzählte der Mann seine Geschichte. Schon vor über einem Jahr war er freiwillig nach Deutschland gegangen. Die Arbeit hatte ihn gelockt und natürlich auch das Geld. Wer hätte damals geahnt, dass die Deutschen ihn festhalten würden? Er jedenfalls hatte das nicht für möglich gehalten. Erst jetzt konnte er von dort weg und auf Urlaub nach Zagreb.

Seine Frau und seine Kinder waren verschwunden. Die Nachbarn meinten, die Ustaša hätten sie abgeholt. Der Mann verstand nicht, warum die Ustaša das getan hatten. Aber vielleicht, so meinte er, gebe es da auch nichts zu verstehen. Das waren böse Menschen.

Als er schon die Hoffnung aufgab, erfuhr er, dass seine Frau und seine Kinder mit einem Transport nach Deutschland geschickt worden waren. Doch dieser Transport kam nie in Deutschland an. In Maribor wies ihn die deutsche Stelle für Arbeiterbeschaffung zurück. Die Menschen in dem Zug waren zu schwach, zu alt.

„Das war eine gute Nachricht“, stieß der Mann unter Tränen hervor. „Sie waren zu schwach, um für Hitler zu arbeiten, für ihn zu krepieren.“

Nun wusste er, dass seine Familie noch in Kroatien war, und er begann zu suchen. Überall fragte er nach seiner Frau und seinen Kindern. Man schickte ihn von einem Büro zum nächsten, von einem Ministerium zum anderen, und da sagte man ihm, seine Frau sei ins Infektionsspital in Zagreb eingeliefert worden.

„Da habe ich sie dann gefunden“, sagte der Mann und wischte sich wieder Tränen von den Wangen. „Meine Lieben, meine Frau und mein Kind. Aber das andere Kind, meine Tochter, fehlte.“

Nun ahnte Diana, welches Drama sich abgespielt hatte. Die Frau und die beiden Kinder waren nach Stara Gradiška deportiert worden. Dort hatte man sie eine Zeitlang festgehalten und die Frau und das eine Kind als Zwangsarbeiter nach Deutschland verschickt. Die Mutter hatte sicher versucht, ihre Tochter mitzunehmen. Aber irgendein Ustaša-Wächter hatte ihr das Mädchen aus der Hand gerissen und die Frau in den Waggon gezerrt.

So wurden Mutter und Tochter getrennt. Die Mutter, krank und verzweifelt, in einem Waggon in Richtung Deutschland unterwegs, die Tochter verloren im Lager. Vielleicht war dieses Mädchen unter jenen Kindern, die man Diana als Waisen mit auf den Weg gegeben hatte. Immer wieder rief der Vater nach seiner Kleinen. „Ljubo, mein Liebling, melde dich." Doch nirgends erhielt er Antwort.

Zuerst führte Diana den Mann zu den Waggons mit den kräftigeren Kindern. Aber dort war seine Tochter nicht. Diana befürchtete Schlimmes. Wenn das Mädchen wochenlang alleine im Lager geblieben war, dann hatte sie sicher kaum etwas zu essen bekommen. Es war sogar wahrscheinlich, dass sie schon in einem der Massengräber am Ufer der Save lag. Wie lange konnte ein Kind ohne Begleitung in Stara Gradiška überleben? Ein paar Tage, eine Woche?

Im letzten Waggon lagen die Kinder, die nicht mehr aufstehen konnten. Bei der Prüfung im Kinderspital hatten sie es gerade noch geschafft, sich für ein paar Sekunden auf den Beinen zu halten, bevor sie zusammensackten. Jetzt war alle Kraft aus ihnen gewichen. Diana hoffte, dass die Tochter des Mannes nicht unter diesen armen Geschöpfen war.

Ein Kind nach dem anderen hob sie hoch, und bei jedem schüttelte der Mann den Kopf. Aber dann hatte sie ein Mädchen im Arm. Das Kind wimmerte. Der Mann schrie auf und streckte seine Arme aus. Das war seine Tochter. Sie war ganz abgemagert und bewegte sich kaum. Diana war sicher, dass das Kind bald sterben würde.

Die Vorschriften verboten es ihr, dem Vater das Kind sofort zu übergeben. Er durfte es aber auf dem Weg zur Desinfektionsanstalt in seinen Armen halten, und Diana begleitete ihn. Die anderen Kinder aus dem Waggon wurden von den Rotkreuzschwestern auf Tragen gelegt und so abtransportiert.

Diana hoffte den ganzen Weg bis zur Desinfektionsanstalt, das Kind möge nicht sterben. Lebend, aber kaum noch atmend, lag das Kind nun da auf dem Behandlungstisch, und der Arzt schüttelte den Kopf.

„Nehmen Sie es", sagte er zum Vater und wandte sich einem anderen Kind zu.

Der Mann konnte sein Kind, so leicht es auch war, kaum halten. Seine Arme zitterten, und er lehnte sich an die Wand. Sein Gesicht verzog sich vor Schmerz, und er merkte kaum, wie der letzte Atem aus seiner Tochter wich.

2

An diesem Tag, als der erste große Transport aus Stara Gradiška in Zagreb ankam, stand auch Prof. Brössler am Bahnhof. Er sah, wie die Wagen hielten und die Türen geöffnet wurden. Die Rotkreuzschwestern waren die ersten, die ausstiegen. Auf ihren bleichen Gesichtern konnte er den Schrecken ablesen, dem sie in den letzten Stunden und Tagen begegnet waren.

„Als Erstes hörte ich nur ein Murmeln", schrieb Brössler über jene Stunden am Bahnhof. „Sonst war alles still. Nur da und dort war ein Stöhnen eines kleinen, schwachen Kindes zu hören."

Die Kinder waren über 24 Stunden unterwegs gewesen, waren dehydriert und schwach. „Wir zählten 250 Kinder unter einem Jahr. Von keinem wussten wir den Namen. Nach einer ersten Untersuchung, mit der wir etwa gegen drei Uhr morgens fertig waren, hatten wir etwa 400 ernsthaft kranke Kinder isoliert. Hunderte von ihnen, dass wussten wir, würden in den nächsten Tagen sterben. In den Waggons fanden wir 40 Kinder, die während der Fahrt gestorben waren. 17 weitere Kinder starben noch am Bahnhof und weitere 37 auf dem Weg in die Unterkünfte."

3

Zwei Tage später machten sich Diana, Schwester Habazin, Jana Koch und ihre Helferinnen wieder auf den Weg nach Stara Gradiška. Diesmal wussten die Frauen im Lager schon Bescheid. Trotzdem fiel es ihnen schwer, sich von ihren Kindern zu trennen. Unter Tränen führten sie die Kleinen zu den Tischen und ließen sie von den Schwestern in die Listen eintragen. Dann umarmten sie ihre Kinder und flüsterten ihnen zu: „Du wirst es so schön haben, nur keine Angst, ich komme dich bald wieder holen“, und gleichzeitig der fragende Blick, der die Schwestern traf. Ist das so? Werde ich mein Kind jemals wiedersehen?

Die Schwestern konnten diese Frage nicht beantworten, und die Ustaša-Soldaten ließen keine Zeit für Erklärungen. Sobald die Namen der Mutter und des Kindes in der Liste eingetragen waren, zerrten die Soldaten die Frauen von den Kindern weg und brachten sie in einen anderen Raum. Wenn die Frauen nicht gleich aufstanden und folgten, rissen die Soldaten sie an den Haaren oder schlugen sie.

Immer wieder erklärte Diana, was sie vorhatte, wozu die Listen dienten und wie die Mütter ihre Kinder wiederfinden konnten. Wenn die Frauen von der Zwangsarbeit in Deutschland zurückkehrten, sollten sie sich in Zagreb bei Diana melden, und so würden sie erfahren, wo sich ihr Kind befand. Deshalb die Listen, deshalb die Registrierung.

Aber Diana hatte noch nicht ausgeredet, als schon wieder ein Ustaša-Soldat nach einer der Frauen griff, sie hochriss und aus dem Zimmer drängte. Das Weinen nahm kein Ende, und als Diana und ihre Helferinnen am Abend die 650 Kinder am Bahnhof in die Waggons verfrachteten, fühlten sie sich ausgelaugt.

Die Freude über die vielen geretteten Kinder war getrübt. Sie mussten Kinder zurücklassen, über 300 warteten auf den nächsten Transport, denn das Ministerium für Gesellschaftsfragen hatte Diana angewiesen, diesmal nur die Gesunden, die Kräftigen mitzunehmen.

Die Unterbringung der Kinder war schwierig. Diana hatte gestern bei Erzbischof Stepinac angefragt, ob die Caritas, das Katholische Hilfswerk oder wer auch immer einen Teil der Kinder übernehmen könne. Ein großer Saal war ihr versprochen worden, aber davon wollte Stepinac nun nichts mehr wissen. Es gebe keinen Platz für die Kinder. Diana müsse sich an jemand anderen wenden.

Im Gesundheitsministerium lehnte man Dianas Ansinnen ab. Es gab keine Räume, keine Unterbringungsmöglichkeiten. Sie hätte die Kinder doch besser im Lager gelassen, dort gehörten sie ja auch hin. Erst im Ministerium für Gesellschaftsfragen hörte man ihr genauer zu. Immerhin hatte der Sozialminister selbst die Aktion gutgeheißen und wusste vom Ausmaß der Maßnahmen.

Doch auch hier stieß Diana auf wenig Begeisterung. Man könne ihr helfen, wenn sie elternlose Kinder in ihrer Obhut habe und dafür garantiere, dass die Kinder im Geist der Ustaša erzogen würden. Aus serbischen Kindern konnte man mit etwas Mühe kroatische Bürger machen. Man musste sie nur früh genug von ihren Eltern trennen, sie in ein Heim stecken oder an verlässliche Familien geben. Dann wurden aus diesen Untermenschen vielleicht doch noch Kroaten.

Diana wusste, dass sie mit ihrer Kartothek die Intention des Ustaša-Regimes unterlief. Manche in den Ministerien mochten sich einbilden, Diana arbeite ganz im Sinne der Ideologie. Wenn man ein Drittel der Serben ermordete, ein Drittel deportierte und das letzte Drittel umerzog, dann wäre das Serbenproblem gelöst. Diana hatte aber nie vor, die serbisch-orthodoxen Kinder zu Kroaten zu machen. So viele von ihnen, wie irgend möglich, sollten nach dem Krieg wieder zu ihren Müttern zurückkommen. Dazu dienten ja die aufwendig hergestellten Karteikarten mit Namen der Kinder, der Mutter, mit auffälligen Merkmalen und so weiter.

Doch die beste Kartothek half wenig, wenn man die Kinder nicht aus den Lagern holen und so unterbringen konnte, dass sie nicht verhungerten, an Seuchen starben oder von den Ustaša ermordet wurden. Diana wandte sich abermals an Prof. Brössler, und der hatte schon eine Idee, wie er helfen konnte.

In Jastrebarsko, etwa 30 Kilometer südwestlich von Zagreb, gab es ein aufgelassenes Lager der italienischen Armee. Vor dem Krieg war es als Kinderheim genutzt worden, und genau diesem Zweck wollte es Brössler wieder zuführen. Er machte sich noch am selben Tag auf, um die Lage zu klären.

4

Bei ihrem dritten Besuch in Stara Gradiška endete die Fahrt zunächst am Bahnhof von Okučani. Dort wurden Diana und Schwester Habazin davon verständigt, dass sie heute gar nicht weiter nach Stara Gradiška zu fahren brauchten. Dr. Tomašić, einer der Ärzte, die sie bei den letzten Besuchen begleitet hatten, hatte angerufen. Weder er noch sonst jemand wurde ins Lager vorgelassen. Die Kinder seien angeblich weggebracht worden.

Weder Schwester Habazin noch Diana trauten der Nachricht. Sie fragten die Beamten am Bahnhof. Keiner von ihnen hatte in den letzten Tagen einen Transport mit Kindern gesehen. Auch die Menschen in der Ortschaft, selbst jene, die direkt an den Bahngleisen wohnten, konnten sich an keinen Zug voller Kinder erinnern. Nein, jedenfalls nicht, seit Diana das letzte Mal hier gewesen war. Auch Lastwagen mit Kindern waren hier nicht durchgekommen. Auf keinen Fall. Wenn man die Kinder weggebracht hatte, dann auf einem anderen Weg.

Sehr wahrscheinlich befanden sich die dreihundert Kinder, die Diana bei ihrem letzten Besuch zurückgelassen hatte, noch im Lager. Doch die Nachricht von Dr. Tomašić war eindeutig. Heute konnte Diana die Kinder nicht holen. Wer es dennoch versuchen sollte, musste auf alles gefasst sein.

So standen sie nun auf dem Bahnsteig von Okučani: Diana, Schwester Habazin und ihre Helferinnen. Sie konnten nicht weiter und auch nicht zurück. Der nächste Zug Richtung Zagreb ging erst in Stunden. Ihre Reisegenehmigung galt nur für diese Strecke. Dennoch wollte Schwester Habazin nicht einfach die Zeit abwarten. Sie rief in Zagreb an und erfuhr, dass ganz in der Nähe, im Außenlager Hrvatska Dubica, etwa zweihundert Kinder untergebracht waren.

In der Zwischenzeit entdeckten die Schwestern eine Gruppe von Flüchtlingen, die abseits des Bahnhofs auf ihren Weitertransport warteten. Sie kamen aus Bosnien und waren der Ustaša in die Hände gefallen. Zerlumpte Gestalten, die auf der nackten Erde saßen und nicht einmal den Blick hoben, wenn man sie direkt ansprach. Sie hatten weder etwas zu essen noch zu trinken.

Als Schwester Habazin dieses Elend sah, wies sie ihre Begleiterinnen an, die Essensrationen, die für die Kinder gedacht waren, an die Flüchtlinge auszuteilen. Die Ustaša ließen sie gewähren, auch wenn es deutlich war, wie wenig ihnen das gefiel.

Dann tauchte ein Lastwagen mit Häftlingen aus Jasenovac auf. Diana und ihre Begleiterinnen beobachteten die Ankunft vom Gasthaus bei der Bahnstation aus. Dorthin hatten sie sich zurückgezogen, um den Zug am Nachmittag abzuwarten.

Unter großem Geschrei scheuchten die Ustaša-Wachen die Männer vom Lastwagen und trieben sie an, Pakete und Fässer auf den Lastwagen zu verladen. Ging es den Ustaša-Wachen nicht schnell genug, wollte sich einer der Häftlinge für eine Sekunde aufrichten und Luft schnappen, wurde er getreten oder auf Schultern und Rücken geschlagen.

Einer der Wächter löste sich von der Gruppe und kam auf das Gasthaus zu. An seinem Kragen und an seinen Ärmeln glänzten die Rangabzeichen, und Diana vermutete gleich, dass er der Kommandant dieser Truppe war. Er kam ins Gasthaus und baute sich vor dem Tisch der Frauen auf.

„Die Kinder sind nicht mehr da", sagte er und beugte sich vor. „Ich wollte Ihnen das persönlich sagen."

Die Frauen sahen ihn an. Niemand sagte ein Wort. Diana wechselte einen Blick mit Schwester Habazin. Der Kommandant rührte sich nicht von der Stelle. Er musterte die Frauen. Schweigend stand er für eine Weile da. Dann ging er.

Erst als der Mann das Gasthaus verlassen hatte, atmeten die Frauen ein wenig auf. Schwester Habazin bestand darauf, sofort zu zahlen und auf den Bahnsteig zurückzukehren. Sie wollte keine Minute länger in dem Gasthaus und in Sichtweite der Ustaša-Wachen bleiben. „Erinnert ihr euch, was Luburić gesagt hat? Wir könnten genauso verschwinden wie die Kinder, und niemand würde nach uns fragen", sagte sie.

5

Später am Nachmittag kam ein Zug, der Richtung Zagreb fuhr. Die Schwestern und die Helferinnen stiegen ein, aber Diana und Schwester Habazin warteten noch und nahmen den nächsten Zug, der sie nach Dubica brachte.

Schon als sie sich der Bahnstation in Dubica näherten, bemerkten Diana und Schwester Habazin auf einer großen Wiese eine schier unüberschaubare Menge an Bauernwagen. Soweit sie aus dem fahrenden Zug erkennen konnten, standen die Wagen verlassen. Nur hier und da graste eine Kuh oder ein Pferd. Aber Menschen gab es keine.

Als sie im Lager ankamen, fanden sie dort nur einen Arzt und einige Rotkreuzschwestern. Das Lager war am Vortag von der Ustaša geräumt worden. Von den über zweihundert Kindern fehlte jede Spur.

Die Rotkreuzschwestern erzählten, was sie in den letzten Tagen beobachtet hatten. Hunderte Menschen, vielleicht sogar mehrere Tausend, waren von Soldaten der deutschen Wehrmacht, der Ustaša und der Domobrani, der regulären kroatischen Armee, ins Lager gebracht worden. Kolonnen von Männern, Frauen und Kindern. Manche mit einem Wagen, Pferde oder Ochsen davor gespannt, die meisten aber zu Fuß, einen Sack mit Habseligkeiten auf dem Rücken, ein Schwein oder eine Ziege an einem Strick.

Die Menschen stammten aus dem Kozara-Gebirge östlich von hier. Die Kämpfe mit den Partisanen waren Anfang Juni erneut aufgeflammt. Unter der Führung der Wehrmacht kämpften deutsche Soldaten, Ustaša und Četniks gegen die Partisanen. Die Wehrmacht hatte Flugblätter über den Dörfern abgeworfen. Darin hieß es, wer sich der Wehrmacht oder der Ustaša ergebe, der habe nichts zu befürchten. Für die Zeit des Krieges würde man die Menschen aus dem Kozara-Gebirge evakuieren, aber nach dem Sieg über die Partisanen dürften alle wieder auf ihre Höfe und in ihre Häuser zurückkehren. Man würde ihnen ersetzen, was auch immer sie verloren hatten.

Unter Tränen berichteten die Rotkreuzschwestern, wie sie mitansehen mussten, was wirklich geschah. Die Wehrmachtssoldaten und die Ustaša trennten die Männer von den Frauen und Kindern. Die Männer wurden auf der Stelle erschossen, die Frauen und Kinder weggebracht.

XX.
Die Gründung von Jastrebarsko

1

Während Diana damit beschäftigt war, die Kinder aus den Lagern zu holen, machte sich Kamilo Brössler auf, um den geretteten Kindern eine Unterkunft zu besorgen. Sein Vorgesetzter Salih Kulović schlug Brössler vor, das alte Kinderheim in Jastrebarsko wieder zu eröffnen. Noch vor wenigen Monaten hatten die Italiener das ehemalige Landhaus des Grafen Erdődy in Jastrebarsko als Stützpunkt genutzt. Seit dem Zerwürfnis mit Mussolini im September 1941 stand das Anwesen aber leer. Die italienische Armee hatte sich an die Küste zurückgezogen und kontrollierte dort einen Landstreifen, der von der Halbinsel Istrien bis hinunter nach Split reichte.

Alleine würde Brössler nicht viel ausrichten, das wusste er. Er konnte sich zwar jetzt um die Einrichtung des Kinderheims kümmern, aber er brauchte jemanden, der dann nach dem Rechten sah, wenn das Heim in Betrieb war. Als er so in seinem Büro saß und nachdachte, wie man tausende Kinder unterbringen konnte, ohne dass die Ustaša davon allzu viel mitbekam, fiel ihm recht schnell eine alte Bekannte ein. Sie war Mitarbeiterin des Roten Kreuzes und der Roten Hilfe, der Hilfsorganisation der Kommunistischen Partei Jugoslawiens. Tatjana Marinić war vermutlich genau jene Partnerin, die er für dieses Vorhaben brauchte. Er würde sie in den nächsten Tagen kontaktieren. Aber zuerst musste er sich der Unterstützung des Roten Kreuzes versichern und Salih Kulović und den zuständigen Minister Lovro Sušić dazu bringen, das Projekt abzusegnen. Erst dann hatte Brössler Zugriff auf das Landhaus des alten Grafen und auf die umliegenden Gebäude.

Man mag sich nun fragen, wie es kommen konnte, dass jemand wie Kamilo Brössler in einer so wichtigen Position saß. Gewiss wäre alles anders gekommen, wenn Kamilo Brössler, 1901 als Sohn eines Offiziers der k. u. k. Armee geboren, einer jener Handlanger des Regimes gewesen wäre, die nur an ihr eigenes Überleben und Fortkommen dachten. Aber so war Brössler, nicht. Sein ganzes Leben lang schon hatte er für das Wohl der Kinder und der Familien gearbeitet, und ein Regimewechsel hielt ihn nicht davon ab, seine Ziele weiterzuverfolgen. Wie aber schaffte es Prof. Kamilo Brössler seine Position im Ustaša-Staat zu halten und die offizielle Politik zu unterlaufen?

Die Antwort ist einfach. Brössler war einer der führenden Fachleute für Pädagogik und Gesundheitswesen in Europa, und er verfügte über exzellente Kontakte im In- und Ausland, und deshalb ließ ihn die Ustaša genau dort, wo er war.

Als im Laufe des Frühjahrs und Sommers 1941 offensichtlich wurde, was die Ustaša mit den Kindern vorhatte, machte sich Brössler auf, um seine alten Verbindungen zu aktivieren. Von 1926 bis 1928 war er im Vorstand des Roten Kreuzes in Zagreb tätig gewesen, und daher kannte er viele Leute, die sich ebenfalls für die internierten Kinder einsetzen würden. Außerdem brauchte er nur zum Telefon zu greifen, um seinen Freund Josef Rasuhin anzurufen, den Direktor der Schule für öffentliche Gesundheit in Zagreb, an der Brössler nach seinem Universitätsstudium unterrichtet hatte.

2

Kamilo Brössler traf sich mit Tatjana Marinić in Rude, ein paar Kilometer außerhalb von Zagreb, wo Tatjana eine pädagogische Akademie für Vorschullehrer leitete. Man hatte sie vor nicht einmal einem Jahr, am 1. Mai 1941, verhaftet und verhört, aber obwohl sie als Kommunistin bekannt war, hatte man sie wieder laufen lassen und ihr sogar den Direktorenposten hier in Rude übertragen.

Tatjana Marinić war eine aufrechte und überzeugte Kommunistin, und auch hier kann man sich fragen, warum die Ustaša nicht härter durchgegriffen und Tatjana in ein Lager schickten.

Für die Faschisten tat sich hier ein kaum zu lösendes Dilemma auf. In ihren Reihen gab es nicht genug qualifiziertes Personal, um die sozialen Einrichtungen aufrechtzuerhalten. Sie mussten auf die Menschen zurückgreifen, die schon hier waren, und die waren in der Mehrzahl mit der Vernichtungspolitik der Ustaša nicht einverstanden.

Kamilo Brössler und Tatjana Marinić trafen sich also in Rude und besprachen, was nun zu tun sei. Wie Prof. Brössler von Wilhelm Knehe und auch über das Ministerium selbst erfahren hatte, übten die Deutschen gehörigen Druck auf die Ustaša-Führung aus. Edmund Glaise von Horstenau im Besonderen zeigte sich über die Inhaftierung von Frauen und Kindern empört und hatte das Ante Pavelić auch wissen lassen.

Dennoch durfte man sich keineswegs auf die Deutschen verlassen. Sie fanden das Vorgehen der Ustaša vielleicht abstoßend, aber solange die Ustaša Zwangsarbeiter lieferte und den Zugang zu den Bodenschätzen Kroatiens und Bosniens sicherte, würden die Deutschen keinen Finger rühren, um auch nur ein Kind vor dem Tod zu bewahren. Man musste schnell handeln, entschlossen und ohne Rücksicht auf die Ustaša zu nehmen.

3

Brössler fuhr gemeinsam mit Tatjana Marinić und seinem Kollegen und Freund Velimir Deželić nach Jastrebarsko. Sie inspizierten das Landhaus und fühlten so etwas wie eine Aufbruchsstimmung. Es könnte funktionieren, dachte jeder für sich und wagte es nicht, die Worte laut auszusprechen. Vielleicht konnte man ein Kinderheim einrichten, das diesen Namen auch verdiente. Die Kranken versorgen, die Hungrigen füttern und sie beschützen, bis dieser Wahnsinn vorbei war.

Für etwa tausend Kinder war hier Platz. So viele konnte man unterbringen und ihre Versorgung garantieren. Tatjana glaubte, sie könne genügend Helferinnen auftreiben. Die Ferien standen kurz bevor, und viele Studentinnen würden sich freiwillig melden und sich um die Kinder kümmern.

Die italienischen Soldaten hatten das Landhaus in recht gutem Zustand zurückgelassen. Das Dach schien in Ordnung, die Fenster waren ganz, und Brössler würde mit etwas Glück auch genügend Betten für die Kinder auftreiben.

Sie inspizierten auch die Baracken in der Nähe des Hauses. Die konnte man nötigenfalls auch als Unterkünfte adaptieren. Brössler vermutete, man werde abgetrennte Einheiten brauchen, denn er rechnete mit Kindern, die an Typhus oder anderen ansteckenden Krankheiten litten.

Nun gab es also das Gebäude, und Kamilo Brössler hatte sich auch schon Tatjanas Hilfe, und damit die Unterstützung der Antifaschistischen Frauenfront, gesichert. Er brauchte aber noch jemanden, der das Kinderheim leitete und ärztlich betreute.

Es würde nicht leicht sein, jemanden zu finden. Ärzte waren rar in diesen Zeiten des Krieges, und man holte selbst die emeritierten Professoren und die längst in den Ruhestand versetzten Landärzte in den aktiven Dienst zurück. Einen aber gab es, der Zeit hatte und die Aufgabe auch gerne übernehmen wollte. Prof. Dr. Branko Dragišić hatte bis zu seiner Pensionierung vor wenigen Monaten am Kinderspital in Zagreb gearbeitet. Er und seine Frau Nina übernahmen nun die Leitung des Kinderheims Jastrebarsko.

4

Als nun am 11. Juni 1942 die ersten Kinder ankamen, reiste Prof. Brössler aus Zagreb an, um ihre Aufnahme in das Heim zu überwachen. Auch Tatjana Marinić und einige ihrer Schülerinnen beobachteten, wie die Kinder über die Wiese auf das Tor des Landgutes zukamen. Sie sammelten sich am großen runden Turm, der aus dem Geviert des Anwesens hervorragte.

Die 566 Kinder aus Stara Gradiška waren gestern in Zagreb angekommen. Dort hatten Schwester Habazin und Diana und ihre Helferinnen sie empfangen und in die Desinfektionsanstalt gebracht. Es war ein fürchterlicher Anblick gewesen. Kinder, die in ihrem eigenen Kot lagen, nackte Kinder, bis zum Skelett abgemagert. Kinder, die sich vor Erschöpfung kaum bewegen konnten. Und 84 Kinderleichen.

In Zagreb hatte man getan, was man konnte, und nun wurden die Kinder von Tatjana Marinićs Schülerinnen empfangen. Krankenschwestern gab es nur zwei. Dr. Dragišić hatte sie aus Zagreb mitgebracht, und eigentlich waren es noch keine richtigen Krankenschwestern, sondern Schülerinnen, die hier ein Praktikum absolvierten.

An Pflegepersonal herrschte ebenso Mangel wie an Ärzten. Das Gesundheitsministerium hatte Prof. Brössler abblitzen lassen. Er müsse sich mit den Klosterschwestern vor Ort begnügen, hieß es. Die Barmherzigen Schwestern vom hl. Vinzenz von Paul, allen voran die Oberin Ana Barta Pulherija, würden diese Aufgabe übernehmen. Immerhin sei der heilige Vinzenz von Paul ja der Gründer der Caritas und habe an seine Anhänger das Motto „Liebe sei Tat“ ausgegeben.

Sechzig Schwestern standen nun bereit und scheuchten die Kinder vor sich her. Sie wollten sie gleich an Prof. Brössler vorbei in das Landhaus treiben, aber Brössler stellte sich ihnen in den Weg. Er verlangte, dass man die Kinder anständig behandelte. Sie seien ja keine Schweineherde, und außerdem werde er dieses Chaos hier nicht akzeptieren. Die Kinder müssten nach und nach in ihre Unterkünfte gebracht werden. Die Ordensschwestern seien dafür verantwortlich, dass die Kinder neue Kleider bekämen, und nach dem Essen sollten die Schwestern damit beginnen, die Kinder dem Arzt vorzuführen.

Oberin Pulherija sah Brössler lange an und schüttelte dann den Kopf. „Das sind Partisanenkinder“, sagte sie. „Sie glauben doch nicht im Ernst, dass wir sie retten, nur damit sie zu Kräften kommen und uns dann abschlachten.“

XXI.
Jasenovac und Mlaka

1

Als Diana Ende Juli 1942 erneut in Jasenovac ankam, hatte sie die Erlaubnis und den Auftrag des Ministeriums für Gesellschaftsfragen in der Tasche, weitere Kinder aus den Lagern zu retten. Sie sollte so viele mitnehmen, wie sie transportieren konnte, nur die todkranken sollte sie im Lager lassen, um die Verschleppung von Typhus und anderen Seuchen zu verhindern.

In den Tagen seit ihrem letzten Besuch in Stara Gradiška hatte Diana bei Rittmeister von Koczian interveniert und ihn gebeten nachzufragen, ob er etwas über die dreihundert verschwundenen Kinder in Erfahrung bringen konnte. Jetzt, im Angesicht der Ustaša-Wachen und des Stacheldrahtzauns, erschienen ihr diese Unterredungen unwirklich. Rittmeister von Koczian hatte Eugen Dido Kvaternik persönlich kontaktiert. Aber natürlich war die Antwort ausweichend. Kvaternik wusste angeblich nichts von irgendwelchen verschwundenen Kindern. Ja, das könne im Grunde gar nicht sein, dass eine so große Anzahl Kinder nicht auffindbar wäre. Die Sache müsse unverzüglich untersucht und aufgeklärt werden.

Diana setzte keine große Hoffnung in Kvaterniks Versprechen. Aber wenige Tage später kam sowohl von Rittmeister von Koczian als auch von Major Knehe die Nachricht, dass weitere schwangere Frauen und Kinder aus dem Lager geholt werden dürften. Von den dreihundert Kindern war dabei nicht die Rede, aber vielleicht tauchten die auch wieder irgendwo auf. Diesmal konnte Diana sogar ein von Knehe höchstpersönlich unterschriebenes Dokument auf die Reise mitnehmen.

Mit Diana war auch wieder Schwester Dragica Habazin nach Jasenovac unterwegs. Sie gingen vom Bahnhof direkt in die Kommandantur im Ort, um sich ihre Genehmigungen ausstellen zu lassen. Mlaka, das eigentliche Ziel ihrer Reise, war nur über eine Straße erreichbar, die mitten durch das Konzentrationslager Jasenovac führte.

Schwester Habazin stand mit verschränkten Armen da, und ihr Blick war grimmig, während sie zusah, wie einer der Ustaša das Formular ausfüllte. Mehrmals hatte sie dem Mann schon erklärt, was sie von ihm erwartete. Er solle einzelne und persönliche Passierscheine für sie, Diana und ihren Transportleiter Perše ausstellen. Für die Schwestern, die morgen hier ankommen würden, genüge eine Sammelerlaubnis. Lagerkommandant Jozo Matijević höchstpersönlich überwachte das Ausstellen der Genehmigungen und unterschrieb die Papiere, bevor er sie Diana aushändigte.

Als das endlich geschafft war, fuhren sie zum Haupteingang des Lagers. Dabei beobachteten sie einen Häftlingstransport, der sie alle in Aufregung versetzte. Auf den Türen des Wagens prangte das Symbol des Roten Kreuzes.

Die Kommandanten des Lagers hatten die Rotkreuzwagen beschlagnahmt, weil ihre eigenen Fahrzeuge nach und nach den Geist aufgaben. Die Motoren versagten, die Achsen rosteten durch und brachen, aber die Fahrzeuge des Roten Kreuzes wurden gewartet und gepflegt. Jedenfalls bis die Ustaša kamen und sie stahlen.

Am Tor stoppte der Wagen, und Ustaša-Wachen sprangen auf. Die Gespräche verstummten, während sie an Gruppen zerlumpter Häftlinge vorbeifuhren. Im Lager selbst türmten sich große Haufen aus Decken und Polstern. Matratzen lagen da übereinandergestapelt, dazwischen immer wieder Kleidung. Männerhosen und Kopftücher, Schuhe und Kleider von Kindern.

Diese Berge aus Decken und Bettwäsche stammten von den Menschen aus dem Kozara-Gebiet. Diana wusste das, und auch Schwester Habazin machte sich keine Illusionen darüber, was hier geschehen war. In den letzten Wochen hatten sie schlimme Nachrichten erreicht.

Die meisten Kinder aus dem Kozara-Gebiet befanden sich entweder in Stara Gradiška oder in Mlaka, wenn sie überhaupt noch am Leben waren. In Jablanac hatte man das ganze Dorf zu einem Lager umfunktioniert. Dort waren die Frauen und Kinder mehr oder weniger sich selbst überlassen. Angeblich hatte das Gesundheitsministerium Ärzte hingeschickt, um die Gefangenen gegen Typhus zu impfen, aber Schwester Habazin hatte verlässliche Nachricht, dass die Menschen in Massen starben. Selbst in Jastrebarsko wurde es schlimmer und schlimmer. Prof. Brössler konnte nicht genug Personal, nicht genug Lebensmittel beschaffen, um alle Kinder zu versorgen.

Wie viele der Kinder aus dem Kozara-Gebiet schon tot waren, konnte in diesen Tagen niemand sagen. Es mussten aber sehr viele sein, denn die Ustaša töteten die Kinder nicht nur, indem sie ihnen die Kehlen durchschnitten und die Köpfe einschlugen. Sie ließen sie verhungern und verdursten, verweigerten die Behandlung gegen Durchfall, deportierten typhuskranke Kinder von einem Lager zum anderen und sorgten so dafür, dass sich möglichst viele ansteckten. Später, nach dem Krieg, schätzte man, dass von den 23.000 Kindern aus Kozara mindestens 11.000 durch die Ustaša auf die eine oder andere Weise ermordet worden waren.

2

Mlaka war vor ein paar Wochen von der Kampfgruppe West gestürmt worden. Viele Menschen waren in die Wälder entkommen, hatten sich zu den Partisanen durchgeschlagen. In den zerschossenen und demolierten Häusern hatte die Ustaša jetzt vor allem Frauen und Kinder aus dem Kozara-Gebiet einquartiert. Dieses Lager war aber nur eine Zwischenstation für die weitere Verschickung nach Deutschland oder Norwegen. Dort brauchte man die Frauen in den Fabriken. Die Kinder brauchte niemand.

Als Diana in Mlaka ankam, stieß sie auf drei Ärzte und ihre Helferinnen. Gerade eben packte einer der Ärzte ein Kind am Oberarm. Seine Finger gruben sich in die Muskeln. Das Kind ging vor Schmerz in die

Knie, aber der Arzt achtete nicht darauf, sondern nahm das Kind zwischen die Beine und steckte ihm einen Spatel in den Mund. Dann nickte er einer Schwester zu, die eine Injektionsnadel über einem Bunsenbrenner sterilisierte. Ohne das Kind anzusehen, stieß ihm der Arzt die Nadel in den Arm und drückte den Kolben bis zum Anschlag hinunter. Dann griff er nach dem nächsten Kind.

Wie sich herausstellte, handelte es sich bei dem Arzt um Dr. Karađola. Er war der Kommandant des Lagers in Mlaka. Karađola, sein Stellvertreter Dr. Dovje und die Schwesternschülerinnen aus Zagreb gingen mit den Kindern um, als seien sie Pakete in einer Poststelle, die man möglichst schnell abfertigen musste.

Nur der dritte Arzt, Dr. Nikola Vadkov, sprach mit den Kindern, fragte sie, wie es ihnen gehe, ob sie Schmerzen hätten und wo ihre Eltern geblieben wären. Er warf immer wieder einen strafenden Blick zu seinen Kollegen, aber er wagte es nicht, sie zurechtzuweisen. Dr. Vadkov war aus Zagreb abkommandiert worden, um hier zu helfen, und was er gesehen hatte, machte ihm Angst. Sehr leicht konnte auch ein Arzt irgendwo auf dem Weg zwischen Mlaka und der Bahnstation in Jasenovac verschwinden, und vielleicht tauchte dann nicht einmal mehr ein Kieferknochen oder ein Schienbein wieder auf.

An diesem Vormittag besuchten Diana und Schwester Habazin vor allem die Schwangeren, die auf dem nackten Boden vor den Hütten saßen. Sie sprachen mit ihnen und bald kamen auch andere Frauen, um zu sehen, was hier vorging. Diana erzählte von ihrer Rettungsaktion. Wer bereit sei, sein Kind abzugeben, solle sich morgen hier einfinden.

Später fuhr Diana gemeinsam mit Dr. Vadkov weiter ins nächste Dorf. In Jablanac lagerten die Häftlinge auf Wiesen und Feldern. Zwischen Kühen, Ziegen und Schweinen hatten sich die Frauen Hütten aus Ästen gebaut. Aber diese Unterstände schützten nicht vor dem Regen, der fast jeden Nachmittag über der Gegend niederging. Die Wege, die Wiesen, alles war aufgeweicht. Die Kinder, bis zu den Hälsen mit Dreck beschmiert, saßen auf der Erde, und die Sonne brannte ihnen ins Gesicht.

Dr. Vadkov ging durch die Reihen. Eine alte Frau hustete so stark, dass sie sich krümmte. Es hörte sich an, als wolle sich ihr Innerstes nach außen stülpen. Daneben ein Kind, abgemagert, mit offenem Mund atmend. Für beide konnte Dr. Vadkov wenig tun. Sie würden morgen oder in den nächsten Tagen sterben, sagte er zu Diana. Es gab einfach nicht genug zu essen, keine Medikamente.

Wie auch in den anderen Lagern hatte die Ustaša unter Androhung des Todes verboten, das Vieh zu schlachten. So verhungerten die Kinder, während die Schweine im Dreck wühlten. Dr. Vadkov hatte angeordnet, dass wenigstens die Kinder und Schwerkranken genug Kuhmilch bekommen sollten. Aber die Besitzer der Tiere wollten die Milch für sich selbst. Sie wehrten sich und sagten, die Leute sollten doch selber sehen, wie sie über die Runden kamen.

Für die meisten gab es nur rohen Mais. Die Frauen lösten die Körner aus den Kolben und zerrieben sie zwischen Steinen zu Mehl. Daraus buken sie Fladen und kleine Kuchen. Aber das reichte nicht.

3

Am nächsten Tag kamen Diana und die Schwestern des Roten Kreuzes abermals nach Mlaka und Jablanac. Sie hatten alles Nötige vorbereitet. Hefte, um die Namen der Kinder aufzuschreiben, Metallschilder mit Nummern, die man den Kindern um den Hals hängen konnte. Verpflegung für die Kleinen, Zitronen gegen den Durst.

Aus Mlaka nahm Diana eine große Gruppe von verwaisten Burschen mit. Im Chaos des Kampfes und der Deportation hatten sie ihre Eltern verloren, und nun hockten sie in den zerschossenen Häusern, ängstlich darauf bedacht, niemandem aufzufallen, um nicht von den Ustaša-Wachen traktiert zu werden.

In Jablanac ging das Aufschreiben und Einsammeln der Kinder hurtig vor sich. Durch Dianas Besuch am Vortag waren die Mütter informiert, hatten Zeit für ihre Entscheidung, und so gab es keine großen Debatten und kein Geschrei. Doch dann ging es um die Säuglinge.

Eigentlich, so war es mit Prof. Brössler vereinbart, sollte Diana keine Säuglinge, keine Kleinkinder aus dem Lager mitnehmen. Die Kinder überlebten die Fahrt oft nicht, und wenn doch, dann starben sie in den folgenden Tagen. Die Babys waren schwach, und die Trennung von den Müttern raubte ihnen den letzten Lebenswillen. Aber Diana nahm sie dennoch mit. Sie wollte den Müttern den Anblick ihrer sterbenden Kinder ersparen.

In ihrem Tagebuch notierte sie: „Es waren übermenschliche Leiden, die wir da mitleiden mussten, und es ließ sich das Wissen von so viel Qual nur aushalten, weil die Arbeit nicht zur Besinnung kommen ließ."

An diesem Tag brachten Diana und ihre Helferinnen 850 Kinder aus dem Lager nach Zagreb. Prof. Brössler hatte vorgesorgt. Die ganz kleinen fanden in der Taubstummenanstalt Aufnahme, die etwas größeren schickte er nach Jastrebarsko.

Auch in den kommenden Tagen pendelten Diana und Schwester Habazin zwischen Zagreb und Mlaka hin und her. Am 31. Juli waren es 850 Kinder, am 2. August 906, und am 5. August konnten Diana und ihre Mitstreiterinnen noch einmal über 1200 Kinder retten, viele davon Säuglinge.

Die Arbeit war eintönig, und dennoch fühlten alle die ständige Bedrohung. Auf einer Fahrt von Jablanac zurück zum Bahnhof musste Diana wieder das Lager Jasenovac passieren. Am Tor sprangen Ustaša-Wachen auf, und die jungen Burschen auf der Ladefläche des Wagens verstummten. Wie jedes Mal überfiel Diana die Angst. Sie musste an Maks Luburić denken. Er hatte ihr gesagt, in diesem Lager habe er das Kommando, und er könne hier machen, was er wolle. Niemand, kein Minister, nicht einmal der Poglavnik selbst, könne ihn davon abhalten. Diana dachte an seine Drohung. Wenn er wolle, könne er sie verschwinden lassen, sie und alle ihre Helferinnen. Jederzeit.

Vor dem Wagen tauchte ein Trupp der Ustaša auf. Ihr Anführer hob den Arm, der Wagen hielt. Ohne Diana oder die anderen Wachen zu beachten, sprang er auf die Ladefläche, wählte drei Burschen aus und zwang sie, abzusteigen. Er beantwortete keine Fragen, führte die drei Burschen ab und verschwand.

Auch am nächsten Kontrollposten verweigerten die Ustaša-Wachen jede Auskunft über das Schicksal der drei Jungen. Sie gaben Diana zu verstehen, dass es besser und gesünder für sie wäre, wenn sie nicht so viele Fragen stellen würde. Aber Diana gab nicht einfach so auf. Beim Bahnhof angelangt, überwachte sie das Verladen der Kinder und schrieb nebenher einen kurzen Bericht an Transportleiter Perše.

Perše fuhr gerade Richtung Lager los, als Diana ihren Bericht fertig hatte. Sie schickte ihm einen Soldaten hinterher, der den Wagen bald einholte. Der Soldat reichte Perše den Zettel. Perše las hastig die ersten Zeilen, ließ den Wagen wenden und kam zurück. Noch bevor er den Wagen verlassen hatte, begann er zu schreien. Diana sei nun völlig verrückt geworden. Sie bringe alle in Gefahr, wenn sie sich darüber beschwere, was die Ustaša im Lager mache. Das habe sie nicht zu hinterfragen. Das ginge sie nichts an, und sie solle sich nur um jene Kinder kümmern, welche die Ustaša freiwillig herausgebe.

XXII.
Die Hölle von Jastrebarsko

1

Tatjana Marinić und ihre Studentinnen meldeten sich im Juni 1942 als freiwillige Helfer in Jastrebarsko. Die jungen Frauen hatten sich allesamt dem antifaschistischen Widerstand angeschlossen und verfolgten nun eine Taktik, die sich schon in der Königsdiktatur bewährt hatte. Damals hatten Tatjana und die anderen kommunistischen Aktivisten eine Strategie entwickelt, um aus dem Untergrund heraus und quasi unsichtbar in wichtige Organisationen und Verbände einzudringen. Sie nutzten ihre Qualifikation, um beim Roten Kreuz, in Schulen und in der öffentlichen Verwaltung zu arbeiten.

Auch jetzt posaunte Tatjana Marinić ihre politische Überzeugung nicht hinaus. Sie stellte sich den Barmherzigen Schwestern als Direktorin der Lehrerausbildungsanstalt von Rude vor und bot ihnen Hilfe an. Mit ihren neunzehn Studentinnen übernahm sie die Arbeit im Erdgeschoss des Landhauses und fand dort kleine Kinder in einem dunklen Raum eingesperrt. Es gab weder Betten noch genügend Stroh. Die Kinder, so schien es, hatten seit Tagen kein Licht mehr gesehen und mussten ihre Notdurft in einer Ecke des Zimmers verrichten. Tatjana und ihre Studentinnen holten die Kinder aus dem Verlies, wuschen sie und gaben ihnen zu essen.

Es schien, als ob sie den Kampf gegen die Ordensschwestern gewinnen könnten. Aber dann schickten die Ustaša weitere Kinder. Diesmal kamen die Züge direkt aus Jasenovac und Stara Gradiška. Über 2400 Kinder unter 14 Jahren standen mit einem Mal vor den Toren des Kinderheims, und niemand kümmerte sich darum, ob sie etwas zu essen bekamen.

Tatjana Marinić alarmierte Kamilo Brössler, und er kam sofort. Gemeinsam sorgten sie dafür, dass die Baracken in der Nähe des Landhauses geöffnet wurden. Die Studentinnen schufen aus Strohballen provisorische Lager für die kranken Kinder. Brössler wollte Betten für die Quarantänestation besorgen. Aber bevor er das tun konnte, musste er die Ustaša-Soldaten davon abhalten, die Baracken kurz und klein zu schlagen und anzuzünden. Als sich nämlich herumzusprechen begann, dass Brössler die kranken Kinder, vor allem jene, die an Typhus litten, absondern wollte, sahen die Ustaša ihre Pläne durchkreuzt. Sie hatten begriffen, dass man durch Seuchen viel mehr Menschen umbringen kann als mit einem Gewehr. Die Partisanenkinder sollten verrecken, eines nach dem anderen, sagten sie, und Brössler konnte sie nur mit Mühe davon abhalten, alles in Schutt und Asche zu legen.

2

Die Ustaša unterliefen Brösslers Strategie, und es entspann sich ein Kampf, in dem Brössler und Tatjana Marinić auf der einen und die Barmherzigen Schwestern und die Ustaša auf der anderen Seite standen.

Schon bei der Ankunft rasierten die Ordensschwestern den Kindern die Köpfe und schickten sie ohne Essen in die Schlafsäle. Um fünf Uhr früh kamen die Ordensfrauen und scheuchten die Kinder aus den Betten. Sie mussten in die Kirche. Dort knieten sie auf dem Steinboden und beteten Rosenkränze. Wer nicht mitmachte oder aus Erschöpfung verstummte oder gar einnickte, wurde bestraft. Ein Mädchen, das den Ordensschwestern aufgefallen war, musste stundenlang in die Sonne schauen. Es erblindete. Oft mussten die Kinder auf Steinen knien oder auf getrockneten Bohnen. Und in der Nacht schlich ein als Teufel verkleideter Priester durch die Räume und schlug mit einer Eisenkette auf die Kinder ein.

Diese Gewalt, dieser Terror mag einem auf den ersten Blick sinnlos erscheinen. Ein nekrophiler Wahn, der sich bis dahin steigerte, nicht alle toten Kinder zu begraben, sondern manche von ihnen in einem Bottich zu kochen und Seife aus ihnen zu machen.

Doch dieser Irrsinn wurde von einem Plan getragen. Die Ordensschwestern versetzten die Kinder in einen Zustand der permanenten Angst und zerstörten so jeden Widerstandsgeist. Zuerst musste man die Seele auslöschen, erst dann konnte man aus einem Serbenkind einen katholischen Kroaten machen.

Die kräftigeren Jungen mussten jeden Tag marschieren. Mit Kappen und Jacken aus Papier traten sie im Freien an. Auf der Brust trugen sie das Symbol der Ustaša. Kleine Janitscharen, so nannten die Ustaša-Soldaten die serbischen Jungen, die da reglos in der Sonne stehen mussten und auf Befehl ihre Holzstöcke wie Gewehre präsentierten. Aus diesen Untermenschen musste man Krieger machen. Man musste ihnen die Ideologie des Faschismus einimpfen, sie zu wahren Kroaten formen, auch wenn sie das eigentlich nicht waren. Dann konnten sie dem Unabhängigen Staat Kroatien dienen und vielleicht irgendwann die Schande tilgen, als Kinder serbischer Eltern geboren worden zu sein.

In ihren Aufzeichnungen schrieb Tatjana Marinić über ihre Eindrücke in diesem Sommer in Jastrebarsko: „Während des Tages sind die Kinder im Freien. Sie sitzen Seite bei Seite vor den Baracken, apathisch und still. Aus ihren Augen spricht die Angst. Da ist kein Leben ist diesen Augen. Sie zeigen für nichts Interesse. Nicht einmal Essen kann ihre Aufmerksamkeit erregen. Hier gibt es kein Gefühl der Sicherheit, nur Misstrauen und Angst, bis zum Horror gesteigerte Angst."

Auf den Bildern, die vom Kinderlager Jastrebarsko erhalten sind, sieht man ausgemergelte Gestalten, die genauso gut kleinwüchsige Greise sein könnten. Das Kinderheim hatte sich binnen Wochen in ein Konzentrationslager verwandelt. Jeden Tag starben bis zu 30 Kinder.

Das wissen wir recht genau, denn der Totengräber des Ortes, Franjo Ilovar führte ein Tagebuch, in dem er die toten Kinder verzeichnete. Er wurde pro Stück bezahlt. Für 100 begrabene Kinder erhielt er 10.000 Kuna. Das Tagebuch umfasst den Zeitraum vom 22. Juli bis zum 11. August 1942. Allein in diesen wenigen Wochen schaufelte Franjo Ilovar Gräber für 789 Kinder.

3

In der Nacht vom 25. auf den 26. August drangen Partisanen der 4. Brigade aus dem Kordun gegen das Kinderkonzentrationslager in Jastrebarsko vor. Unter dem Kommando von Nikola Vidović umstellten sie das Gelände, entwaffneten die Ustaša-Wachen und retteten die Kinder. Dabei fiel kein einziger Schuss.

Die Aktion dauerte kaum zwei Stunden, dann war alles vorbei. Die Partisanen zogen ab und nahmen die Kinder mit. Später wusste niemand mehr, wie viele Mädchen und Buben die Partisanen an diesem Tag aus dem Kinderkonzentrationslager Jastrebarsko befreit hatten. Die Zahl von 727 tauchte in den ersten Meldungen auf. In einer späteren offiziellen Verlautbarung ist zu lesen, die 4. Kordun-Brigade hätte mindestens 900 Kinder aus dem Lager befreit, in dem sie im Geiste des faschistischen Ustaša-Regimes umerzogen werden sollten.

Wie viele es auch immer waren, viele blieben zurück. Bevor Kommandant Nikola Vidović das Lager verließ, nahm er Oberin Pulherija ins Gebet. Er drohte ihr wiederzukommen, falls sie den Kindern auch nur noch ein Haar krümmen würde.

Die geretteten Kinder wurden in die befreiten Gebiete nach Bosnien und Serbien gebracht. Dort mussten sie nicht mehr marschieren und wurden auch nicht geschlagen. Die Partisanen richteten Kinderheime und Krankenhäuser ein, die diesen Namen auch verdienten, und bemühten sich noch während des Krieges um die Schulbildung der Kinder.

Einige der älteren Jungen aber schlossen sich gleich der kämpfenden Truppe an. Sie wurden zu den erbittertsten Gegnern des Faschismus, weil sie seinen Terror am eigenen Leib erfahren hatten.

Tatjana Marinić und ihre Studentinnen blieben in Jastrebarsko. Der Angriff der Partisanen hatte sie nicht als antifaschistische Aktivistinnen enttarnt, und so konnten sie bis zum September 1943, also noch über ein Jahr, in dem nun als Kinderheim geführten Lager weiterarbeiten. Es schien, als sei die Macht der Ordensschwestern vorläufig gebrochen, und auch die Ustaša hielten sich zurück.

Die Partisanen hatten die kräftigeren Kinder mitgenommen, aber viele waren immer noch im Lager, und die Ustaša begannen bald wieder damit, Transporte nach Jastrebarsko zu schicken. Doch Prof. Brössler nutzte die Gelegenheit, um möglichst viele Kinder aus Jastrebarsko zu retten. Das Kinderheim, das er selbst eingerichtet hatte, war zu einem Konzentrationslager geworden. Er hatte diese Schlacht verloren, aber er begann gleich eine neue.

Wenn man die Kinder nun zu kroatischen Familien bringen würde, argumentierte er, dann würde man doch ganz im Sinne der Ustaša-Ideologie handeln. Diese Kinder hatten doch schon lange vergessen, wer sie waren und woher sie kamen. Jetzt konnte man sie zu guten kroatischen Familien bringen und aus ihnen nützliche Mitglieder der Gesellschaft machen.

Über 1600 Kinder konnten Kamilo Brössler und Tatjana Marinić mit dieser Argumentation im folgenden Jahr aus dem Lager evakuieren. Einige fanden bei Familien ganz in der Nähe Unterschlupf. Sie hatten schon in den letzten Monaten Kontakt mit Tatjana geknüpft und waren nun froh, Kinder bei sich aufnehmen zu können.

Andere Kinder kamen zu Familien nach Zagreb. Ganz unbesehen von religiösen oder ideologischen Differenzen arbeiteten hier Rotes Kreuz, die antifaschistischen Widerstandskämpferinnen, Diana Budisavljević und die Caritas zusammen und sorgten dafür, dass den Kindern geholfen wurde.

XXIII.
Die letzte Fahrt nach Mlaka

1

Die dreihundert Kinder aus Stara Gradiška blieben verschwunden. Niemand wollte sagen, wohin Luburić und seine Schergen sie gebracht hatten. Diana hoffte aber, wenigstens noch einige von ihnen irgendwann lebend anzutreffen und retten zu können. Sie gab nicht auf. Und selbst wenn sie diese Kinder nicht retten konnte, in Mlaka warteten noch hunderte darauf, aus dem Lager geholt und nach Zagreb gebracht zu werden.

Am Vorabend hatten sie und die Schwestern die Kinder in den Häusern und Baracken gesammelt. Der erste Transport sollte jetzt, noch im Morgengrauen, losfahren. Bei einer letzten Durchsicht der Wagen hoben Diana und der Arzt die toten und sterbenden Kinder von den Ladeflächen.

Sonst verlief der Transport ins Zwischenlager bei Jasenovac ohne Probleme. Die Kinder überstanden die wenigen Kilometer gut, und dort stand Schwester Dragica Habazin bereit, um die Kinder mit Essen und Getränken zu versorgen.

Später erinnerte sich Diana an die letzten Minuten vor der Abfahrt. Sie unterhielt sich noch mit den Schwesternschülerinnen und wartete, bis sich die ersten Wagen in Bewegung setzten. Die Schülerinnen servierten ihr zwei Spiegeleier, und Diana aß sie im Stehen. Die einzige Mahlzeit für lange Zeit.

Als Diana in einem Sammellager in der Nähe von Jasenovac ankam, gönnte sie sich keine Verschnaufpause. Sie ging durch die Unterkünfte und sprach mit den Frauen. Sie sah Kinder, die apathisch an ihren Müttern lehnten. Frauen, die ihre Babys an der Brust hielten, sie aber nicht mehr stillen konnten.

Es sprach sich schnell herum, dass Diana Budisavljević im Lager war. Die Frauen kamen und wollten ihr die Kinder in die Arme legen. Diana nahm eines der Kinder und bat die Schwestern, sich um die anderen zu kümmern. Sie sollten so viele wie möglich registrieren. Die Kleinen mussten Metallplaketten mit Nummern bekommen, die Größeren wurden von den Schwestern mit Pappschildern ausgestattet.

Aber da kamen die Mütter mit Kindern, die sich kaum noch bewegen konnten, Kindern mit blauen Gesichtern, so als würden sie zu wenig Luft bekommen. Auch wenn es ihr schwerfiel, aber diese Kinder lehnte Diana ab. Sie durfte keine kranken Kinder mitnehmen, nicht nur, weil das Ministerium ihr das verboten hatte, sondern auch, weil sie mit ihrer Rettungsaktion keine Krankheiten und Seuchen verschleppen wollte.

Die Rotkreuzschwestern wussten, was zu tun war. Zwischen zwei Bauernhäusern stellten sie Tische auf und machten sich bereit. Diana half mit. Die Listen füllten sich mit Namen, und ein Kind nach dem anderen bekam sein Schild. So ging es von Mittag bis nachmittags um fünf. Immer wieder musste Diana eingreifen, weil sich Frauen mit Kindern vordrängten.

Jedes Kind wurde nach seinem Namen gefragt, und die Rotkreuzschwestern notierten ihn. Aber manchmal nannten die Großmütter oder Mütter ihren eigenen Namen statt den des Kindes, oder sie wollten unbedingt, dass der Name des Vaters eingetragen wurde. In dieser Verwirrung wurden manche Kinder doppelt registriert, manche gar nicht, und Diana musste die Listen mühsam korrigieren, musste nachfragen, Mütter wieder zurückholen und alle Fragen noch einmal stellen.

Außerdem trafen die versprochenen Wagen nicht ein. Immer wieder telefonierte Diana mit dem Kommandanten, und immer wieder vertröstete er sie. Die Wagen würden schon rechtzeitig da sein, versicherte er ihr. Aber eigentlich war es jetzt schon zu spät. Wenn die Kinder nicht bald zum Bahnhof gebracht wurden, fuhr der Zug ohne sie.

Dann, mitten in der Arbeit an den Listen, erhob sich eine Wolke aus Staub und Lärm. Kühe muhten und schüttelten ihre Köpfe, wenn die Stöcke der Ustaša sie an den Hinterteilen trafen. Die Ochsen trabten voraus. Mitten durchs Lager, eng an Diana und ihrer kleinen Versammlung vorbei, wurde das Vieh getrieben. So als wollten die Ustaša die Frauen verhöhnen. Wir haben euch euer Vieh weggenommen, und ihr könnt nichts dagegen tun. Wir treiben es weg und schlachten es, während ihr verhungert.

Der Viehtrieb dauerte über eine Stunde. Dann erst konnten die Helferinnen weiterarbeiten. Sie wischten den Staub von ihren Listen und aus ihren Gesichtern und winkten die nächsten Kinder heran. Dann endlich schickte der Lagerkommandant fünfzehn Lastwagen, und die ersten Kinder konnten einsteigen. Gerade als die Schwestern etwas Ruhe in die Situation gebracht hatten, kamen neue Frauen mit ihren Kindern. Sie hätten erst jetzt davon erfahren, dass man die Kinder bei Diana abgeben könne. Sie solle doch bitte auch ihre Kinder mitnehmen und nicht hier im Lager lassen.

Also packten die Schwestern die Listen noch einmal aus und begannen, die Kinder aufzuschreiben. Diana half dabei, aber ihre Stimme versagte immer wieder. Sie sah die Frauen und Kinder vor sich und wusste für Momente nicht, was sie hier eigentlich tat. Die Erschöpfung flutete über sie hinweg, aber sie raffte sich auf. Noch einmal ging sie durch das Lager und fragte jede Frau, ob es noch irgendwo Kinder gebe, die sie mitnehmen könne. Als dann niemand mehr kam, war es sieben Uhr abends.

Nun begann die Arbeit am Bahnhof. Die Kinder mussten aus den Transportfahrzeugen in die Waggons umsteigen. Diana konnte sich nicht mehr konzentrieren. Am liebsten wäre sie hier auf der Stelle eingeschlafen, doch sie nahm ihre letzte Kraft zusammen. In ihren Aufzeichnungen zu diesem Tag lesen wir: „Es war ein äußerst anstrengender Tag voller schauerlicher Eindrücke, Qual und Verzweiflung, Eindrücke, über die ich lange nicht hinwegkommen konnte, und dieses traurige Wissen war wohl die Hauptschuld an meiner von den Transporten datierenden langen Erkrankung.

Abfahrt gegen 23 Uhr, mit 1200 Kindern. Ich hatte Säuglinge wieder sorgsam mit weißem Papier zugedeckt, da es die Nacht doch kühl auf die Kinder durchzog."

2

Am nächsten Morgen gegen fünf Uhr traf der Zug am Bahnhof von Sisak ein. Sisak war eine Notlösung. Besser wäre es gewesen, die Kinder nach Zagreb zu bringen, ihnen in der Taubstummenanstalt oder im Jeronimisaal saubere Betten und neue Kleider zu geben. Aber die Einrichtungen des Ministeriums und der Caritas waren überfüllt, und deshalb brachte man die Kinder zunächst nach Sisak. Das war zwar auch ein Konzentrationslager, aber hier wurden Kinder nicht systematisch ermordet, und man rechnete damit, die Kinder in den nächsten Tagen und Wochen weiter nach Zagreb schicken zu können.

Der Lagerkommandant Dr. Antun Najzer erwartete sie schon. Er war nicht sonderlich erfreut, als er die vielen Kinder sah, und noch weniger gefiel es ihm, dass Diana und ihre Helferinnen das Kommando übernahmen.

Es waren vor allem Schwester Habazin, Jana Koch und Vera Luketic, die sich gleich daranmachten, die Kinder aus den Waggons in die Entlausungsanstalt zu bringen. Dort mussten sich die Kinder entkleiden und waschen.

1200 Kinder drängten sich eines nach dem anderen durch die Duschen, durften nicht stehen bleiben. In den Räumen war nicht genug Platz für sie. Sie mussten sich draußen entkleiden und dann warten, bis sie trocken waren. Es war ein windiger Tag, und die ausgemergelten Kinder froren und zitterten bei jedem Lufthauch.

Das Lager Sisak gab es noch nicht sehr lange. Erst vor ein paar Tagen hatte die Ustaša die ersten Kinder in der ehemaligen Falknerei in Sisak untergebracht. Dort gab es nichts außer ein paar Ballen Stroh. Die Räume hatten keine Türen, weil man die Gebäude lange Zeit zum Trocknen von Salz verwendet hatte. Auch das Nonnenkloster wurde zum Lager für Kinder umfunktioniert, und als nach zwei Tagen mehr als tausend Kinder in Sisak angekommen waren, okkupierte die Ustaša auch noch das Schulgebäude und errichtete bald sechs Baracken, in denen sie die Kinder und später die Frauen zusammenpferchen konnten.

Die 1200 Kinder, die Diana nun brachte, wollte dort niemand. Weder die Nonnen noch die Ustaša hatten um den Zuwachs an Schützlingen gebeten, und Diana wusste das. Wenn es nach ihr gegangen wäre, hätte sie die Kinder nach Zagreb gebracht und von dort sehr schnell auf Heime und an Familien verteilt. Das Lager hier in Sisak war kaum besser als Jasenovac oder Stara Gradiška. Auch hier starben jeden Tag fast fünfzig Kinder an Entkräftung oder an Typhus. Aber ein wenig besser war es dennoch. Es gab immerhin keinen wahnsinnigen Lagerkommandanten und keine Soldaten, die den Kindern aus Spaß mit Vorschlaghämmern die Schädel zertrümmerten.

Ein Arzt aus Osijek, Dr. Lazar Marguljes, schrieb seine Eindrücke über das Kinderlager später nieder. Er berichtete vom sogenannten Kinderspital in der alten Schule. Dort gab es nicht einmal Betten. Das Stroh, so überhaupt welches vorhanden war, war alt, schimmelig und mit Blut und Exkrementen verschmiert. „Überall waren Fliegen", schrieb er. „Die Kinder wehrten sich nicht mehr gegen die Fliegen, und wenn man sich über ein Kind beugte, dann stoben die Fliegen auf, aber sie kamen sofort wieder zurück."

Dr. Marguljes besuchte das Lager, so oft er konnte, und versuchte zu helfen. Doch fast jeden Tag kamen neue Kinder. Aus allen Lagern, aus dem Kordun. Die Kinder aus Kozara und immer wieder auch serbische Kinder aus Slawonien wurden hier in Sisak gesammelt. Allein von Juni bis September 1941 kamen 4720 Kinder nach Sisak. Einige wurden von ihren Müttern begleitet. Aber spätestens hier trennte man die Kinder von den Frauen, sperrte die Frauen in Baracken, von denen aus sie die Kinder sehen, aber nicht erreichen konnten.

Jana Koch, die Sekretärin des Roten Kreuzes in Zagreb und Dianas Mitarbeiterin, erinnerte sich nach dem Krieg an diese sadistischen Spiele der Ustaša. Die Kinder weinten und streckten ihre Hände nach den Müttern aus, aber die Wachen machten sich einen Spaß daraus, die Kinder zu packen, bevor sie ihre Mütter erreichen konnten, und sie wieder zu den anderen zurückzuschleifen.

Jana Koch war schon zu dieser Zeit Mitglied der Antifaschistischen Frauenfront, und ihr Ziel war, vor allem die Kinder aus dem Kozara-Gebiet zu retten. Sie arbeitete mit Ivo Marinković, einem Mitglied des Zentralkomitees der Kommunistischen Partei Kroatiens, zusammen. So wussten wichtige Vertreter der Kommunisten schon während des Krieges über die Aktion Diana Bescheid. Über ihre Arbeit in Sisak schrieb Jana Koch: „Meine härteste Aufgabe in dieser Zeit war die Rettung der Partisanenkinder aus Kozara, die die Ustaša in Kinderkonzentrationslager verschleppt hatten. Diese Arbeit verlangte übermenschliche Stärke, Selbstaufopferung, Mut und Selbstverleugnung."

Diana fühlte, wie sich das Entsetzen in diesen Tagen tief in ihr einnistete, doch sie spürte an diesem Vormittag in Sisak keine Angst und keinen Schmerz. Aber es war nicht nur die Erschöpfung. Der Wind und der Regen, der fehlende Schlaf hatten Diana zugesetzt. Ihr Kopf fühlte sich leicht an, und dann spürte sie, wie ihr schwindlig wurde.

Sie sah zu, wie der Totengräber die Kinderleichen im Spital einsammelte und sie mit einem Schubkarren auf den Friedhof brachte. Auch wenn es nur ein paar zusammengenagelte Bretter waren, er fertigte für jedes Kind einen eigenen Sarg. Er sagte nicht viel, kümmerte sich nicht darum, ob ihn die Ustaša-Wachen anschrien oder traktierten. Er war nur ein Totengräber, und seine Aufgabe war es, jedem Toten eine würdige letzte Ruhe zu geben. Auch wenn das Leben dieser Kinder kurz und voller Schmerzen gewesen war.

XXIV.
68 tote Kinder in drei Tagen

1

Die Halsentzündung wurde schlimmer. Diana lag in den nächsten Tagen mit Fieber im Bett. Nur zur Behandlung durfte sie aufstehen und mit dem Taxi in die Klinik fahren. Ihr Mann bat sie, mehr auf sich zu achten. Ihr Herz war angegriffen, und der Morbus Basedow wurde durch die Erschöpfung auch nicht besser. Die Arbeit im Lager und an den Bahnhöfen, die Fahrten in der Nacht hatten ihr zugesetzt. So musste sie Prof. Brössler absagen, als er sie zu sich rufen ließ, um ihr von den neuesten Entwicklungen zu berichten.

Es schien, als habe die Aktion Diana mindestens so viel Staub aufgewirbelt wie die gestohlenen Rinderherden aus dem Kozara-Gebiet. Irgendwer in der Ustaša ärgerte sich über Dianas Eigenmächtigkeiten. Wie konnte es sein, dass diese Frau in ein Lager marschierte und tausende Kinder mitnahm? Jedenfalls hatte das jetzt ein Ende.

Prof. Brössler hatte versucht zu intervenieren. Er hatte telefoniert und nach den Verantwortlichen in der Ustaša gesucht. Aber niemand wollte ihm etwas sagen. Das ginge ihn nichts an, und er solle sich in Zukunft aus den Angelegenheiten der Ustaša heraushalten.

Die Ustaša hatte sogar einen Kommissar für Jastrebarsko ernannt, und daher fürchtete Brössler, die Kinder könnten wieder eingesammelt und in die Lager zurückgebracht werden. Das Ministerium für Gesellschaftsfragen war für die Kinder nicht mehr zuständig. Sollte auch nur ein Kind aus einem Heim oder Lager an eine Familie weitergegeben werden, dann würde das ernste Konsequenzen haben, drohte man vonseiten der Ustaša.

Sowohl Diana als auch Kamilo Brössler konnten sich sehr gut vorstellen, was mit diesen Konsequenzen gemeint war. Jeden Tag verschwanden Menschen aus Zagreb, und das waren nicht nur Juden oder Serben. Noch sah man vereinzelt Menschen, die mit einem Judenstern oder einem „P" für Prawoslawe durch die Straßen gingen. Aber es wurden von Tag zu Tag weniger.

Jeder, der sich kritisch gegen den Poglavnik oder die Ustaša äußerte, konnte morgen schon in einem Zug nach Jasenovac sitzen. Und nur Stunden nach der Ankunft war man vielleicht tot, endete als Trophäe im Garten des Lagerkommandanten Miroslav Filipović. Der ehemalige Franziskanerpater und Ustaša-Seelsorger liebte es, die abgeschnittenen Köpfe seiner Opfer als Spalier vor dem Eingang seiner Villa aufzustellen.

Zu diesem Zeitpunkt hatte der päpstliche Legat den Franziskanermönch Filipović längst von seinen seelsorgerischen Pflichten entbunden, aber weder er noch andere Mönche und Priester wurden von Erzbischof Stepinac oder dem päpstlichen Gesandten aus der Kirche ausgeschlossen. Nicht einmal, als sich herumsprach, dass sie Wettbewerbe durchführten, die darin bestanden, möglichst vielen Serben in möglichst kurzer Zeit eigenhändig die Kehle durchzuschneiden.

Prof. Brössler zeigte sich von den Drohungen der Ustaša nicht sehr beeindruckt. Die Menschen in den Lagern brauchten Hilfe. Vor allem in Gornja Rijeka verschlimmerten sich die Zustände von Tag zu Tag, und Brössler wollte wenigstens die Erlaubnis, endlich wieder Hilfslieferungen schicken zu dürfen. Die Ustaša lehnte ab.

Einen Tag später aber bot Karl Pelz, der Lagerkommandant von Gornja Rijeka, Brössler an, das ganze Lager zu übernehmen. Am dritten Tag wollte er davon allerdings nichts mehr wissen, und Brössler fing mit seinen Verhandlungen von vorne an.

Die Anrufe gingen ein paar Tage hin und her, und Prof. Brössler wollte sich schon eine andere Taktik überlegen, als er die Nachricht erhielt, die Ustaša würde das Lager jetzt wirklich und ohne Verzögerung abgeben. In nur drei Tagen waren in Gornja Rijeka 68 Kinder gestorben, und niemand in der Ustaša konnte sich das erklären. Viele andere Kinder schienen krank zu sein. Etwas war hier im Gange, und die Ustaša wussten nicht, was es war oder was sie dagegen unternehmen sollten.

Schwester Dragica Habazin fuhr im Auftrag Brösslers ins Lager. Diana hatte sich von ihrer Infektion zwar schon wieder ein wenig erholt, verzichtete aber auf die Fahrt, um sich noch etwas zu schonen. Sie traf sich in der Zwischenzeit lieber mit Major Knehe und Rittmeister von Koczian.

2

Schwester Habazin brauchte nicht lange zu suchen, um die Ursache der plötzlichen Todesfälle in Gornja Rijeka zu finden. Es wimmelte von Läusen, und diese Läuse waren mit Decken und Strohsäcken aus Stara Gradiška eingeschleppt worden. Die Kinder waren an Flecktyphus gestorben, und die Läuse aus Stara Gradiška verbreiteten die Seuche nun auch in Gornja Rijeka.

Die aus Verachtung resultierende Nachlässigkeit der Ustaša hatte die Kinder das Leben gekostet. Statt die Decken und Strohsäcke zu desinfizieren, anstatt die Kinder zu entlausen, hatten die Ustaša-Wachen Kinder und Decken und Strohsäcke einfach in die Waggons gestopft und keinen Gedanken daran verschwendet, was sie damit anrichteten.

Sofort wies Schwester Habazin die Wachen an, das Stroh und die Decken zu verbrennen und die Kinder zu entlausen. Aber das dämmte die Flecktyphusepidemie nur ein, stoppen konnte man sie dadurch nicht mehr. Es wäre nötig gewesen, mehr Raum zu schaffen, neue Häuser oder wenigstens Baracken und Ställe für die Kinder einzurichten. Aber das Lager war überfüllt. Die Kinder lagen am Boden oder im dreckigen Stroh. Es gab niemanden, der sich um sie kümmerte, und so war der Tod nicht aufzuhalten.

Diana versuchte bei den deutschen Verantwortlichen ihr Möglichstes. Es konnte doch nicht sein, dass man die Frauen nach Deutschland zur Zwangsarbeit schickte und ihre Kinder krepieren ließ. Wenn die Kroaten die Kinder nicht haben wollten, warum brachte man sie dann nicht nach

Serbien, fragte Diana. In Serbien wären sie wenigstens vor der Ustaša in Sicherheit.

Major Wilhelm Knehe telefonierte noch am selben Tag mit dem deutschen Gesandten in Serbien. In den von der deutschen Wehrmacht besetzten Gebieten müsse es doch Platz für ein paar hundert Kinder geben. Das würde sich doch ohne weiteres organisieren lassen. Aber der deutsche Gesandte für Serbien wollte davon nichts wissen. Man könne sich nicht um irgendwelche Kinder kümmern, dazu sei die militärische Lage in Serbien zu heikel. Die Partisanen seien auf dem Vormarsch, und weder er noch sonst jemand könne für die Sicherheit der Kinder oder der Begleitmannschaft garantieren. Es war hoffnungslos. Der Mann ließ sich auch später bei einem Besuch in Zagreb nicht umstimmen. Er wollte die Kinder nicht, und es war ihm egal, ob sie an Typhus starben, verhungerten oder von den Ustaša erschlagen wurden.

3

Langsam erholte sich Diana von ihrer Halsinfektion. Sie hörte Schwester Habazins Bericht aus Gornja Rijeka und schmiedete Pläne, wie sie den Kindern dort helfen konnten. Am besten wäre es, die Kinder aus dem Lager zu befreien und in der Taubstummenanstalt oder in einem Heim der Caritas unterzubringen. Aber es gab nirgends freie Plätze, und die Ustaša weigerte sich, auch nur ein Kind aus Gornja Rijeka freizulassen.

Die Aktion steckte in einer Sackgasse. Der Weg aus dem Lager war blockiert. Hilfe für die Lager hatte die Ustaša untersagt, und die Kinder aus der Taubstummenanstalt durften nicht an Familien weitervermittelt werden. Diana begann, die Listen zu sortieren und durchzusehen. Aus den Listen übertrugen Diana und ihre Mitarbeiter die Daten der Kinder auf Karteikarten. Es war wichtig, die Unterlagen in Ordnung zu halten. Nur wenn die Nummern und die Namen übereinstimmten, wenn man anhand der Eintragungen nachvollziehen konnte, wo sich ein Kind gerade befand, hatte diese mühselige Arbeit auch einen Nutzen. Nach dem Krieg, und dieser Krieg würde irgendwann enden, würde diese Liste dafür sorgen, dass die Mütter ihre Kinder wiederfanden.

Die Unterlagen der Ustaša waren im Großen und Ganzen unbrauchbar. In diesen standen die Namen von lebenden und toten Kindern wild durcheinander, und oft gab es nur Hinweise auf das Lager, aus dem das Kind kam, oder es war überhaupt nur ein besonderes körperliches Merkmal wie etwa eine Hasenscharte oder ein Muttermal verzeichnet. Neben Diana kümmerten sich vor allem die Schwestern Breda und Verena Kogoj um die Kartei. Sie sahen Karte für Karte durch, verglichen die Aufzeichnungen und schafften so nach und nach eine Kartothek, mit der man tatsächlich arbeiten konnte. Allerdings konnte zu diesem Zeitpunkt niemand mehr sagen, welcher Religion die Kinder angehörten. Diana und ihre Helferinnen waren froh, wenn sie einen Namen hatten. Aus Jasenovac hatten sie jedes Kind mitgenommen, soweit es transportfähig war. Ganz egal, ob es jüdisch, serbisch-orthodox, muslimisch oder katholisch war oder zu den Roma und Sinti gehörte.

4

Dann, am 17. August, kam ein Anruf. Am Bahnhof traf am Nachmittag ein Zug mit Kindern aus Stara Gradiška ein. Niemand hatte den Transport angekündigt. Nichts war vorbereitet, und wie es aussah, planten die Ustaša, die Kinder am Bahnhof einfach abzuladen.

Als Diana dort eintraf, waren die anderen Helfer ebenfalls schon vor Ort. Jana Koch, die damalige Sekretärin des Roten Kreuzes und antifaschistische Widerstandskämpferin, hielt ihre Eindrücke fest: „Der Transport vom 17. August 1942 kam mit 1.080 Kindern am Bahnhof in Zagreb an. Diese Rettungsaktion hat sich tief in mein Gedächtnis gegraben."

Viele davon waren Säuglinge und Kleinkinder, die, völlig dehydriert, bereits das Bewusstsein verloren hatten. Bevor die Wagen geöffnet wurden, war nichts zu hören als eine traurige Melodie, unterbrochen von einem lauten Schluchzen. Dann begannen Kinder zu weinen. Sie schrien mit letzter Kraft und ihre Gesichter liefen blau an. Aber wenn Jana sich ihnen näherte, zuckten sie zurück. „Sie waren scheu wie Vögel", schrieb sie und berichtete, wie sie 84 tote Kinder fand.

Diana, Schwester Habazin und die anderen Helfer übernahmen die Kinder und fuhren mit ihnen zur Entlausungsstation. Dort warteten schon Schwestern mit Essen, und Diana half dabei, ein wenig Ordnung in die Reihen zu bringen. Später fuhr sie noch mit dem Rotkreuzwagen zur Bahnhofsambulanz, um Babyfläschchen und Tee für die Säuglinge zu holen. Die Hektik der ersten Stunden legte sich, und gegen Abend konnten Diana und Prof. Brössler aufbrechen, um nach einer Unterkunft für die Kinder zu suchen.

Jana Koch berichtete, wie sie spät in der Nacht zum letzten Waggon vorstießen und dort noch einmal 20 Säuglinge fanden. Froh über die Babyfläschchen aus der Bahnhofsambulanz, versuchten sie, die Kinder zum Trinken zu bringen. Aber manche waren so erschöpft, dass sie kaum den Kopf heben konnten. „Ein Mädchen, kaum einen Monat alt, schätze ich, schrie wie verrückt. Ich nahm es in den Arm, und es wurde still. Als ich das Kind einer anderen Schwester gab, begann es wieder zu schreien. Das wiederholte sich einige Male. Dann hielt ich das kleine Mädchen eine lange Zeit, und es streckte seine Arme aus und kitzelte mich am Hals. Meine Lippen flüsterten unaufhörlich: Meine Liebe, meine Süße. Heute ist Duška Cech erwachsen und ein wunderschönes Mädchen. Sie arbeitet als Professorin für Dermatologie."

Während Jana Koch und die anderen Schwestern des Roten Kreuzes an der Bahnstation auch noch die letzten überlebenden Kinder aus dem Zug retteten, befand sich Diana schon auf der Suche nach Unterkünften. Ihre erste Station war die Taubstummenanstalt, aber dort gab es keinen Platz. Nicht ein einziges Kind könne man im Moment aufnehmen, sagte der Direktor. Schon jetzt lagen zwei oder drei Kinder in einem Bett, und auch wenn die Kinder aus Stara Gradiška gesund waren, wollte er sie nicht haben.

Als Nächstes versuchten sie es im Gesundheitszentrum Josipovac in Zagreb, und dort hatten sie Glück. Es gab leere Betten, ja leere Zimmer im

Kinderheim. Denn viele der Studenten, die sich hier einquartiert hatten, waren in den Sommerferien nach Hause gefahren. Sie konnten die Kinder also hierherbringen.

Prof. Brössler fuhr gleich zur Entlausungsanstalt zurück und überließ Diana das Kommando in Josipovac. Nur, dass dort kaum jemand auf sie hörte. Die Rotkreuzschwestern standen herum und sahen Diana erschrocken an. Sie konnten es nicht fassen, wie viele Kinder in den nächsten Stunden hier ankommen würden. Wie nur sollten sie das bewältigen? Sie mussten Wäsche bereitlegen und Betten neu überziehen. Sie mussten die Belegung der Zimmer neu organisieren und dabei auch noch die tägliche Arbeit erledigen.

Diana hoffte, die jungen Frauen, die gerade entbunden hatten, würden ihr ein wenig zur Hand gehen. Diese sogenannten „majke“ durften mit ihren Kindern nach der Geburt eine Zeitlang im Kinderheim bleiben und halfen dafür bei der Arbeit. Doch die meisten von ihnen ließen sich nicht blicken. Ein paar standen ebenso ratlos herum wie die Schwestern, und eine stürmte mit hoch erhobenen Armen durch den Gang und begann zu schreien. „Die vielen Kinder“, brüllte sie. „Oh, die vielen Kinder.“ Sie lachte und drehte sich. „Oh, jetzt kommt wieder ein Kindertransport, da wird es viele Tote geben, oh, wie ich mich freue, wenn ich viele Kinder sterben sehe.“

Diana stockte der Atem, und sie sah dem Tanz der jungen Frau fassungslos zu. Wie sie sich drehte und kicherte und dabei ein ums andere Mal in die Hände klatschte. Dann machte Diana weiter. Sie drehte sich um, zog ein Leintuch straff und überlegte sich, wie sie noch ein Bett für die Kinder aus Stara Gradiška freibekommen konnte.

Die junge Frau, die sich so über den Tod der vielen Kinder freute, beruhigte sich bald. Die Schwestern gingen ihrer Arbeit nach, und erst als Prof. Brössler mit den ersten Kindern aus der Entlausungsanstalt ankam, schafften sie es, zwei Zimmer freizuräumen. Aber das war zu wenig, und selbst Prof. Brösslers Autorität reichte an diesem Abend nicht aus, noch ein Zimmer für die Kinder zu bekommen. Von der Verwaltung war niemand erreichbar, die Ärzte alle schon gegangen. So blieben die meisten

Kinder über Nacht in den Baracken der Entlausungsanstalt. An jenem Abend nahm Prof. Brössler ein Kind mit sich nach Hause.

5

Am nächsten Morgen fuhr Diana schon um halb neun wieder zur Entlausungsanstalt und übernahm die ersten Kinder. Sie brachte sie nach Josipovac und erfuhr dort, dass Dr. Vidaković schon gestern beim Erzbischof vorgesprochen hatte. Ein Teil der Kinder konnte unter der Obhut der Caritas im Jeronimisaal untergebracht werden, vorläufig jedenfalls, als Notlösung. Also brachte Diana gleich die größeren Kinder dorthin und ließ vier ihrer Mitarbeiterinnen dort, um die Aufsicht zu übernehmen.

Der Tag war angefüllt mit Autofahrten und Besprechungen. Diana half bei der Ausgabe des Essens im Jeronimisaal, sorgte sich um die Kleidung der Kinder, und wieder kam sie erst spät am Abend nach Hause, schlief ein paar Stunden und wurde am Morgen von einem Telefonanruf geweckt.

Prof. Brössler bat Diana in die Taubstummenanstalt. Dort warteten er und Dr. Luka Bezić, einer der Kinderärzte aus Josipovac, auf sie. Die beiden machten ihr ein Angebot. Diana sollte unter der Schirmherrschaft des Roten Kreuzes in Josipovac eine weitere Kinderstation eröffnen. Dabei, so versicherte ihr Prof. Brössler, hätte sie freie Hand und könne sich eine Ärztin für die Station selbst aussuchen, und auch was die nötigen Anschaffungen anbelangte, so wäre dafür genügend Geld vorhanden.

Das Angebot überraschte Diana. Sie hatte noch nie eine Krankenstation geleitet. Ihr fehlte dazu die Ausbildung und die Erfahrung, und sie sah sich völlig außerstande, eine Kinderabteilung aufzubauen.

Brössler erinnerte sie daran, dass sie auch damals, am Beginn ihrer Aktion, solche Zweifel gehabt hatte. Es war darüber hinaus völlig egal, ob sie über Erfahrung verfügte, allein ihr Wille und ihr Einsatz würden ausreichen, um es besser zu machen als die Ärzte und Schwestern, die jetzt das

Sagen hatten. Vor allem Dr. Bezić bat Diana inständig, sich dieser Aufgabe anzunehmen. Er wollte nicht noch einmal zusehen müssen, wie fast alle Kinder eines Transportes binnen weniger Tage starben.

6

Immer mehr Kinder fluteten aus den Konzentrationslagern nach Zagreb. Es kamen Transporte aus Stara Gradiška und Jasenovac und aus den anderen rund 50 Lagern auf dem Gebiet des Unabhängigen Staates Kroatien. Es wurde immer schwieriger, die Kinder in Zagreb unterzubringen. Die Taubstummenanstalt, die Unterkünfte der Caritas, selbst das Palmenhaus des Erzbischofs hatten kein einziges freies Bett mehr. Es drohten hygienische Zustände, die denen in den Lagern sehr ähnlich waren.

In dieser Situation schmiedeten Jana Koch und Kamilo Brössler einen neuen Plan. Während Diana sich um den Aufbau der neuen Kinderabteilung in Josipovac kümmerte, startete Jana Koch eine verwegene und gefährliche Aktion. Gemeinsam mit anderen Helfern, unter ihnen Breda und Verena Kogoj, unterlief sie das Kolonialisierungsverbot der Ustaša. Über 200 Kinder aus der Taubstummenanstalt und anderen Heimen wurden an Familien in Zagreb weitervermittelt. Ein Tropfen auf den heißen Stein, könnte man meinen. Aber es war ein notwendiger Anfang, eine Aktion, die den Plan der Ustaša, die Hilfsorganisationen in Zagreb zu lähmen, unterlief. Wenn man immer mehr und mehr Kinder nach Zagreb brachte, dann würde die Infrastruktur des Roten Kreuzes und der Caritas zusammenbrechen. Das Chaos würde sich ausbreiten, und die Kinder würden wieder verhungern und an Seuchen sterben. Dann konnten die Sicherheitspolizei und die anderen Abteilungen des Staates sagen, sie hätten getan, was man von ihnen verlangte. Die Deutschen wollten die Kinder aus dem Lager haben, also hatte man sie freigelassen. Das Ergebnis sah man jetzt.

Doch so weit wollte es Jana Koch nicht kommen lassen. Sie war, wie Tatjana Marinić, Mitglied der Kommunistischen Partei, und sie spielte in der Antifaschistischen Frauenfront Jugoslawiens eine bedeutende Rolle. Als Funktionärin des Roten Kreuzes konnte sie aber auch öffentlich als jemand auftreten, der sich für die verschleppten Kinder starkmachte.

Nun wagte sie den Schritt, der sie und alle Beteiligten das Leben kosten konnte. Sie kontaktierte Vjekoslav und Marijan Ribarić, zwei Antifaschisten aus ihrem Freundeskreis, und fragte, ob sie zu einer ungewöhnlichen Hilfsaktion bereit wären. Sie sagten zu und stellten ihren Dachboden als illegales Kinderkrankenhaus mitten in Zagreb zur Verfügung.

35 Kinder aus verschiedenen Lagern fanden hier Unterschlupf und Hilfe. Einige Ärzte wechselten sich im Dienst ab, und so wurden die Kinder fast rund um die Uhr betreut. Dr. Zlatan Sremec, Dr. Klara und Stanislav Župić und Dr. Branko Dragisic sind die Helden dieser heute fast vergessenen Aktion.

XXV.
Kolonisation

1

Am Morgen des 23. August 1942 trat Diana, wie fast jeden Tag, ihren Dienst in Josipovac an. Krankheit und Elend kümmerten sich nicht darum, ob es gerade Sonntag war und draußen die Sonne schien. Gemeinsam mit Dr. Hermina Müller besuchte sie die schwerkranken Kinder und verschaffte sich einen Überblick.

Die Kinder hatten sich in den letzten Tagen beruhigt und ein wenig eingelebt. Im großen Saal, wo die gesunden Kinder untergebracht waren, hockten ein paar Buben und Mädchen am Boden und zeichneten mit einem Stück Ziegel ein Muster fürs Tempelhüpfen. Im kleinen Zimmer starben an diesem Morgen zwei Kinder an den Folgen der Ruhr. Doch die Epidemie klang allmählich ab.

Gegen elf Uhr tauchte Prof. Brössler auf. Er nahm Diana mit ins Freie, und sie setzten sich im Park vor dem Kinderspital auf eine Bank. Er habe gute Nachrichten, erzählte er.

Es hatte Wochen, ja Monate gedauert, aber nun hatten sie einen großen Sieg errungen. Brössler hatte mit dem Gesundheitsminister verhandelt, hatte bei Eugen Dido Kvaternik interveniert und immer wieder Major Wilhelm Knehe vorgeschickt, um von deutscher Seite Druck auf die Ustaša zu erzeugen.

„Man kann sagen, steter Tropfen höhlt den Stein", meinte Brössler. „Es ist so weit. Wir dürfen alle Kinder an Familien weitergeben. Das Kolonisationsverbot ist aufgehoben."

Nun war es wichtig, schnell zu handeln. Bei der Ustaša konnte man sich nie sicher sein, wie lange ein solcher Entschluss hielt und ob nicht schon morgen jemand kam und alle Zusagen widerrief.

Außerdem hatte die Sache einen Haken. Das Ministerium für Gesellschaftsfragen durfte in dieser Angelegenheit nicht aktiv werden. Das hatte sich die Ustaša ausbedungen. Wer auch immer die Kinder aus den Heimen und Lagern zu Familien brachte, konnte das tun, solange er nicht beim Ministerium angestellt war. Deshalb schlug Prof. Brössler vor, Diana möge diese Aufgabe übernehmen. Die Herren aus ihrer Aktion sollten doch in die Ortschaften fahren und dort mit den Bauern verhandeln. Eine andere Möglichkeit sehe er nicht.

Diana wies diese Idee zurück. Das sei viel zu gefährlich. Alle Mitarbeiter der Aktion seien Serben, und schon jetzt bestehe die akute Gefahr von Verhaftungen. Außerdem würden sie als Serben keine Reiseerlaubnis erhalten. Und was würde wohl geschehen, wenn serbische Männer irgendwo auf dem Land auftauchten und die Bauern fragten, ob sie serbische Kinder aufnehmen könnten? Würde auch nur einer von ihnen zurückkehren, oder war es nicht wahrscheinlicher, dass man ihre Knochen irgendwann nach dem Krieg in einer Grube in irgendeinem Wald finden würde?

Die Lage außerhalb der Städte hatte sich seit dem Beginn der Ustaša-Herrschaft ständig verschlechtert. Einige Landstriche, wie das Kordun oder das Kozara-Gebirge, waren praktisch entvölkert. In Teilen von Slawonien breiteten sich Wüstungen aus, weil die Ustaša und die Wehrmacht ganze Dörfer deportiert hatten.

Auch von der anderen Seite drohte Gefahr. Viele der Männer aus serbischen Dörfern waren in die Wälder geflüchtet und hatten sich bewaffnet. Wer wusste, wie eine Abteilung solcher Freischärler reagieren würde? Von den Partisanen hörte man zwar, dass sie zuerst fragten und erst dann schossen, aber sicher sein konnte man sich nicht. Nein, Diana weigerte sich, diese Angelegenheit mit ihren Mitarbeitern auch nur zu diskutieren. Es musste eine andere Lösung geben.

Eine ganze Weile saßen Diana und Prof. Brössler da auf der Bank und schwiegen. Jeder überlegte für sich. Es ging ja nicht darum, eine Handvoll

Kinder unterzubringen. Tausende Kinder warteten darauf, endlich aus den Lagern und Heimen befreit zu werden. Dazu war ein Netz von Vermittlern notwendig, eine zentrale Stelle, die die Kolonisation der Kinder überwachte und organisierte, ein Apparat an Mitarbeitern, der im ganzen Land Außenstellen betrieb und dabei über ein schnelles und zuverlässiges Informationssystem verfügte. In einem zerrütteten Land wie Kroatien war das ein Wunschtraum. Aber es gab eine Organisation, die all das leisten konnte: die katholische Kirche.

„Ich habe das Versprechen des Erzbischofs", sagte Diana. „Wir müssen es zumindest versuchen, und ich glaube, Monsignore Jesih ist auf unserer Seite."

2

Noch am selben Tag suchte Diana Monsignore Jesih in der Katholischen Aktion auf. Obwohl es Sonntagnachmittag war, saß der Monsignore an seinem Schreibtisch und arbeitete. Er empfing Diana freundlich wie immer und fragte sie, ob sie mit der Arbeit der Caritas im Jeronimisaal zufrieden sei und ob er etwas für sie tun könne.

Das könne er tatsächlich, meinte Diana und erzählte ihm von Prof. Brösslers Erfolg. Monsignore Jesih war begeistert. Sofort stimmte er einem Treffen zu und versprach, auch den Direktor der Caritas Stjepan Dumić mitzubringen.

Nun begann eine neue Phase in Dianas Kampf. Als sie wenige Stunden später zu viert zusammensaßen und darüber sprachen, wie man die Kinder möglichst schnell und effektiv über das Land verteilen konnte, ahnte noch niemand, welche Ausmaße diese Aktion annehmen würde.

In jedem Ort des Unabhängigen Staates Kroatien gab es einen katholischen Pfarrer. Dieser Pfarrer hatte in der Regel großen Einfluss auf die Gemeinde, und selbst Ustaša-Soldaten überlegten es sich dreimal, bevor sie gegen einen katholischen Priester vorgingen. Wenn diese Priester nun von der Diözese und der Caritas den Auftrag erhielten, sich um Plätze für die Kinder zu kümmern, dann würde das auch Erfolg haben.

Direktor Dumić rechnete mit ein paar hundert Plätzen, die man sehr schnell bereitstellen konnte. Beginnen sollte man mit älteren Kindern, die schon zur Arbeit auf den Bauernhöfen fähig waren. Das würde die Sache erleichtern. Wenn man dann einige Kinder untergebracht hatte, konnte man die jüngeren nachschicken. Er selbst wollte schon in den nächsten Tagen mit einer Rundreise durch die Pfarrhöfe beginnen. Hatte sich die Aktion einmal herumgesprochen, da war er sich sicher, würden die Pfarrer von selbst aktiv werden.

Diana wusste zu diesem Zeitpunkt natürlich noch nicht, ob und wie die Aktion funktionieren würde. Doch sie war zuversichtlich. Im Gegensatz zu den meisten anderen hatten Monsignore Jesih und Caritasdirektor Dumić ihre Versprechen bis jetzt immer gehalten. Diesmal sollten sie Dianas Erwartungen sogar übertreffen und alleine im Spätsommer und Herbst 1942 über 5000 Kinder aus Heimen in Zagreb an Bauernfamilien überall in Kroatien vermitteln.

XXVI.
Josipovac

1

Ende August 1942 begann Diana ihre Arbeit in Josipovac. Schwester Habazin versicherte ihr alle Unterstützung, die nötig war, um die Kinderstation aufzubauen und zu führen. Sie müsse diese Chance unbedingt nutzen. Endlich könne man die Kinder nicht nur aus den Lagern retten und hier und da ein bisschen Essen verteilen, sondern wirklich über lange Zeit helfen. Den armen Kleinen wieder auf die Füße helfen und sie dann direkt an verlässliche Familien abgeben.

Das Kinderheim Josipovac lag etwas außerhalb des Zentrums von Zagreb in der Vladimir-Nazaro-Straße und war bis 1929 als städtische Einrichtung geführt worden. Danach war es in staatliche Verwaltung übergegangen. Prof. Brössler hatte direkten Zugriff auf das Heim und sah die Möglichkeit, eine neue Abteilung für kranke Kinder aus den Lagern zu eröffnen. Dazu fehlte ihm aber das Personal, und deshalb versuchte er, Diana für dieses Projekt zu gewinnen.

Diana ließ sich also überreden, und bei ihrem ersten Rundgang durch die Abteilungen staunte sie über die sauberen Betten. Jedes Kind hatte ein eigenes Fläschchen, und es schien, als ob Wäsche, Medikamente und Essen im Überfluss vorhanden wären. Die Kinder stammten zum Großteil aus Zagreb. Es waren Waisenkinder oder Kinder, die ihren Eltern abgenommen worden waren. Jedenfalls aber waren es kroatische Kinder.

Dr. Bezić und die Direktorin der Anstalt, Dr. Olga Bošnjaković-Goszl, führten Diana schlussendlich in jenen Teil des Gebäudes, in dem sie ihre eigene Abteilung errichten sollte. Dort gab es keine blitzend weißen

Leintücher, keine Zahnputzbecher mit frischen Zahnbürsten. Bis zu sechs Kinder krabbelten in einem Bett herum, oft vom eigenen Kot beschmiert. Die Matratzen waren von Urin durchtränkt. Windeln gab es keine, und das Essgeschirr starrte vor Dreck. Als Diana durch die Räume ging, merkte sie, wie ihre Schuhsohlen an irgendeiner Substanz am Boden kleben blieben. Hier musste dringend etwas geschehen.

In der ersten Nachtschicht schrieb Diana auf, was ihr am nötigsten schien. Bettwäsche, Windeln und Hygieneartikel. Ähnlich, wenn auch nicht ganz so schlimm, war die Situation im Jeronimisaal der Caritas. Auch dort fehlte es an so gut wie allem, und Diana veranlasste, dass Waschzuber und Waschmittel besorgt wurden. Nicht einmal Kohle oder Holz, um Wasser zu kochen, waren vorhanden. Alle diese Dinge wurden von Dianas Mitarbeiterinnen besorgt und aus der Kasse der Aktion bezahlt.

So pendelte Diana nun zwischen dem Jeronimisaal und Josipovac hin und her. Sie nähte selbst Windeln und überzog die Betten der Kinder zweimal am Tag. Aber das alles half wenig gegen die beengten Verhältnisse.

So gut es ging, brachte Diana Ordnung in die neue Abteilung in Josipovac. Schwester Habazin hatte ihr Hilfe geschickt. Schwester Anka Šepić sollte die Aufsicht über die Krankenschwestern übernehmen und Diana, wo immer es ging, unter die Arme greifen. Doch daraus ergab sich schon das erste Problem. Die jungen Mütter, die im Krankenhaus halfen, aber vor allem die Krankenschwestern, die schon länger im Kinderheim arbeiteten, wollten sich weder von Anka noch von Diana etwas sagen lassen. Auch eine Standpauke von Dr. Bezić änderte daran wenig. Immer noch weigerten sich die Schwestern, ihre Arbeit zu erledigen. Sie informierten ihre Kolleginnen vom Roten Kreuz nicht über die Vorkommnisse während ihres Dienstes und vernachlässigten die Kinder.

Als Diana sie zur Rede stellte, sagten sie, es sei ihnen völlig egal, was Diana oder Anka von ihnen wollten. Sie hätten hier keine Verfügungsgewalt. Diana berief sich auf Prof. Brössler und seine Zusage, es werde einen offiziellen Auftrag des Roten Kreuzes geben. Aber die Schwestern lachten nur. Diana solle den Mund nicht so voll nehmen. Brössler wäre vielleicht noch im Ministerium für Gesellschaftsfragen angestellt, aber beim Roten Kreuz habe er nichts mehr zu sagen. Das sei der gerechte Lohn dafür, wenn man sich für diese Untermenschen einsetze. Vielleicht würde es Brössler schon bald so ergehen wie diesen Kindern da. Wenn es nach ihnen ginge, würden die Kinder, Brössler und auch Diana in einem Lager verrecken.

Zuerst war Anka Šepić nicht zu Wort gekommen, doch jetzt verschaffte sie sich Gehör. Sie sah die Schwestern an, als müsse sie sich ihre Gesichtszüge einprägen. Sie sei immer noch direkt vom Roten Kreuz hierher beordert, erklärte sie. Wer das nicht glaube, der könne ja nachfragen. Und wer auch immer ihr den Gehorsam verweigere, der werde auch die Konsequenzen zu tragen haben.

Als Erstes änderten Diana und Anka die Dienstzeiten. Die Schichten wurden auf Dienste zu je zwölf Stunden umgestellt. Schwestern wurden fix einem Zimmer zugeteilt, damit ihre Arbeit besser zu kontrollieren war und sich die Kinder an die Frauen gewöhnen konnten.

Proteste bei Dr. Bezić und Dr. Bošnjaković-Goszl verfingen nicht. Beide schickten die Schwestern wieder zurück an die Arbeit und weigerten sich, sich in Dianas Abteilung einzumischen.

2

Doch damit war der Kampf nicht vorbei, auch wenn sich die Lage in den nächsten Tagen besserte. Dr. Hermina Müller wurde der Station als Kinderärztin zugeteilt, und es war schnell klar, dass sie auf Dianas Seite stand. Bei ihrer ersten ausführlichen Visite ging sie mit den Schwestern hart ins Gericht. Wie konnte es sein, dass Kinder, die vor ein paar Tagen noch gesund waren, jetzt mit Durchfall und Bauchkrämpfen im Bett lagen? Die Kinder hatten sich mit der Ruhr angesteckt, und das war die Schuld der Schwestern, die kranke und gesunde Kinder in dieselben Betten legten.

Nun wurde unter Dianas Aufsicht eine neue Aufteilung der Kinder durchgesetzt. Die an Ruhr erkrankten Kinder kamen in ein eigenes Zimmer, andere kranke Kinder sammelte man im mittleren Zimmer, und die gesunden Kinder fanden Platz im großen Saal. Damit sich die Infektion nicht in der ganzen Anstalt ausbreiten konnte, stellte Dr. Bezić eine eigene Milchkuh für die Abteilung ab. So war der Kontakt zu den anderen Stockwerken unterbrochen, und auch über die Nahrungsmittel konnten jetzt keine Keime mehr verschleppt werden.

Es sah so aus, als würde Diana die Abteilung in den Griff bekommen. Nach etwas mehr als einer Woche gab es einen Dienstplan für die Schwestern, die Kinder bekamen medizinische Versorgung und Essen und Kleidung, und die Ruhr würde wohl in ein paar Tagen abklingen. Wenn die Kinder genug Flüssigkeit zu sich nahmen, würden die meisten überleben.

Fürs Erste blieb nur noch eine Liste mit den wichtigsten Dingen für den täglichen Gebrauch. Kochgeschirr musste neu angeschafft werden, Spritzen und Material, aus dem man Windeln herstellen konnte. Es war keine sehr lange Liste, und als Diana sie Prof. Brössler vorlegte, zeichnete er sie ab. Das Geschirr war kein Problem, und auch die Injektionsnadeln konnte er in den nächsten Tagen beschaffen. Aber eine weitere Ärztin, wie Diana es forderte? Das war unmöglich. Der Ärztemangel jetzt mitten im Krieg war so groß, dass daran erst gar nicht zu denken war.

Aber Diana kannte eine junge Ärztin, die nicht arbeiten durfte. Eine Serbin. Sie würde nur zu gern den Kindern in Josipovac helfen, doch dazu brauchte sie eine offizielle Genehmigung.

Prof. Brössler versprach, sich darum zu kümmern. Immerhin hatte man mit Jana Koch als Sekretärin des Roten Kreuzes in Zagreb eine Verbündete. Da konnte man eine Allianz schmieden und noch mehr für die Kinder erreichen.

3

Am nächsten Morgen erhielt Diana einen Anruf von Jana Koch. Das Rote Kreuz bewilligte den Kauf des Geschirrs, aber alle medizinischen Instrumente durften nicht gekauft, sondern mussten im Magazin des Roten

Kreuzes in Zagreb geholt werden. Außerdem wollte der Direktor sie sprechen, morgen früh um halb neun.

Diana kümmerte sich nicht sehr darum. Der Tag verging mit Arbeit in Josipovac und einem Besuch im Jeronimisaal. Die Bestellung für das Kochgeschirr brachte sie bei der Firma Merva vorbei und unterhielt sich dort mit dem Angestellten, wie das Geschirr zu liefern sei. Es war ein mehr oder weniger ruhiger Tag, und Diana schaffte es vor Mitternacht nach Hause.

Als sie am nächsten Morgen in der Zentrale des kroatischen Roten Kreuzes ankam, überlegte sie, wie sie Direktor Hühn davon überzeugen konnte, ihr eine weitere Ärztin zuzuteilen. Mit zwei Ärztinnen könnte die Station das Auslangen finden. Aber Dr. Müller, so engagiert sie auch war, schaffte das nicht allein.

Hühns Miene verhieß nichts Gutes, und noch bevor Diana etwas sagen konnte, fuhr er sie an: „Für diese Anmaßung müsste ich sie eigentlich ins Gefängnis bringen. Das ist doch Betrug, ohne meine Genehmigung einfach eine Station des Roten Kreuzes zu eröffnen."

Diana setzte zu einer Erwiderung an, aber Hühn ließ sie nicht zu Wort kommen.

„Was denken Sie sich dabei? Marschieren da ins Kinderheim und behaupten, im Auftrag des Roten Kreuzes zu arbeiten? Das wird Konsequenzen haben. Da können Sie sicher sein. Für Sie und für Professor Brössler. Unter meiner Verantwortung dulde ich solche Eigenmächtigkeiten nicht."

„Wie Sie das auch immer sehen", antwortete Diana. „Wir brauchen auf der Station jedenfalls eine zweite Kinderärztin."

„Ich habe Ihnen gerade gesagt, dass Sie nicht fürs Rote Kreuz arbeiten."

„Das mag sein", erwiderte Diana. „Aber dennoch können Sie der Station eine zweite Ärztin zuteilen. Ich habe da auch schon jemanden im Auge. Frau Doktor Štampar."

„Štampar?", sagte Hühn. „Die ist doch Serbin."

„Natürlich ist sie Serbin und deshalb vom Dienst freigestellt. Ich weiß nicht, wo das Problem liegen soll. Wie Sie sicher wissen, arbeitet doch auch Prof. Dragišić jetzt in Jastrebarsko. Und alle sind mit ihm zufrieden. Er ist so wie Frau Dr. Štampar hochqualifiziert, und nur weil man ihn wegen seiner Volkszugehörigkeit nicht mehr an der Universität unterrichten lässt, ist er doch noch lange kein schlechter Arzt."

„So eine Zumutung kann auch nur einer Frau Budisavljević einfallen", schnappte Hühn.

4

Das Gespräch mit Direktor Hühn hatte Diana tiefer verunsichert, als sie es sich anmerken ließ. Im Grunde genommen hatte er sie soeben aus dem Kinderheim Josipovac hinausgeworfen und ihr jede weitere Tätigkeit untersagt. Außerdem hatte er ihr gedroht. Nicht offen, aber gedroht hatte er ihr. So etwas könne nur einer Frau Budisavljević einfallen. Das war eine unverhohlene Anspielung auf ihren serbischen Mann. Konnte Hühn irgendetwas gegen Julije unternehmen? Wie weit reichte sein Einfluss in der Regierung?

Es gab viele Möglichkeiten, was dieser Auftritt zu bedeuten hatte. Es war gut möglich, dass Hühn einfach nur wütend war, weil Prof. Brössler ihn übergangen hatte. Deshalb hatte er sich jetzt Luft gemacht. Das wäre halb so schlimm. Aber es bestand auch die Möglichkeit, dass Hühn ein Anhänger der Ustaša war. Dann war es jetzt vorbei mit der Hilfe für die Kinder. Wenn Hühn sich bei Kvaternik oder bei Pavelić beschwerte, wenn die Ustaša-Polizei davon Wind bekam, dass das Rote Kreuz nicht länger hinter ihr stand, dann konnte alles geschehen.

Wenn jemand Genaueres wusste, dann Prof. Brössler. Also rief Diana ihn an und fragte ihn, was sie weiter unternehmen sollte. War es klug, weiter nach Josipovac zu gehen, oder sollte sie sich vom Kinderheim fernhalten?

Brössler sagte, sie müsse vorsichtig sein, aber sie dürfe sich auch nicht von Direktor Hühn einschüchtern lassen. Es stimme, dass man ihn unter Druck setze, aber das brauche sie nicht zu kümmern. Das halte er schon aus. „Wichtig sind nur die Kinder", sagte Brössler. „Die dürfen wir nicht im Stich lassen. Wir haben nicht nur Gegner, wir haben auch Verbündete."

Trotzdem hatte Diana ein ungutes Gefühl, als sie an diesem Tag in Josipovac eintraf. Hier schien noch niemand etwas von der Auseinandersetzung mit Hühn mitbekommen zu haben. Anka führte das Kommando, und die Schwestern gehorchten ihr. Diana hielt sich im Hintergrund und berichtete Dr. Bezić von dem Gespräch mit Hühn. Bezić tröstete sie und meinte, sie solle sich keine Sorgen machen. Wenn das Rote Kreuz das Geschirr nicht zahle, dann übernehme das Kinderheim selbst die Kosten.

Diana überstand diesen Nachmittag und versuchte, sich durch Arbeit abzulenken, aber in ihr rumorten die Gedanken und störten die Angst auf. Immer wieder musste sie an Hühns verhohlene Drohung denken, und man brauchte nur wenig Fantasie, um sich vorzustellen, was mit ihr und ihrer Familie geschehen würde, wenn Hühn seine Drohung wahrmachte. Sie hatte die Lager gesehen, sie wusste, was man den Menschen in Jasenovac antat. Da konnte man nur hoffen, gleich erschossen zu werden. Denn alles andere war so unfassbar grausam, so bestialisch, dass der Tod dagegen wie eine Erlösung wirkte.

Zwei Tage später verließen Diana die Kräfte. Sie konnte sich nicht länger auf den Beinen halten, und das Fieber kehrte zurück. Julije brachte sie zu Bett und kochte ihr Tee. Er gab ihr etwas gegen das Fieber, aber das half wenig. Es waren die Erschöpfung und die Angst, die sie ins Bett zwangen.

Zwei Tage lag Diana zu Hause im Bett und konnte nicht nach Josipovac. Auch am dritten Tag bat ihr Mann sie, doch lieber noch zu warten, sich erst ein paar Tage auszurasten, bevor sie wieder aufstand und arbeitete. Sie hatte im letzten Monat 16 Kilogramm an Gewicht verloren, und kein Medikament, keine Diät hatte daran etwas geändert. Julije machte sich Sorgen, und er riet seiner Frau, sich zu schonen. Es wäre niemandem geholfen, wenn sie zusammenklappte und dann für ein halbes Jahr oder länger ausfiel.

Doch an diesem dritten Tag rief Prof. Brössler an. Er sei gerade in Josipovac, und er wolle Diana auch nicht lange aufhalten, aber es gebe etwas Wichtiges zu besprechen. Deshalb wäre es gut, wenn sie wenigstens auf einen Sprung ins Kinderheim kommen könne.

Diana sagte zu, zog sich an und fuhr los. Es dauerte nicht länger als eine halbe Stunde, dann stand sie im großen Saal, wo die gesunden Kinder untergebracht waren. Von Prof. Brössler keine Spur. Auch die Schwestern waren verschwunden, und Diana fand die Station verlassen. Erst als sie rief, meldete sich Anka. Sie solle nach hinten durchgehen. Da, im kleinen Zimmer hatten sich alle versammelt. Prof. Brössler lag auf einem Bett. Er hatte die Augen geschlossen, und im ersten Moment dachte Diana, er sei tot. Aber Anka beruhigte sie. Ein Schwächeanfall. Prof. Brössler war ganz außer Atem angekommen und dann bewusstlos zusammengebrochen.

XXVII.
Sisak

1

Trotz der Drohungen von Rotkreuzdirektor Hühn, trotz Prof. Brösslers Zusammenbruch ging Diana jeden Tag nach Josipovac. Die Arbeit musste gemacht werden, ob das Dr. Hühn gefiel oder nicht, und solange er keinen Ersatz bereitstellte, Schwestern schickte, Material lieferte und für das Essen der Kinder sorgte, würde Diana in Josipovac nach dem Rechten sehen und mitanpacken.

In den nächsten Tagen sorgte Diana für Ordnung auf ihrer Station. Die Kinder lagen immer noch ohne Namensschilder in ihren Betten. So konnten Dr. Hermina Müller und die Krankenschwestern nicht vernünftig arbeiten. Bei jeder Visite, bei jeder Medikamentenausgabe musste man erst mühsam feststellen, welches Kind man vor sich hatte. Also nahm Diana die Metallschilder, die sie ursprünglich für die Transporte verwendet hatte, und teilte sie an die Kinder aus. Nun hatte jedes Kind eine Nummer, und diese Nummer wurde auch in der Krankengeschichte des Kindes vermerkt. Eine Selbstverständlichkeit eigentlich, aber Diana musste trotzdem kontrollieren, ob die Schwestern die Daten auch in die Krankengeschichte aufnahmen, ob sie die Fieberkurve, den Therapieverlauf und die Nahrungsaufnahme auch wirklich in die Listen eintrugen.

Es hatte sich herumgesprochen, dass Diana nichts mehr zu sagen hatte, und die Schwestern des Kinderheims, die sie schon von Anfang an scheel angesehen hatten, ignorierten sie jetzt vollends. Nur Anka Šepić, die direkt vom Roten Kreuz für Josipovac abgestellt war, konnte die Schwestern dazu bewegen, ihre Arbeit zu machen.

Noch schlimmer wurde es, als Dr. Hühn seinen Besuch ankündigte. Auf allen Stationen wurde geputzt, wurden die Kinder gewaschen und frisch angezogen, nur auf Dianas Station geschah nichts dergleichen.

Zuerst rief Hühn alle Ärztinnen und Ärzte zusammen. Sie berichteten auch von den Fortschritten auf Dianas Kinderstation, aber Hühn interessierte sich nicht dafür. Er ließ sich durch die anderen Abteilungen führen, lobte die Arbeit der anderen Ärzte, tätschelte ein paar Kindern die Wangen und verschwand dann wieder. Dianas Abteilung würdigte er keines Blickes.

Damit war klar, was der Direktor des Roten Kreuzes von Diana und ihrer Arbeit hielt. Mit seiner Missachtung hatte er ihr auch öffentlich jede Unterstützung entzogen. Jetzt blieb Diana nur ihre Hartnäckigkeit.

Sie ging weiter jeden Tag nach Josipovac, half bei der Arbeit, holte das bestellte Kochgeschirr ab und kümmerte sich nicht darum, ob das Rote Kreuz dafür bezahlte. Die Spritzen und die Medikamente forderte sie erneut beim Magazin des Roten Kreuzes an, und Jana Koch sorgte dann dafür, dass auch alles geliefert wurde.

2

In diesen Wochen war Jana Koch die wichtigste Verbindung zum Roten Kreuz. Als Sekretärin verfügte sie frei über die Mittel, und sie hatte keine Angst vor Direktor Hühn. Sie war auf den Reisen nach Jasenovac, Stara Gradiška und Mlaka dabei gewesen, hatte mit Diana zusammengearbeitet, hatte Kinder registriert, sie auf den Zugfahrten begleitet und ihnen Wasser eingeflößt, wenn sie sich, erschöpft und ausgetrocknet, kaum noch bewegen konnten.

Als Jana Koch Anfang Oktober 1942 nach Sisak fuhr, wusste sie, was sie dort erwartete. Sie hatte das Lager gesehen, als sie gemeinsam mit Diana die Kinder aus Mlaka dorthin gebracht hatte. Damals lagen die Kinder in der Zugluft am Betonboden der alten Falknerei, und das Kinderspital war eher eine Seuchenbrutstätte als ein Krankenhaus. Es war an der Zeit, die

Kinder von dort wegzubekommen. Mit Dianas Hilfe würden die Kleinen in Josipovac und im Jeronimisaal Unterschlupf finden, und dort war es auf jeden Fall besser als in dieser von der Ustaša regierten Hölle.

Diana konnte an diesem 10. und 11. Oktober nicht mit nach Sisak fahren. In den letzten Wochen hatte sie immer mehr an Kraft verloren. Sie schaffte es kaum, jeden Tag nach Josipovac zu fahren. Wenn sie versuchte, eines der Kinder aus dem Bett zu heben, musste sie die kleinen, federleichten Körper oft wieder sinken lassen, weil ihr die Kraft fehlte.

Dann endlich gab sie auf. Ihr Mann Julije schickte sie ins Krankenhaus, aber dort wollte man sie nicht behandeln. Es sei nur eine Erschöpfung, und was sie brauche, sei Ruhe. So fuhr sie für ein paar Tage nach Sljeme in die Berge nördlich von Zagreb.

Zwei Wochen hielt sie es dort in der Wärme aus, spazierte durch die Wälder und dachte an die Kinder in Josipovac, an die Kinder in Sisak und Stara Gradiška. Irgendwo mussten auch noch diese 300 Kinder sein, die man ihr im Sommer nicht mitgegeben hatte, und in der Zwischenzeit waren mehr und immer mehr Kinder in den Lagern angekommen.

Obwohl die Ruhe ihr guttat, sie seit Langem wieder einmal durchschlief und regelmäßige Mahlzeiten bekam, verfolgten sie die Bilder. Vor ihrem inneren Auge entfalteten sich Erinnerungen an die Kinder in Jasenovac, an die Transporte und die sterbenden Kinder im Zug. Sie konnte nichts dagegen tun, und das Grauen überfiel sie von einem Moment auf den anderen, ohne Vorwarnung.

Als Jana Koch also aufbrach, befand sich Diana noch in den Bergen, und so erfuhr sie erst ein paar Tage später von der langen Fahrt und von den düsteren Stunden in Sisak.

Die Falknerei war mit Kindern überfüllt, die Baracken von den vielen durchgeschleusten Menschen verdreckt und kaum bewohnbar. Es gab keine funktionierenden Toiletten. Die Frauen und Kinder konnten sich nirgends waschen, bekamen nichts zu essen und wurden von den Wachen schikaniert. Die Frauen blieben nicht lange im Lager. Sie mussten sich bei der Ankunft in einer Reihe mit ihren Kindern aufstellen. Dann kamen die Ustaša-Wärter und nahmen ihnen die Kinder weg. Wenn sich die Frauen wehrten oder sich noch von ihren Kindern verabschieden wollten, wurden sie geschlagen und getreten.

Jana Koch schrieb darüber in ihren Notizen. Auch als sie mit den Schwestern des Roten Kreuzes in Sisak ankam und den Lagerkommandanten über ihre Mission informierte, änderte das nichts am Verhalten der Wachen. Die Ustaša-Wachen verstanden nicht, warum sie die Kinder noch einmal zu den Müttern zurückbringen sollten. Wozu hatten sie sich die Mühe gemacht, die Kinder unter Schreien und Weinen von den Müttern zu trennen? Das war schwere Arbeit gewesen. Konnte Jana die Kinder nicht einfach nehmen und mit ihnen verschwinden?

Aber Jana bestand auf einem letzten Treffen. „Die Mütter kamen direkt aus dem Konzentrationslager und durften ihren Kindern noch einmal die Brust geben, sie streicheln und sie beruhigen. Niemand kann die Freude der Kinder beschreiben, als sie ihre Mütter sahen. Ihre kleinen Hände umarmten die Mütter, und ihr heftiges Stöhnen war wie ein Echo ihrer langen Traurigkeit. Aus diesen kleinen aufgeregten Herzen erhob sich ein heftiges Seufzen. Ihre hungernden Münder fassten nach den Brüsten ihrer Mütter. Die Köpfe der Kinder wurden nass von den Tränen der Mütter.

Als das letzte Kind, erschöpft von Traurigkeit, eingeschlafen war, verschwanden die Mütter leise und drehten sich an der Tür zu ihrer Baracke noch einmal um und warfen einen letzten Blick auf ihre Kleinen. Passt auf unsere Kinder auf, flüsterten sie uns zu, bevor sie gingen.“

3

Eines der Mädchen, die Jana aus Sisak rettete, sollte später eine berühmte Schauspielerin werden. Aber ihre Geschichte beginnt gar nicht glamourös tief in den bosnischen Bergen.

Bogdan Grublješić machte sich 1941 auf, um gegen die Ustaša zu kämpfen. Begleitet wurde er von seinen Brüdern und Schwestern. Seine Tochter Božidarka, die später als Božidarka Frajt Karriere machen sollte, und seine Frau Vida ließ er zurück.

Im Mai 1942 wurde Bogdan Grublješić in der Nähe von Prijedor im Norden Bosniens verwundet und einen Monat später von Truppen der Wehrmacht aufgegriffen und verhaftet. Wie die anderen Partisanen wollte man ihn auf serbisches Gebiet bringen. Er konnte aber flüchten und kehrte zu den Partisanen zurück. Er fiel bei einem Kampfeinsatz in Bijeljina nordöstlich von Tuzla.

Die Ustaša und die Wehrmacht durchkämmten im Juni 1942 das Kozara-Gebirge, und auch Vida und Božidarka wurden aufgegriffen und nach Jasenovac gebracht.

Božidarka erinnerte sich an jene Tage. In einem Interview berichtete sie, wie die Ustaša in das Dorf einbrachen. Die Partisanen mussten vor der Übermacht weichen, und wer nicht auf der Stelle erschossen wurde, kam ins Lager. Vida und Božidarka wurden gemeinsam nach Sisak gebracht, aber dort getrennt. Erst viel später erfuhr Božidarka, dass die Ustaša ihre Mutter noch am gleichen Tag erschossen hatten. Sie warfen ihr vor, eine Kollaborateurin der Partisanen zu sein.

Für Božidarka versanken die Tage in Dunkelheit und Schmerz. Erst als Jana Koch in Sisak ankam, änderte sich das. Man kann sich kaum erklären, wie das zweijährige Mädchen überlebt hat, aber sie war stark genug, um im Transport nach Zagreb mitzufahren. Wie alle Kinder durchlief auch Božidarka die Desinfektionsanstalt und bekam neue Kleider und etwas zu essen. Dann brachte man sie in eine Unterkunft des Roten Kreuzes.

Wenige Tage später tauchte dort das junge Ehepaar Katarina und Stjepan Frajt auf. Sie sahen das kleine Mädchen mit dem Schild um den Hals, auf dem ein Name und eine Nummer standen. Andere Kinder hatten das Stück Pappe aus Verzweiflung und Hunger aufgegessen, aber Božidarka hatte es noch.

Aus Božidarka Grublješić wurde im Oktober 1942 Božidarka Frajt. Sie wuchs in Zagreb auf und erfuhr erst nach dem Krieg vom Schicksal ihrer Eltern. 1959 spielte sie in ihrem ersten Film mit, und damit begann eine große Karriere.

4

Als Jana Koch nach Zagreb zurückkehrte, brachte sie 550 Kinder aus dem Lager Sisak mit. Die Mütter waren zu diesem Zeitpunkt schon auf dem Weg nach Deutschland. Von ihren Kindern war ihnen nichts geblieben. Als letzte Hoffnung trugen sie einen Zettel mit einer Adresse bei sich. Wenn sie aus der Zwangsarbeit entlassen würden, wenn sie auf Urlaub in Kroatien wären, sollten sie sich an diese Frau wenden, an Diana Budisavljević. Die würde ihnen dann sagen, wo sich ihre Kinder befanden.

Die Kinder sollten vor allem in der Taubstummenanstalt untergebracht werden, aber es waren so viele Kleinkinder darunter, dass Direktor Ljudevit Safarić sich weigerte, alle aufzunehmen. Vielleicht konnte Diana sie im Jeronimisaal bei Velimir Deželić unterbringen oder in einem der Heime der Caritas. Er wolle ja helfen, aber in diesem Fall gehe es einfach nicht. Immerhin habe er doch schon bewiesen, wie sehr er Dianas Aktion unterstütze. Seine Frau und er hatten ein dreijähriges Mädchen zu sich genommen. Sie hatten dem Kind einen neuen Namen gegeben. Inga Safarić hieß die Kleine jetzt, und sie erholte sich langsam, aber doch von den Strapazen des Lagers. Und wenn es noch eines weiteren Beweises bedurfte, meinte Safarić, so müsse sich Diana ja nur die Listen ansehen. Tausende Kinder fluteten durch die Türen der Taubstummenanstalt, wurden hier versorgt, gepflegt und an Familien in Zagreb weitergegeben.

Diana versuchte es im Jeronimisaal. Dort war man nicht auf so kleine Kinder eingerichtet. Die Versorgung mit Milch, die tägliche Betreuung, all das konnte man dort nicht sofort leisten. Aber Direktor Velimir Deželić sagte dennoch zu.

Diana kam mit dem ersten Autobus voller Kinder am Eingang zum Jeronimisaal an. Kaum öffneten sich die Türen, stürzten die Kinder hinaus. Manche rannten, die meisten schleppten sich dahin, schwer atmend und wie Greise sich an der Hausmauer abstützend. Zunächst verstand Diana nicht, was da vorging. In Gruppen strömten sie durch das offene Tor, hielten auf die breite Treppe zu und begannen, sie zu erklimmen. Die Kleinsten Stufe für Stufe, die Größeren hangelten sich am Geländer entlang und stießen oben die Tür zum Saal auf. Dann liefen und krochen sie zwischen den Menschen herum, sahen die Frauen an und begannen dann zu weinen.

Das alles erschien Diana höchst seltsam und unverständlich, bis sie eines der größeren Kinder zur Seite nahm und fragte. Die Kinder hatten gedacht, ja, waren fest davon überzeugt gewesen, dass man sie zu ihren Müttern zurückbringen würde. Deshalb hatten sie ihre letzten Kräfte aufgeboten und die Treppe überwunden wie ein Gebirge, und nun standen sie da und waren immer noch allein.

5

In den Monaten und Jahren, in denen Direktor Ljudevit Safarić die Taubstummenanstalt leitete, registrierten er und seine Mitarbeiter über zehntausend Kinder, die aufgenommen, behandelt und weitervermittelt wurden. Er führte eine Liste, in die er jedes Kind mit seinem Namen, dem Namen der Eltern und dem Alter eintrug. Die Krankengeschichten wurden jeden Tag penibel aktualisiert, und so konnte Direktor Safarić am Ende seiner Dienstzeit eine Statistik vorlegen, die belegt, dass jedes Kind im Durchschnitt an mehr als fünf Krankheiten litt, als es in die Anstalt gebracht wurde.

An dieser Statistik hatte Diana wenig Interesse. Sie bat Safarić im Herbst 1942 nur um die Listen mit den Namen der Kinder. In all der Hektik auf den Transporten und dann bei der Unterbringung hatten sich Fehler in ihre eigene Liste eingeschlichen, und nun wollte sie die Aufzeichnungen abgleichen, um ein möglichst vollständiges Verzeichnis der Kinder und ihrer Eltern zur Verfügung zu haben.

Die Rettung der Kinder aus den Lagern war wichtig, wichtiger als alles andere. Darin waren sich alle Helfer und Unterstützer der Aktion einig. Doch was die Kartothek, die Karteikarten der Kinder und Eltern anging, teilten sich die Meinungen.

Als Diana die Karteikarten aus der Taubstummenanstalt kopieren ließ und dafür ein Abschreibebüro beauftragte, erntete sie Kritik. Vor allem

Herr Omčikus und das Ehepaar Bojanić beschwerten sich heftig. Man habe doch nicht so viel Geld gesammelt, um Listen abschreiben zu lassen. Die Kinder seien in Sicherheit, und wenn sie bei Familien in Kroatien unterkamen, sei die Aufgabe der Aktion erledigt.

Gerade darin aber wollte Diana nicht nachgeben. Die Kinder gehörten zu ihren Müttern. Auch wenn die Mütter zurzeit in Deutschland oder Österreich waren und in Waffenfabriken schufteten, irgendwann würden sie zurückkehren und nach ihren Kindern suchen. Was, wenn die Kartothek dann nicht vollständig war, wenn auch nur ein Name fehlte?

XXVIII.
Kinder und Mütter

1

Der Winter brachte Schnee und Kälte und Gewalt. Seit der Offensive der deutschen Wehrmacht und der Ustaša gegen die Partisanen war an Fahrten in die Konzentrationslager kaum zu denken. Auch Jana Kochs Reise nach Sisak, die Besuche von Monsignore Jesih und Dr. Dumić in den Pfarren, das alles wurde von Tag zu Tag gefährlicher. Und obwohl Diana sehr darauf bedacht war, die Bauernkinder in den Dörfern und Höfen unterzubringen, nahm sie davon in manchen Fällen Abstand, weil das Land nach und nach zerfiel und auf den Straßen bewaffnete Einheiten lauerten, die jeden ausraubten, der schwächer war als sie. Dabei konnte niemand sagen, ob es sich dabei um reguläre Truppen, Ustaša-Milizen oder Räuberbanden handelte.

Von den dreihundert Kindern, die Diana damals in Stara Gradiška vorenthalten worden waren, gab es immer noch keine Nachricht. Diana vermutete, dass kaum eines der Kinder noch am Leben war. Maks Luburić hatte ihr deutlich gesagt, was mit jenen Menschen geschah, die das Regime nicht brauchen konnte.

So konzentrierte sich Diana zunächst auf ihre Liste und auf das Kinderheim in Josipovac. Obwohl sie dort offiziell nichts mehr zu sagen hatte, ging Diana jeden Tag hin. Gemeinsam mit Anka Šepić drängte sie hartnäckig darauf, die Lage für die Kinder zu verbessern. Während Dianas Aufenthalt in Sljeme setzte Anka durch, dass leerstehende Betten in die Station gebracht wurden. Jetzt mussten nicht mehr fünf oder sechs Kinder in einem Bett schlafen, und plötzlich gab es auch neue Leintücher, die das Rote Kreuz zur Verfügung stellte.

Das Rote Kreuz und die Anstaltsleitung wollten immer noch nichts mit Dianas Kinderstation zu tun haben, aber selbst ihnen fiel auf, wie schnell sich die Kinder erholten, die dort eingewiesen wurden. Die Betten waren sauber, der Boden immer gefegt und geschrubbt, und manche Kinder begannen sogar, aus ihrer Apathie zu erwachen, und manchmal, ganz selten nur, hörte man beim Vorbeigehen ein Mädchen oder einen Jungen lachen.

Aus der Taubstummenanstalt und aus den Unterkünften der Caritas sammelte Diana alle Listen, die sie bekommen konnte, und die dunkler werdenden Tage des Herbstes verbrachten sie und ihre Helferinnen oft über den schnell hingekritzelten Zeilen. Die Namen waren schwer zu entziffern, die Angaben zu den Kindern und Eltern stimmten nicht immer mit Dianas Aufzeichnungen überein, und dann musste sie nachfragen, sehen, ob das Kind noch im Jeronimisaal war oder ob man es irgendwo in Zagreb zu einer Familie gegeben hatte. Aber nach und nach wanderten die Namen von den Listen auf die Karteikarten.

Einige dieser Zagreber Familien machten Diana besondere Sorgen. Sie vertraute diesen Leuten im Grunde genommen nicht, und wenn noch ein Rest von Zutrauen existiert hatte, dann verschwand dieses, als Herr Omčikus und das Ehepaar Bojanić nicht nur ihre Arbeit an den Listen kritisierten, sondern auch verlangten, die Aktion möge für den Unterhalt der Kinder zahlen.

Der Verdacht lag nahe, dass diese Familien in den Kindern aus den Heimen nichts weiter als billige Dienstboten sahen. Sie weigerten sich, ganz junge Kinder aufzunehmen, und sie wollten auch keine schwachen oder kranken Kinder, und dafür verlangten sie jetzt auch noch Geld. Dabei gab es in Zagreb viele Frauen und Kinder, die hungerten. Direktor Dumić musste die Frauen, die aus Deutschland zurückkamen, oft vertrösten. Er konnte ihnen die Kinder nicht mitgeben, denn die Frauen hatten selbst kaum genug, um zu überleben. Aber das ging nicht nur den entlassenen Zwangsarbeiterinnen so. Der Krieg fraß sich durch die Gesellschaft, und selbst jene, die vor einem Jahr oder zwei noch zu den gutsituierten Bürgern gehört hatten, stellten sich nun um Bohnensuppe in den Armenküchen der Caritas an.

In jenem Winter schrieb Diana einen Brief an Direktor Dumić:

„Sehr geehrter Herr Direktor,

Weihnachten ist ein Fest der Liebe und der Kinder, und den Kindern gilt unsere Sorge.

Tausenden Kindern haben Sie Hilfe geleistet. [...] Viele Mütter wurden in den letzten Monaten aus den Lagern entlassen, und wenn sie in vielen Fällen auch nicht wissen, wie sie ihre Kinder ernähren können, so möchten sie nach einer so schweren Trennung doch wieder mit ihren Lieben vereint sein.

Es ist wichtig, dass die Kinder zu ihren Müttern zurückkommen, bevor durch Angewöhnung an die neuen Pflegeeltern eine Entfremdung zwischen Kind und Mutter platzgreift.

Das Kind gehört zu seiner Mutter! Um das zu ermöglichen, muss ein Unterstützungsfonds gegründet werden, damit, wo es nottut, Hilfe geleistet werden kann für alle Kinder, die von ihren freigelassenen Müttern zurückgeholt werden. [...]

In Hinblick auf Weihnachten haben wir größere Beträge für unsere Aktion bekommen und übergeben Ihnen von unserer Aktion einen Gründungsbeitrag von Kun. 100.000/einhunderttausend für den Fonds ‚Dijete k majci'. Für den gleichen Fonds übergeben wir von unserer Aktion 100 Paar Schuhe und ersuchen Sie, diese nach Bedarf an unsere zu ihren Müttern heimkehrenden Schützlinge zu verschenken.

Unser Weihnachtswunsch lautet:

Mögen möglichst viele Kinder wieder mit ihren Müttern vereint werden und mögen dem Fonds ‚Dijete k majci' noch viele namhafte Beträge zufließen."

2

Während Diana begann, die Listen durchzusehen und zu kontrollieren, verbrachte sie jede freie Minute in Josipovac, und sie merkte bald, dass sich ein neues Unheil anbahnte. Niemand wollte ihr sagen, wer für die

Zuteilungen für die Station zuständig war. Jede Lieferung, ob es nun Medikamente oder Kleider waren, musste doppelt und dreifach genehmigt werden. Aber wenn es Schwierigkeiten gab, fühlte sich niemand verantwortlich. Dennoch beobachteten sowohl die Direktorin der Anstalt wie auch Direktor Hühn vom Roten Kreuz die Entwicklung der Station überaus genau, und dieses Interesse fiel auch Prof. Brössler auf. Er konnte aber selbst gar nichts dagegen unternehmen. Je weiter das Jahr fortschritt, desto mehr nahm sein Einfluss auf das Rote Kreuz ab, und er sah nur einen Ausweg. Die Station musste an die Anstaltsleitung übertragen werden.

Bevor Diana am 5. Dezember die Nikologeschenke für die Kinder in Josipovac austeilen konnte, musste sie sich mit Dr. Olga Bošnjaković-Goszl treffen, um die Station endgültig an die Anstalt zu übergeben und so unter den Schutz des Ministeriums für Gesellschaftsfragen zu stellen. Es fiel ihr an diesem Tag schwer, sich auf den Beinen zu halten. Eine Augenentzündung quälte sie, und der Haarausfall war schlimmer geworden.

Zwischendurch musste sie noch einmal zurück in die Stadt, deshalb kam sie dann zu spät. Die Ärztinnen und Schwestern hatten sich schon verkleidet und warteten darauf, als Nikolaus und Krampus endlich durch die Zimmer gehen und Nüsse und Süßigkeiten austeilen zu können.

Viel gab es nicht, aber die Kinder streckten die Hände danach aus und lächelten, als sie das Papier von ihren Paketen lösten und dann die Nüsse an ihr Herz drückten, als sei es der kostbarste Schatz der Welt.

Dieser Moment ließ Diana aufatmen, aber die kleine Freude der Kinder erinnerte sie auch daran, welche Arbeit noch zu tun blieb. Nichts in diesen Tagen war sicher. Jeden Moment konnte die Ustaša das Gebäude stürmen und alle Kinder mitnehmen, sie wieder in ein Lager bringen und töten. Man konnte sich auf nichts und niemanden verlassen und musste klug und gerissen sein, um an sein Ziel zu kommen.

3

In diesen Tagen widmete sich Diana mit besonderer Akribie weiter ihrer Kartothek. Sie sichtete die Listen aus den Lagern, die Listen, die sie vom Ministerium und den Kinderheimen erhalten hatte, und schon bei einer oberflächlichen Prüfung sah Diana, wie nachlässig diese Unterlagen geführt wurden. Viele Kinder waren in den Transportlisten des Ministeriums gar nicht verzeichnet. Die Wärter hatten sie in die Waggons geschoben und sich nicht darum gekümmert, wer sie waren und woher sie kamen. Menschenmaterial, das man loswerden wollte, weil es keinen Wert besaß.

So ließ Diana die Listen abschreiben und sammeln und verglich sie mit ihren eigenen Aufzeichnungen. Es füllte sich Karteikarte um Karteikarte, auf der nichts weiter stand als das Herkunftslager und die Transportnummer des Kindes. Ein hoffnungsloses Unterfangen, wie es zunächst schien, aber Diana spornte ihre Mitarbeiterinnen immer wieder an. Wenn nur ein Kind wieder zu seiner Mutter gebracht werden konnte, dann hätten sich die langen Abende und Nächte gelohnt.

Gleichzeitig knüpfte Diana Verbindungen zur Schweizer Botschaft und damit zu den Vertretern des Internationalen Roten Kreuzes. Irena Kaestli, die Frau des Botschafters, begleitete sie einige Male in die Kinderheime und begeisterte sich für die Hilfsaktion. Das war ein erster Schritt, um das Netzwerk der Helfer weiter auszudehnen und Menschen außerhalb des Landes auf das Schicksal der Kinder aufmerksam zu machen. So gelang es Diana, von der Ustaša und der SS zunächst unbeachtet, ihre Aktion auszuweiten. So schaffte sie es auch, Nikola Kostrenčić, den Direktor der kroatischen Nationalbank, auf ihre Seite zu ziehen.

Die Ustaša hatte viele Geschäfte und Fabriken von Serben und Juden konfisziert. Manche standen nun unter der Verwaltung von politischen Funktionären, andere hatte man der Nationalbank übergeben. Direktor Kostrenčić verfügte damit also nicht nur über Geldreserven, sondern auch über einige Firmen, die Decken, Kleidung und andere alltägliche Gegenstände herstellten. Diana suchte ihn auf und schilderte ihm das Leid der

Kinder, erzählte, wie beengt die Verhältnisse in den Heimen waren, dass es an allem fehlte, aber vor allem an Betten und Decken.

Als Diana Direktor Kostrenčić gegenübersaß, wusste sie, dass er ihr die Bitte nicht abschlagen würde. Sie konnte es spüren, wie seine ablehnende Haltung nach und nach zu bröckeln begann. An Dianas Aktion konnte und durfte die Nationalbank nicht spenden. Immer noch verfügte Diana über keinen offiziellen Titel oder Auftrag. Aber die Caritas durfte Spenden entgegennehmen, und so einigte man sich darauf, dass die Betten und Decken direkt an Direktor Dumić gehen sollten.

4

Die Ustaša-Polizei, das Heer und viele andere Stellen beobachteten die Stimmung in der Bevölkerung. Dabei musste man früher oder später auch über Diana Budisavljević stolpern. Ein Oberstleutnant des kroatischen Heeres namens Gajić wurde so auf Diana und ihre Aktion aufmerksam. Die meisten schien die Hilfe für die Kinder aus den Lagern nicht zu interessieren, aber dieser Oberstleutnant Gajić machte Diana ausfindig und suchte sie auf.

Im ersten Moment erschrak Diana, als sie den Mann in Uniform vor sich stehen sah. Eine neue Hausdurchsuchung, eine Verhaftung vielleicht. Aber Gajić stellte sich höflich vor und bot seine Hilfe an. Er wisse, wie man günstig an Stoffe käme, und er hätte auch die Möglichkeit, diese Stoffe zum Selbstkostenpreis in Knabenwäsche umarbeiten zu lassen. Die Angelegenheit müsse diskret durchgeführt werden, damit die Ustaša nichts davon erfahre.

Diese Verschwiegenheit war umso wichtiger, als das faschistische Regime von neuer Unruhe gebeutelt wurde. Im Süden formierte sich die Jugoslawische Volksbefreiungsarmee unter Führung der Partisanen neu, und man hatte den Vorstößen kaum etwas entgegenzusetzen. Die Partisanen nahmen nicht nur in Serbien und Montenegro Dorf um Dorf ein, sie schoben ihr Einflussgebiet immer weiter nach Norden, und wenn man sie nicht aufhielt, standen sie bald wieder vor dem Kozara-Gebirge und im Kordun.

Deshalb musste nun vieles im Geheimen geschehen. Doch um weitere Kinder aus den Lagern zu holen, musste Diana aus der Deckung hervorkommen. Als Rittmeister von Koczian anrief und sagte, es gäbe eine Möglichkeit, eine Genehmigung für die Evakuierung aller Kinder zu erwirken, zögerte Diana nicht.

5

An vielen Orten begannen Frauen mit dem Kampf gegen die Besatzung und die Ustaša. Tatjana Marinić und ihre Studentinnen arbeiteten in Jastrebarsko. Jana Koch unterstützte Diana Budisavljević und führte selbst Rettungsaktionen für Kinder durch. Als Tatjana Marinić im September 1943 ihren Posten in Jastrebarsko verließ, ging sie ins befreite Gebiet. Dort war sie vor den Nachstellungen der Ustaša vorerst sicher und konnte sich weiter ihrer Arbeit widmen. Auch dort pflegte sie Kinder, unterrichtete und bereitete sich auf die Befreiung vor. Sie wusste, dass die Faschisten nicht siegen würden.

Darin bestärkte sie auch das Treffen der Volksbefreiungsarmee vom 6. bis 9. Dezember 1942 in Bosanski Petrovac, wo die Antifaschistische Frauenfront offiziell gegründet wurde. Selbst die First Lady der Vereinigten Staaten, Eleanor Roosevelt, war angereist, um die Frauen in Jugoslawien zu unterstützen. Tito war ebenfalls vor Ort, und mit ihm der Führungsstab der Partei. In seiner Rede betonte er, wie stolz er sei, eine Armee zu führen, in der so viele Frauen kämpften. Die Partisanen seien ein Zeichen für die kommende neue Zeit. Ein Symbol der Gleichberechtigung von Mann und Frau in einer modernen und freien Gesellschaft.

Auch wenn Diana mit vielen Ideen der antifaschistischen Frauen nicht einverstanden war, arbeitete sie mit Aktivistinnen und Partisaninnen zusammen. Tatjana Marinić war sicher die bedeutendste, dicht gefolgt von Jana Koch. Sie wurden im kommunistischen Jugoslawien zu Leitfiguren der Frauenrechte und der sozialen Arbeit. Sie hatten schon vor dem Krieg mit dem Aufbau einer sozialen Infrastruktur begonnen und waren während der Kämpfe gegen die Faschisten maßgeblich an der Arbeit hinter der Front beteiligt.

XXIX.
Neretva

1

Schon im frühen Winter 1942/43 wussten Siegfried Kasche, der Gesandte Hitlers in Zagreb, und General Alexander Löhr, dass nun blutige Monate bevorstanden. Englische und amerikanische Truppen konnten ihre Position in Afrika stärken, und ihre Invasion in Westgriechenland war nur eine Frage der Zeit. Dafür brauchte man jeden Mann. Doch bevor sich die Deutschen gegen die Alliierten in die Schlacht werfen konnten, musste man die Partisanen besiegen. Titos Armee hatte sich von der Niederlage im Frühjahr 1942 erholt. Im Kordun, im Kozara-Gebirge, sogar in Slawonien tauchten zuerst kleine Gruppen von Partisanen auf, dann ganze Bataillone, und im Grenzgebiet zu Serbien baute Tito schon wieder an einem eigenen Staat.

Schnell und vor allem effektiv setzten die Partisanen die Infrastruktur instand, eröffneten Schulen und Krankenhäuser und sorgten dafür, dass Četniks und marodierende Banden nicht mehr raubend und brandschatzend über die Dörfer herfallen konnten.

Unter den deutschen Besatzern regte sich nicht nur Unmut über die Hartnäckigkeit und die Erfolge der Partisanen. Gleichzeitig ärgerte man sich auch über die Ustaša, die es seit mehr als eineinhalb Jahren nicht schaffte, Ruhe und Ordnung in ihren Unabhängigen Staat Kroatien zu bringen. Dabei waren weniger die aufständischen Serben oder die Partisanen das Problem, sondern die Ustaša selbst. Zum einen hielten sie sich nicht an ihre eigenen Gesetze und plünderten und raubten und mordeten sich durch ganze Landstriche, und zum anderen schien ihnen die Bevölkerung völlig egal zu sein. Ob es Schulen gab oder die Straßen passierbar waren, es kümmerte Pavelić und seine Getreuen nicht. Ob die Kranken einen Arzt fanden oder auf der Straße krepierten, es war der Ustaša gleichgültig.

So konnte man keinen Staat führen, so konnte man die Menschen nicht hinter sich sammeln. Siegfried Kasche und auch die Wehrmacht forderten die Auflösung des Ustaša-Staates. Nur zwei Prozent der Bevölkerung, so schätzten die deutschen Besatzer, standen hinter dem Regime. Der Rest fürchtete sich oder stand kurz vor dem offenen Aufstand.

Doch Hitler wollte davon nichts hören. Er selbst hatte Pavelić damals bei seinem Besuch am Berghof in Salzburg geraten, hart gegen die Serben und die Juden vorzugehen. Man möge die Kroaten nicht stören, sagte Hitler, sie müssten sich nur einmal kräftig austoben, dann würde schon alles ins Lot kommen.

2

General Alexander Löhr sammelte die Truppen der deutschen Wehrmacht und der kroatischen Heimwehr, ließ sich das Oberkommando über die italienischen Verbände geben und versuchte, die Ustaša und die Četniks unter Kontrolle zu bringen. Mehr als 150.000 Soldaten standen unter seinem Befehl, als er am 20. Jänner 1943 die Offensive gegen die Partisanen eröffnete.

Aufseiten der Partisanen standen etwa 20.000 Mann, und alleine dieses Missverhältnis hätte im Grunde gereicht, das Schicksal der Jugoslawischen Volksbefreiungsarmee unter Josip Broz Tito zu besiegeln. Doch auch wenn die Kämpfe die Partisanen Stück für Stück nach Süden drängten und schon in den ersten Wochen über 2000 von ihnen im Kampf fielen, gaben sie nicht auf.

Am 25. Februar standen die Partisanen mit dem Rücken zur Neretva, und es entspann sich jene Schlacht, die in Titos Jugoslawien geradezu mystische Bedeutung erlangen sollte. Dort an der Neretva, zwischen

Mostar und Prozor, saß Tito mit seinen Leuten in der Falle. Von allen Seiten näherten sich feindliche Truppen, und ein Entkommen schien schon deshalb unmöglich, weil man viele Verwundete mit sich führte.

Doch der Ausbruch gelang. Die Partisanen gingen gegen die italienischen Truppen vor und durchbrachen die Belagerung. Sie brachten zuerst ihre Verwundeten in Sicherheit und wandten sich dann wieder gegen die Armee unter dem Kommando von General Löhr. Ihr Kampfgeist flammte auf und nach den Italienern zwangen die Partisanen auch die Četniks zur Aufgabe.

3

Wenn Soldaten in den Krieg marschieren, sterben Kinder. Die Truppen unter General Alexander Löhr drangen vom Norden her nach Bosnien vor, und auf ihrem Weg Richtung Neretva durchkämmten sie die Wälder und Dörfer, so gut sie es vermochten. Viele Männer und Frauen wurden als Zwangsarbeiter deportiert, viele wurden erschossen. Aus den Opferzahlen im Vergleich mit der Zahl der erbeuteten Waffen geht hervor, dass die Soldaten unter General Löhr keinen Unterschied zwischen Kombattanten und Zivilisten machten. Sie fielen über die Dörfer her und erschossen jeden, der ihnen verdächtig erschien.

Zuerst waren es nur Gerüchte, die aus dem Kampfgebiet nach Zagreb drangen, aber bald verfügte Diana über genauere Informationen. Südlich von Mostar waren etwa 70.000 Menschen aus ihren Dörfern vertrieben worden. Abgeschnitten von jeder Versorgung, ohne Essen und Medikamente, verschlechterte sich der Zustand der Menschen von Tag zu Tag.

Die Caritas sagte zu, wenigstens die 25.000 transportfähigen Kranken aus dem Gebiet zu retten, aber es gab keine Möglichkeit. Die Eisenbahnlinie war unterbrochen, und aufgrund der Kampfhandlungen gab es wenig Hoffnung, dass sich das in absehbarer Zeit ändern würde. Auf dem Seeweg über Sušak wäre eine Evakuierung möglich gewesen, aber das Rote Kreuz weigerte sich, Schiffe dorthin zu schicken.

So blieb Diana wenig anderes übrig, als weiterhin die offiziellen Stellen zu berennen und ihnen Zusicherung um Zusicherung abzutrotzen, so klein diese auch sein mochten. Rittmeister von Koczian mit seiner Tätigkeit in der Arbeiterbeschaffungsstelle einerseits und seinen Verbindungen zu allen relevanten Politikern des Ustaša-Regimes andererseits konnte ihr zwar von den Maßnahmen und Plänen berichten, aber helfen konnte er nicht.

Es war viel zu gefährlich, jemanden ins Operationsgebiet der deutschen Wehrmacht zu schicken, um dort nach den Kindern und den Vertriebenen zu suchen. Auch Hilfslieferungen konnten die Caritas und das Rote Kreuz nicht ins Kriegsgebiet bringen.

Dann tauchten neue Gerüchte auf. Rittmeister von Koczian behauptete nun, dass man die Menschen gar nicht aus ihren Dörfern vertrieb. Die Wehrmacht würde die Menschen in den Dörfern und auf den Höfen belassen. Es gäbe überhaupt keine Nahrungsknappheit, und man müsse sich nicht weiter um die Menschen sorgen.

Die Wahrheit sah anders aus. Immer noch gingen Transporte aus dem Süden, aus Sarajevo, aus Belgrad und nun auch wieder aus den umkämpften Gebieten in Bosnien, nach Deutschland. Hunderte und tausende Frauen und Männer wurden nach Deutschland und in die besetzten Gebiete im Osten gebracht. Das Deutsche Reich brauchte Arbeiter. Menschen, die Handgranaten zusammenbauten und Munition herstellten für den Krieg, der sich nun weitum ins Land gefressen hatte. Die Kinder aber, die brauchte niemand, und so ließ man sie zurück oder verfrachtete sie nach Stara Gradiška oder Jasenovac.

Das wollte Rittmeister von Koczian nicht zugeben. Die Ustaša-Polizei habe sogar eine Bewilligung in Erwägung gezogen, mit der man alle Kinder aus den Lagern befreien könne. Aber im Moment sei das einfach zu gefährlich. Selbst der Weg nach Sisak wäre nicht sicher, meinte er. Doch Diana solle sich keine allzu großen Sorgen machen, die Vertreter der deutschen Besatzung stünden auf ihrer Seite. Selbst der Bevollmächtigte General für Kroatien, Edmund Glaise von Horstenau, habe sich wohlwollend über ihre Aktion geäußert. Mehr könne man im Moment nicht erwarten.

Glaise von Horstenau sei selbstverständlich für die Rettung der Kinder, und er würde es begrüßen, wenn Dianas Aktion diese Aufgabe übernehme, aber viel könne selbst er nicht bewirken. Einzig und allein das Versprechen, die Kinder nicht in Konzentrationslager zu schicken, sondern sie zu sammeln und nach Zagreb zu bringen, konnte er Glaise von Horstenau abringen.

4

All diesen Beteuerungen schenkte Diana wenig Glauben. Von den vielen Versprechen war bis jetzt kaum eines eingehalten worden, und dennoch blieb Diana hartnäckig. Selbst die Ablehnung des Internationalen Roten Kreuzes beeindruckte sie wenig. Der Beauftragte aus Genf, Julian Schmidlin, interessierte sich bei seinem Besuch deutlich mehr für Statistiken und Dianas Karteikarten als für die hungernden Kinder im Kriegsgebiet. Auf Dianas Bitte, sich für eine Genehmigung zur Rettung der Kinder aus dem Kozara-Gebiet einzusetzen, ging er nicht ein. In Genf sei man darüber unterrichtet, sagte er und hielt das Thema damit für erledigt.

Also wandte sich Diana abermals an Erzbischof Stepinac. Wie so oft empfing er sie voller Enthusiasmus. Diesmal ließ er gleich ein Schreiben an Pavelić aufsetzen, in dem der Bischof forderte, man möge der Caritas die Sorge um die Kinder übertragen. Direktor Dumić, so meinte Stepinac, würde dieses Vorhaben sicher auch unterstützen, und Diana und Dr. Vidaković sollten doch gleich zur Caritas gehen und gemeinsam mit Direktor Dumić beraten, wie in der Sache weiter vorzugehen sei.

Doch im Büro von Direktor Dumić erlebte Dianas engster Mitarbeiter Dr. Marko Vidaković eine Überraschung. Der sonst so ruhige und hilfsbereite Mann war außer sich. Caritasdirektor Dumić tobte und schrie, er würde nun alles hinwerfen und kein einziges Kind mehr aufnehmen. Er lasse es nicht zu, dass man alles immer über seinen Kopf hinweg entscheide, und überhaupt werde er jetzt zum Erzbischof gehen und alle seine Ämter niederlegen.

Fürs Erste war hier nichts zu erreichen, wenn Diana auch davon überzeugt war, dass Dumić sich bald wieder beruhigen würde. Die Last drückte sie alle nieder. Jedes Kind, das sie nicht retten konnten, das irgendwo da draußen starb oder, noch schlimmer, so krank und so schwach war, dass sie es auch in ihrer Obhut nicht retten konnten, lastete auf ihren Seelen.

Rittmeister von Koczian versuchte, Diana zu trösten. Es gäbe keinen Grund, sich um die Kinder in den Operationsgebieten der Wehrmacht Sorgen zu machen. Niemals würde ein deutscher Soldat einem Kind etwas antun. So etwas hielt der Rittmeister für ausgeschlossen. Doch das stimmte nicht. Auch die Deutschen und die Österreicher, egal ob Wehrmacht oder SS, wüteten unter der Bevölkerung. Vielleicht angesteckt vom Hass der Ustaša, warfen auch sie Säuglinge in die Luft und fingen sie mit ihren Bajonetten wieder auf.

5

Warum sowohl Direktor Dumić von der Caritas als auch die Leitung der Taubstummenanstalt sich jedes Mal bitten ließen, wenn es um die Abschrift der Karteikarten und Listen ging, ist kaum nachvollziehbar. Schon gar, weil die meisten dieser Aufzeichnungen unvollständig waren und Diana und ihre Mitarbeiter nichts durcheinanderbrachten, sondern, ganz im Gegenteil, die Angaben ergänzten und Fehler ausmerzten.

Diese Arbeit wurde von Tag zu Tag wichtiger. Denn die Anfragen aus Deutschland häuften sich auf Dianas Schreibtisch. Auch die Caritas und das Rote Kreuz leiteten Briefe an Diana weiter, denn nur sie verfügte über eine Kartothek, mit deren Hilfe sie den Müttern und Vätern mitteilen konnte, wo sich ihre Kinder befanden.

Jeden Tag langten neue Briefe ein. Aus Wien und Graz, aus Lagern in Deutschland schrieben die Männer und Frauen. Sehr oft erzählten die Briefe die gleiche Geschichte. Man hatte die Männer aufgegriffen, sie in ein Lager gebracht und spätestens dort von ihren Frauen und Kindern getrennt. Seit über einem Jahr, so schrieb Milan Gajić, suche er nun nach seiner Frau Joka und ihrem gemeinsamen Sohn Bogdan. Aber er habe kein Lebenszeichen von den beiden.

Savo Borković bedankte sich in einem Brief, den er aus Lembach in der Untersteiermark schickte, bei Diana, die ihm geholfen hatte, seine Kinder wiederzufinden. Nun schickte er eine Namensliste von Vätern, die am 9. Juli 1942 im Lager Sisak von ihren Frauen und Kindern getrennt worden waren.

So und so ähnlich lauteten die Schreiben, die Diana jeden Tag in der Post fand und die ihr von Caritas und Rotem Kreuz zugetragen wurden. Die Suche begann mit dem Namen des Vaters oder der Mutter, und oft fand sich bald ein Eintrag, der zeigte, dass das Kind in Zagreb in die Taubstummenanstalt eingeliefert worden war oder bei der Caritas im Jeronimisaal untergekommen war. Dann versuchte Diana, die Spur weiterzuverfolgen, und da die Kartothek mit Akribie geführt und immer wieder überprüft wurde, konnte Diana in vielen Fällen die Adressen der Kinder herausfinden.

Manchmal allerdings blieb ihr nichts weiter übrig, als den Eltern mitzuteilen, dass ihre Kinder gestorben oder dass sie im Moment nicht auffindbar waren, die Suche aber fortgesetzt würde.

Dieses ständige Forschen und beharrliche Suchen nach Verbindungen und Namen, die Sichtung von Listen, der Vergleich mit den Karteikarten der Caritas, der Taubstummenanstalt beruhigte Diana ein wenig. Ihre Erschöpfung hielt an, aber allmählich klangen die Beschwerden ab. Nun musste sie nicht länger gegen den Durchfall behandelt werden, und die Haare fielen ihr auch nicht mehr aus. Doch sie wusste, diese Tage waren nur eine Verschnaufpause vor der nächsten Katastrophe.

Am 1. April 1943 wurde Prof. Brössler aus dem Roten Kreuz ausgeschlossen, und wenige Tage später schickte ihn auch das Ministerium für Gesellschaftsfragen auf Zwangsurlaub. Als er nach dem Grund fragte, sagte man ihm, er habe sich zu sehr mit den Serben eingelassen, und es sei doch schon erstaunlich, wenn ein so hochrangiger Beamter nichts Besseres zu tun habe, als serbische Kinder zu retten.

Auch Dianas Name fiel bei dieser Unterhaltung, und darin klang eine Drohung mit. Wenn man Prof. Brössler so einfach entfernen konnte, wie lange würde man dann wohl zögern, jemanden aus dem Verkehr zu ziehen, der keine öffentliche Stellung bekleidete?

XXX.
Die Kartothek

1

Kamilo Brösslers Rauswurf aus dem kroatischen Roten Kreuz und seine Demissionierung als Leiter der Abteilung für Kinderschutz kam für Diana nicht überraschend. Die Ustaša hatte sich lange Zeit gelassen, hatte sich wenig um Dianas Aktion gekümmert. Aber jetzt war sie in das Fadenkreuz der Faschisten geraten. Das mochte mit der allgemeinen politischen und militärischen Lage zusammenhängen. Aber Unterschied machte das keinen. Die Ustaša hatte nach so vielen Monaten Dianas Bemühungen einen Riegel vorgeschoben.

Nun erwartete Diana eine Hausdurchsuchung, die Beschlagnahmung der Kartothek und natürlich ihre Verhaftung. Prof. Brössler konnte man nicht ohne erhebliches Aufsehen in ein Lager verfrachten. Bei ihr, einer Hausfrau und Gattin eines serbischen Arztes, der nicht mehr an der Universität unterrichten durfte, war das etwas ganz anderes. Wer würde sich da schon darum kümmern, wenn das Haus eines Tages verlassen dastand, sie und ihr Mann nicht mehr auffindbar waren?

Deshalb sprach Diana erneut bei Erzbischof Stepinac vor. Diesmal wollte sie keinen Saal und kein Kinderheim, sondern nur einen kleinen Platz im Tresor des Bischofs. Diana und Dr. Vidaković pilgerten zum Sitz des Bischofs. Unter dem Arm trug er ein Heft, in dem mit Schreibmaschine ein Teil der Kartothek verzeichnet war.

Gleichzeitig kamen Briefe über Briefe aus den deutschen Fabriken, aus den Arbeitslagern in Österreich, und obwohl Prof. Brössler nicht länger für das kroatische Rote Kreuz arbeitete, kamen auch von dieser Stelle immer neue Anfragen.

Diana versuchte, den neuen Leiter der Abteilung für Kinderschutz, einen gewissen Herrn Schmid, auf ihre Seite zu ziehen, und wider Erwarten fand sie den Mann ihrer Idee nicht völlig abgeneigt. Er setzte sich dafür ein, einige Kinder aus Jastrebarsko zu Familien am Land zu bringen. Das war nicht nur wegen der Infektionsgefahr höchst nötig. Es stand auch zu befürchten, dass die Ustaša die Kinder als Geiseln und Schutzschilde verwenden könnte, wenn die Partisanen Jastrebarsko angriffen.

Immer noch unter dem Eindruck von Prof. Brösslers Rauswurf arbeiteten Diana und ihre Helfer weiter. Neben den vielen Briefen, die zu beantworten waren, versorgten Diana und ihre Mitarbeiter auch immer wieder Transporte, die nach Deutschland gingen. Es waren weniger als im letzten Jahr, aber das lag auch daran, dass die Deutschen die Transporte oft geheim hielten und über verschlungene Wege aus dem Aufmarschgebiet in Bosnien ins Reich brachten. Aber gelegentlich erfuhr Schwester Dragica Habazin von einem dieser Züge, und dann versuchte sie, die Wagen am Bahnhof von Zagreb aufzuhalten.

Im Juni 1943 kamen etwa 125 Frauen und 150 Männer in Viehwaggons in Zagreb an. Der Zug kam aus Osijek, und auf der über dreihundert Kilometer langen Fahrt hatte der Zug nicht gehalten. Aber vor allem den Mädchen und den jungen Männern schien das wenig auszumachen. Sie waren froh, nach Deutschland zu kommen. Dort, so meinten sie, würde es genug zu essen geben. Es kümmerte sie nicht, wenn sie dafür hart arbeiten mussten.

Viele ältere Frauen aber beklagten sich bitter, weil sie ihre Kinder nicht mitnehmen durften. Nicht einmal richtig verabschiedet hätte sie sich, sagte eine der Mütter, und nun wisse sie nicht, was mit ihren vier Kindern geschehen würde.

Diana versprach, sich darum zu kümmern, und drückte den Frauen Zettel mit ihrer Adresse in die Hand. Sobald sie in Deutschland oder wo auch immer angekommen waren, sollten sie schreiben. Unbedingt brauchte Diana den Namen und den letzten Aufenthaltsort des Kindes, dann war es vielleicht möglich, einen Kontakt herzustellen.

Diese Zettel verteilten Diana und Schwester Habazin bei jedem Transport. Es war wichtig, Dianas Adresse so weit wie möglich zu verbreiten und bekannt zu machen.

Dianas Mitarbeiterinnen gingen von Waggon zu Waggon und gaben den Menschen Essen und Flaschen mit Mineralwasser. Dabei kam Diana mit einigen Männern der Begleitmannschaft ins Gespräch. Es waren Volksdeutsche, Donauschwaben, die sich von der Wehrmacht anheuern hatten lassen. Sie konnten den Optimismus der Jungen und Mädchen nicht teilen. Der Transport ging zwar nach Deutschland, aber die Menschen in den Waggons waren nicht für die Fabriken bestimmt. Dieser Zug fuhr in ein Konzentrationslager, und sie glaubten nicht, dass die Frauen lange genug leben würden, um einen Brief zu schreiben.

2

Über einen Brief gebeugt, hatte Diana das Klopfen an der Tür beinahe überhört. Draußen stand ein Mann in Uniform. Er hielt einen Zettel in der Hand, auf dem Dianas Adresse stand, einen der Zettel, die Diana am Bahnhof ausgeteilt hatte.

„Ich nehme an, dieser Zettel stammt von Ihnen", sagte der Mann auf Deutsch und wartete nicht, ob Diana ihn hereinbat. Er stellte sich als Gestapo-Offizier vor und forderte Auskunft darüber, warum Diana ihre Adresse an Gefangene verteile.

An diesem Nachmittag waren neben Diana noch andere Mitarbeiter der Aktion anwesend. Sie alle kümmerten sich um die Beantwortung und Weiterleitung von Briefen. Es sah aus wie in einer Kanzlei.

Der Gestapo-Offizier ging von einem zum nächsten, zog Briefe heraus und las. Diana erklärte ihm, was sie hier taten, und sehr schnell erkannte der Offizier auch selbst, dass hier Briefe von Zwangsarbeitern aus deutschen Fabriken und Lagern bearbeitet wurden und dass es darum ging, die Verbindung zwischen Eltern und Kindern aufrechtzuerhalten.

„Major Knehe von der Stelle für Arbeiterbeschaffung weiß Bescheid", sagte Diana. „Wir haben vereinbart, dass alle Briefe und Nachrichten bei mir zusammenlaufen. Das ist die beste Möglichkeit."

Der Gestapo-Offizier zog nach einiger Zeit wieder ab, und wie sich herausstellte, war damit die Neugierde der deutschen Besatzung gestillt. Es gab keine weitere Anfragen oder Besuche. Vielleicht hing das auch mit der steigenden Unzufriedenheit der Besatzer mit dem Ustaša-Regime zusammen. Der Bevollmächtigte General Edmund Glaise von Horstenau schrieb in seinen tagebuchartigen Aufzeichnungen immer wieder davon, wie sehr er die Ustaša verachtete. Er hielt sie für eine Mörderbande, einen unzivilisierten Haufen von Sadisten.

Es gab also schon Mitte 1943 von dieser Seite kaum noch Unterstützung für Pavelić und seine Getreuen. Immer öfter war davon die Rede, das Ustaša-Regime aufzulösen und selbst die Macht im Land zu übernehmen.

Der General der Waffen-SS Felix Steiner, der laut Glaise von Horstenau eine Art graue Eminenz der deutschen Besatzung in Kroatien darstellte, weigerte sich überhaupt, Pavelić zu treffen. Bei einem Gespräch, das Glaise von Horstenau mit General Steiner im Casino des Hotels Esplanade in Zagreb führte, meinte Steiner, seine Popularität in den Reihen der Nationalsozialisten verbiete es ihm, Pavelić zu empfangen. Mit dem selbsternannten Poglavnik wollte niemand mehr etwas zu tun haben.

Das Verhältnis zwischen Ustaša und deutscher Wehrmacht hatte sich in den letzten Monaten also zusehends verschlechtert. Seit den gemeinsamen Operationen im Kozara-Gebiet und den Feldzügen gegen die Partisanen im Süden Bosniens hatten sich die Ustaša und die kroatische Heimwehr mehr oder weniger selbstständig gemacht. Sie befolgten die Befehle des Kommandos der Wehrmacht nur halbherzig oder gar nicht, ganze Einheiten liefen zu den Partisanen über oder zogen wie Räuberbanden durchs Land. General Löhr und seinem Stab kamen nach und nach die Kampftruppen abhanden. Während die Jugoslawische Volksbefreiungsarmee ihre Stärke binnen Monaten verzehnfachte, blieben Löhr bald nur mehr die eigenen Verbände. Denn auch die italienischen Streitkräfte zogen sich mit Italiens Kapitulation im September 1943 zurück. Schlimmer noch, im Oktober traten die Italiener abermals in den Krieg ein, aber diesmal als Verbündete der Alliierten, und kämpften gemeinsam mit den Partisanen gegen die Deutschen und Kroaten.

3

Diana verfolgte die Gefechte in Bosnien, Slawonien und im Kordun. Sie sah, wie die Volksbefreiungsarmee sich von Tag zu Tag weiter in den Norden vorschob. Auch aus Slowenien und Kärnten kamen Nachrichten. Dort hatten die Partisanen ebenso wie in Bosnien und Serbien größere Gebiete eingenommen und verteidigten sie erfolgreich gegen die Nationalsozialisten und die Ustaša.

Diese zähen Kämpfe machten Dianas Arbeit nicht einfacher. Der Weg ins Kriegsgebiet blieb ihr versperrt. Weder die deutsche Stelle für Arbeiterbeschaffung noch das Rote Kreuz wagten eine Expedition in den Süden. Niemand wollte und konnte für die Sicherheit einer Rettungsmission garantieren. Die Wehrmacht hatte außerdem kein Interesse an den Kindern und Jugendlichen und ließ sie deshalb im Kriegsgebiet zurück. Nur die Erwachsenen wurden als Zwangsarbeiter deportiert. Die Ustaša durchkämmten die Gebiete und töteten serbische Bewohner und solche, die sie für Serben hielten. Sie brachten hunderte und tausende nach Jasenovac und in andere Konzentrationslager, und die Partisanen versuchten, all das zu verhindern.

So blieb Dianas Aktion kaum etwas anderes als der Briefverkehr und die Sorge um die geretteten Kinder. Immerhin waren es zu dieser Zeit schon über zehntausend, die sie aus den Lagern und damit vor dem sicheren Tod gerettet hatte. Um sie nicht wieder in die Hände der Ustaša fallen zu lassen, war es jetzt wichtig, sie möglichst weit verstreut bei Bauern und Familien in Dörfern unterzubringen. Dadurch konnte die Ustaša die Kinder nicht einfach wieder einsammeln und in die Lager verfrachten. Aber mithilfe der Kartothek konnte Diana fast jedes Kind wieder auffinden und den Eltern Auskunft erteilen. So erhielt Diana am 5. November 1943 einen Brief aus Dormagen in Deutschland. Er wurde ihr von einem Kurier des Roten Kreuzes übergeben, und darin fand sie die Bitte einer Frau, einer gewissen Zorka Petrović, um Hilfe bei der Suche nach ihrem Sohn.

Der Junge hieß angeblich Rajko Petrović und stammte aus dem Dorf Poljavnice. Sein Vater hieß Nedjelko, und die letzte Adresse war auch vermerkt. Normalerweise hätte Diana mit diesen Angaben kein Problem gehabt, den Jungen zu finden, wenn er sich in ihrer Kartei befand, aber diesmal schien es aussichtslos. Einen Rajko Petrović gab es in der Kartothek nicht. Auch nach tagelanger Suche tauchte kein Junge dieses Namens auf. Aber, wie Diana am 12. November dem Roten Kreuz antwortete, hatte sie einen Rade Petrović in ihrer Liste gefunden. Einen Jungen, 1933 geboren, dessen Eltern ihren Unterlagen zufolge Zorka und Nedjo hießen. Das könne doch passen.

Wie sich herausstellte, passte es tatsächlich. Das Rote Kreuz gab die Adresse der Pflegeeltern an Zorka Petrović weiter, und etwa ein halbes Jahr später erreichte Diana ein Brief des Pflegevaters. Er schrieb, dass sie Kontakt mit Zorka aufgenommen hätten und Mutter und Sohn nun in Briefkontakt stünden. Dem Jungen gehe es gut.

Damals, als der Pflegevater Dr. Drago Damaška den kleinen Rade aus Josipovac abgeholt hatte, litt der Junge an einer Lungenentzündung. Aber die war mittlerweile ausgeheilt, und Rade ging in die zweite Klasse der Grundschule. Solche Fortschritte mache er, dass er seiner Mutter schon selbst schreiben könne.

Das, so fuhr Drago Damaška in seinem Brief fort, sei auch der einzige Trost, den Zorka noch hätte. Von ihren vier Kindern waren zwei in verschiedenen Lagern gestorben, und außer Rade war nur noch ein Mädchen am Leben. Aber wie es um Bosiljka stünde, konnte Dr. Damaška nicht sagen. Er hatte versucht, die Pflegeeltern der kleinen Bosiljka zu kontaktieren, aber keine Antwort erhalten. Deshalb mache er sich große Sorgen, denn die Kleine hätte wie ihr Bruder unter einer sehr schweren Lungenentzündung gelitten.

Am Ende des Briefes bat er Diana, sich der Sache anzunehmen und die Pflegeeltern von Bosiljka anzurufen. Die Mutter, die doch schon zwei Kinder verloren habe, solle man nicht länger im Ungewissen lassen, wenn es denn irgendwie möglich sei.

XXXI.
Verrat

1

Im Herbst 1943 kam die Idee einer Milchaktion für die Kinder in Zagreb zum ersten Mal zur Sprache. Bei einem Treffen in Dianas Haus meinte Dr. Marko Vidaković, man könne doch versuchen, Milchpulver über das Internationale Rote Kreuz zu besorgen. Das würde die Notlage in Zagreb ein wenig mildern.

Diana war von der Idee begeistert. Von der ersten Stunde ihrer Aktion an hatte sie mit Vidaković zusammengearbeitet. Ja, er hatte sie ermuntert, die Initiative zu ergreifen, und er hatte die finanziellen Angelegenheiten übernommen. Diese neue Aktion sollte allen Kindern in Zagreb zugutekommen, ganz egal ob sie serbisch, kroatisch, bosnisch oder jüdisch waren. Der Krieg hatte die Stadt ausgesaugt und die Menschen hungernd zurückgelassen. Deshalb spielte Diana schon lange mit dem Gedanken, eine Mittelstandskinderküche ins Leben zu rufen. Sie nannte dieses Projekt so, weil sie sah, wie nicht nur die aus den Lagern freigelassenen Frauen, sondern auch jene, die durchaus als gutsituiert galten und es vor dem Krieg wohl auch waren, nun am Markt anstanden und um Rüben bettelten. Die ganze Stadt hungerte, und niemand unternahm etwas.

Als Vidaković also diese Milchaktion anregte, machte sich Diana sofort auf den Weg, um zu erkunden, wie man die Aktion organisieren konnte. Ihr erster Weg führte sie zu Prof. Brössler. Der war nach seinem Rauswurf beim Ministerium und seiner Beurlaubung beim kroatischen Roten Kreuz nun beim Internationalen Roten Kreuz angestellt und arbeitete für den Delegierten Schmidlin aus der Schweiz.

Wie sich bald herausstellte, war der Weg über das Internationale Rote Kreuz der einzig gangbare. Der Delegierte Schmidlin gab Diana die Adresse der Zentrale in der Schweiz, und Diana bestellte dort zunächst je 82 Kisten gesüßter und ungesüßter Kondensmilch. Laut Auskunft des Roten Kreuzes sollte die Lieferung inklusive Spesen 10.000 Franken kosten, und man versprach, die Kondensmilch an die Erzbischöfliche Caritas zu liefern, sobald das Geld überwiesen sei. Aber da nun eröffnete sich die erste Schwierigkeit. Denn für eine Auslandsüberweisung war eine Genehmigung nötig, und für diese Genehmigung brauchte die Bank einen Kostenvoranschlag. Also schrieb Diana wieder nach Genf.

Mittlerweile waren mehrere Wochen vergangen, und es sollte noch einmal ein paar Wochen dauern, bis die Aktion ins Laufen kam.

2

Das Gesuch für die Auslandsüberweisung wurde abgelehnt, und das Rote Kreuz konnte die Milchkonserven nicht liefern. Dabei drohte ein neuer harter Winter, und es fehlte in Zagreb an allem. In einer Aufstellung, die Diana einer Versammlung von Rotem Kreuz, Gesundheitsministerium und Caritas präsentierte, forderte sie Wärmestuben für den Winter, eine Mittelstandskinderküche und eine verbindliche Organisation der Milchverteilung, denn sie war überzeugt, dass die Lieferung letztlich genehmigt würde. Und sie behielt recht. Am 23. Oktober 1943 überwies Diana 384.180 Kuna an das Internationale Rote Kreuz in Genf. Das Rote Kreuz in Zagreb erklärte sich bereit, die Lieferung zu übernehmen, denn dadurch konnte man die Zollbestimmungen umgehen.

Jeden Tag arbeitete Diana an der Kartothek und beantwortete Briefe, leitete sie weiter und forschte nach verschwundenen Kindern. Vor allem viele der jüngeren Kinder, die Säuglinge und jene, die noch nicht sprechen konnten, waren nur mit einer Nummer verzeichnet. Manchmal stand in den Listen ein Vorname. Es war aber nicht immer klar, ob es der Vorname des Kindes oder der eines Verwandten war. Bei einigen dieser namenlosen

Kinder wusste Diana, aus welchem Lager sie kamen. Aber sie konnte nicht feststellen, wo sie sich jetzt befanden. Ob sie noch in einem der Heime lebten oder schon längst zu einer Familie übersiedelt waren.

Immer wieder legte Diana neue Kriterien fest, nach denen man Kinder in der Kartothek finden konnte, sogar über den Vornamen der Mutter war es möglich, ein Kind zu identifizieren. Und mithilfe der Aufzeichnungen aus der Taubstummenanstalt, aus anderen Kinderheimen und der Caritas wurde die Kartothek immer größer und komplexer.

In dieser Zeit waren Prof. Brössler und vor allem Dr. Vidaković eine unentbehrliche Hilfe. Vidaković belagerte Erzbischof Stepinac und Caritasdirektor Dumić regelrecht, um einerseits die Milchaktion und andererseits die Mittelstandskinderküche endlich in Gang zu bringen. Jetzt, wo die Milch in Zagreb eingetroffen war, musste sie auch verteilt werden.

Aber Caritasdirektor Dumić fand immer neue Ausflüchte und Gründe. Als er eine neue Genehmigung erhielt, Kinder aus den Lagern zu befreien, zögerte er. Er schob die Abreise immer wieder hinaus, teils wohl, weil er sich vor der Fahrt durch das umkämpfte Gebiet fürchtete, teils auch, weil er nicht wusste, wo er die Kinder unterbringen sollte. Erst als er gegen Ende Jänner 1944 erfuhr, dass sich in Jasenovac beinahe nur noch Kinder zwischen 12 und 15 Jahren befanden, fuhr er los. Diese Kinder und Jugendlichen konnte er als Arbeitskräfte bei Bauern in der Umgebung von Zagreb unterbringen.

Doch seine Mission war erfolglos. Die Kommandanten von Jasenovac und Stara Gradiška weigerten sich, ihm auch nur ein Kind auszuhändigen. Ohne schriftliche Genehmigung der Sicherheitspolizei verließ kein Kind das Lager, und dieses Dokument konnte Dumić nicht vorlegen. Er hatte nur eine mündliche Zusicherung von einem Beamten des Gesundheitsministeriums.

Auch was die Mittelstandskinderküche anbelangte, geriet wieder einmal alles ins Stocken. Dumić versuchte, das Projekt an sich zu ziehen, und konzentrierte die Ausspeisung auf das Palmenhaus. Allerdings stellte sich dort kaum jemand um Essen an. Die Menschen scheuten den Weg durch das kalte, verschneite Zagreb. Ohne Schuhe und mit wenig mehr als Fetzen am Leib blieben sie lieber zu Hause und hungerten. So entstand bald der Eindruck, die Stadt brauche gar keine Armenausspeisung, und auch Dianas Milchaktion sei zwar gut gemeint, gehe aber in die falsche Richtung.

Erst als Diana gemeinsam mit Schwester Habazin das Rote Kreuz einschaltete, kam Bewegung in die Angelegenheit. In der ganzen Stadt gab es Geschäfte, in denen man gegen Bezugsscheine Nahrung und Kleider kaufen konnte. Diese wurden nun von der Milchaktion informiert, und wer immer auch bedürftig war, sollte sich bei diesen Geschäften melden. Außerdem wurden Plakate angebracht, die auf die Ausspeisungen aufmerksam machten. Wie sich herausstellte, hatten die meisten Menschen weder von der Milchaktion noch von der Ausspeisung im Palmenhaus des Erzbischofs überhaupt jemals etwas gehört.

Jetzt also, nach monatelanger Vorbereitung, hatte Diana endlich einen Weg gefunden, die Milchkonserven und das Essen an die hungernden Kinder in Zagreb zu verteilen. Aber kaum war das erreicht, meinte Dr. Schmidlin, er sei nun nicht mehr an der Verteilung von Milch in Zagreb interessiert. Viel wichtiger sei es, in die Provinz zu gehen und dort zu helfen. In Zagreb, so meinte er im Gespräch mit Diana, gebe es ohnehin kaum notleidende Kinder. In Banja Luka hingegen oder in Šibenik verhungerten die Kinder quasi auf der Straße. Er gestand Diana aber zu, einen Teil der Milch weiterhin in Zagreb zu verteilen.

3

Die Kämpfe näherten sich Zagreb. Tito und die Jugoslawische Volksbefreiungsarmee hatten Bosnien mehr oder weniger eingenommen und in Drvar ein provisorisches Hauptquartier eingerichtet. Beim Abzug der italienischen Truppen im Herbst 1943 hatten die Partisanen eine große Menge Waffen und Munition erbeutet. Die Mannstärke der Armee war nun auf mehr als hunderttausend angewachsen, und man war sich der Unterstützung der Alliierten sicher.

Dennoch versuchte die Wehrmacht, gemeinsam mit kroatischen Verbänden, die Partisanen zurückzudrängen, und hatte an der Adriaküste zunächst auch Erfolg. Im Frühjahr 1944 berannte die Wehrmacht Dubrovnik und konnte die Stadt einnehmen. Dabei ergaben sich zwar kaum Angehörige der Volksbefreiungsarmee, aber doch viele, die sich erst nach dem Abzug der Italiener auf die Seite der Partisanen geschlagen und im Feldlazarett oder in der Küche gearbeitet hatten.

82 dieser Gefangenen fand Schwester Habazin in einem verplombten Viehwaggon auf einem Abstellgleis am Zagreber Bahnhof. Die Frauen und Männer waren vor drei Tagen in Dubrovnik in den Zug verladen worden. In der ganzen Zeit hatten sie weder etwas zu essen noch zu trinken bekommen. Bahnmitarbeiter hörten das Geschrei und das Gewimmer und verständigten Schwester Habazin.

Die ließ den Waggon aufbrechen und brachte die Menschen in ein Auffanglager in der Nähe von Zagreb. Dort arbeitete sie nun schon seit mehreren Monaten und kümmerte sich um die Gestrandeten.

Der Lagerleiter wollte die Partisanenüberläufer nicht im Lager haben, und er gab Schwester Habazin zu verstehen, dass sich diese Leute ganz auf ihre Verantwortung hier befanden und sie schnellstens dafür sorgen sollte, dass sie wieder verschwanden. Am besten, man steckte sie in den nächsten Transport nach Deutschland, dann hätte man das Problem gelöst.

So wandte sich Schwester Habazin an Diana. Diana wusste, es gab einen Erlass von Ante Pavelić, der besagte, dass Gefangene aus dem Kriegsgebiet, die sich freiwillig stellten und keiner kämpfenden Truppe angehörten, freizulassen seien. Nur kümmerte sich niemand darum, und es gab auch keinen, der bereit war, den Erlass durchzusetzen. Das half ihnen also nicht weiter. Auch Diana sah auf dem offiziellen Weg wenig Chancen, die Frauen und Männer vor dem Sklavendienst in Hitlers Reich zu retten. Vielleicht aber konnte Prof. Brössler etwas unternehmen. Als Mitarbeiter des Internationalen Roten Kreuzes hatte sein Wort Gewicht.

Wie immer versuchte Prof. Brössler zu helfen. Gleich verschaffte er Diana einen Termin beim Delegierten Schmidlin und ging selbst mit, um ihm die dramatische Lage zu schildern. Doch Schmidlin wehrte ab. Was solle er sich um 82 Leute kümmern? Das sei doch höchst lächerlich, wenn gleichzeitig hunderttausende Russen auf elendslange Märsche geschickt würden und dabei verreckten. Er habe jedenfalls keine Zeit für Dianas Spinnereien.

Diese Intervention war also gescheitert. Aber Diana wollte die Menschen aus Dubrovnik nicht im Stich lassen, und sie suchte nach einem anderen Weg, sie aus dem Lager zu befreien. Tatsächlich fiel Diana ein Arzt aus Dalmatien ein, der über Verbindungen in Regierungskreise verfügte. Srećko Zanela, ein Bekannter ihres Mannes, arbeitete als Gynäkologe an der Kinderklinik in Zagreb. Er hatte möglicherweise mehr Verständnis für die schwierige Lage der 82 Menschen aus seiner Heimat, und er kannte Minister Edo Bulat, der für Dubrovnik zuständig war.

Am gleichen Abend noch suchte Diana Zanela auf und konnte am nächsten Tag in ihren Aufzeichnungen den Erfolg ihrer Bemühungen vermerken. Srećko Zanela hatte Freunde und Bekannte informiert, und die Bitte so vieler kroatischer Bürger konnte Minister Bulat nicht abschlagen. Die 82 Menschen aus Dubrovnik kamen noch am gleichen Tag frei.

4

Ende März 1944 kam Marko Vidaković zu einem Treffen, und es war zunächst alles wie immer. Diana und er sprachen darüber, welche Schwerpunkte sie in den nächsten Wochen setzen wollten. Es ging unter anderem darum, ob man wieder eine Lieferung Milch bestellen sollte und wie es mit der Verteilung in die Lager aussah. Da meinte Dr. Vidaković, er würde die Aktion gerne auch auf Erwachsene ausdehnen, aber die Kinderaktion dennoch beibehalten.

Damit war Diana nun gar nicht einverstanden, und sie wies Vidaković darauf hin, dass die Aktion von Anfang an unter ihrem Namen lief und sie in der Öffentlichkeit und vor den Behörden für alles verantwortlich war, was in ihrem Namen geschah.

„Sie wissen ja gar nicht, was ich alles in Ihrem Namen unternehme", sagte Vidaković darauf. Er habe Gelder für sein eigenes Hilfsprojekt gesammelt und Verhandlungen geführt. Zum Beispiel sei er mit Nikola Kostrenčić, dem Direktor der Nationalbank, übereingekommen, einen Teil des Geldes aus der Aktion für den Kauf von Eisenöfen zu verwenden. Die vielen Serben, die nun bald nach Kroatien zurückkehren würden, bräuchten in ihren Wohnungen und Häusern Heizgelegenheiten.

Diana verwehrte sich streng dagegen und bat Vidaković, aus der gemeinsamen Aktion auszutreten, und als er sich weigerte, sagte sie, dann bliebe ihr nichts anderes übrig, als sich zurückzuziehen und sich von ihm zu trennen. Es werde keine weitere Zusammenarbeit geben.

„So hören Sie mir doch zu", versuchte es Vidaković noch einmal. „Wir werden natürlich auch weiterhin den Kindern helfen. Aber bei der rasenden Geldentwertung müssen wir mit unserem Bankguthaben etwas anfangen. Wir können nicht auf eine weitere Milchlieferung warten. Wir müssen jetzt etwas unternehmen, sonst können wir mit dem Geld vielleicht nur noch einen Laib Brot kaufen."

Der Streit zog sich über mehrere Tage hin, und dann forderte Vidaković eine neuerliche Besprechung. Diesmal bestand er auf der Anwesenheit von Julije Budisavljević. Nur in Anwesenheit ihres Ehemannes wollte er noch einmal mit Diana über die gemeinsame Arbeit reden.

Diana rechnete ihm bei dieser Gelegenheit vor, wie viel von den gemeinsamen Mitteln in Hilfsprojekte geflossen war, die von Vidaković angestoßen und betreut wurden. Eine erhebliche Summe, wie sich zeigte. In den letzten Monaten hätte er viel weniger gesammelt, als er aus der Kasse entnommen hätte. Diana forderte Vidaković auf, eine Erklärung abzugeben, in der er versicherte, nicht weiter im Namen der Aktion zu sammeln. Der Eintrag in ihren Aufzeichnungen schließt mit den Worten: „Dieses Abkommen hat er, wie ich erst nach Kriegsende erfuhr, in gemeinster Weise gebrochen."

XXXII.
Das Ende

1

Am 1. Oktober 1944 erreichte die Rote Armee serbisches Territorium. Gemeinsam mit der Jugoslawischen Volksbefreiungsarmee drängten die sowjetischen Verbände die deutsche Wehrmacht zurück und konnten zunächst um Belgrad und dann in immer weiterem Umkreis die neue Staatsordnung etablieren. Schon im Herbst 1944 verlegte Tito den Sitz der Regierung nach Belgrad und lenkte von dort aus die Befreiung Jugoslawiens von der deutschen Besatzung.

Nach und nach zog sich die Wehrmacht aus Montenegro, Albanien und auch aus Griechenland zurück. Am 20. Oktober konnten Partisanenverbände Dubrovnik abermals einnehmen. Nur elf Tage später marschierte die Volksbefreiungsarmee siegreich in Zadar ein. Unter schweren Kämpfen erreichten die Partisanen am 14. Februar 1945 endlich Mostar.

Für den 8. Mai 1945 gibt es in Dianas Aufzeichnungen einen kurzen Eintrag. „Befreiung", steht da und sonst nichts weiter. Zwei Tage zuvor war Ante Pavelić mit tausenden Ustaša und großen Teilen seiner Regierung aus Zagreb geflüchtet. Sie setzten sich Richtung Norden ab und fanden zunächst in Österreich Unterschlupf.

Der Krieg, die Verfolgung der Serben, Juden und Roma war vorbei. Nun, so dachte Diana, würde ihre Arbeit in eine neue Phase eintreten. Über Monate und Jahre würden Mütter und Väter zu ihr kommen und nach ihren Kindern fragen. Briefe würden sich auf ihrem Schreibtisch stapeln, und Tag für Tag würde sie die Namen in ihrer Kartothek suchen und die Eltern mit den Adressen ihrer Kinder versorgen. So stellte sie sich das vor. Und tatsächlich tauchte schon bald nach der Befreiung eine Frau auf und fragte nach ihrem Kind. Diana fand die Angaben in der Kartothek und gab der Frau die Adresse der Pflegeeltern. So sollte die Kartothek funktionieren. Eine Anfrage, und binnen Minuten konnte Diana oder eine ihrer Mitarbeiterinnen die gewünschte Antwort geben.

Schon am Tag darauf kam die Mutter mit ihrem Kind zurück. Auch die Pflegemutter war dabei, und sie fragten, wie man das Kind nun offiziell an die Mutter übergeben konnte. Natürlich durfte Diana diese Aufgabe nicht übernehmen, aber sie konnte die Karteikarte mit einem Vermerk versehen. Das Kind und die Mutter waren wieder vereint. Die Abteilung für soziale Fürsorge des Ministeriums für Gesellschaftsfragen musste das nur noch bestätigen, dann war der Fall erledigt.

Doch statt der nächsten Mutter klopften am 25. Mai 1945 zwei Männer an Dianas Tür. Sie sagten, sie kämen vom Ministerium und bräuchten umgehend die Fotoalben mit den Bildern der namenlosen Kinder. Diana fand diesen Besuch gleichermaßen seltsam wie erschreckend. Sie kannte die Männer nicht, und schon im ersten Moment zweifelte sie an deren Angaben.

Wenn die beiden vom Ministerium kamen, warum hatte sie niemand informiert? Es wäre doch besser gewesen, jemanden zu schicken, den Diana kannte, dem sie vertraute, wenn man etwas so Kostbares wie die Fotoalben haben wollte. Trotz ihrer Zweifel musste Diana die Alben übergeben. Aber noch befand sich die Kartothek in ihrem Besitz, und die Abschriften lagen im Tresor des Erzbischofs.

Am gleichen Tag kam noch ein weiterer Mann. Ein kräftiger Mann, der stotternd fragte, ob Diana angerufen habe und hier Staatsvermögen abzuholen sei. Diana zeigte dem Mann das abgeschaltete Telefon. Nicht einmal wenn sie gewollt hätte, hätte sie irgendwo anrufen können. Sie wusste nicht, wovon er sprach, aber sie vermutete, dieser zweite ungebetene Besuch an einem Tag sei nur der Anfang, und irgendwer hätte es auf die Kartothek abgesehen.

Diesen Verdacht teilten sowohl Prof. Brössler als auch Tatjana Marinić, seine Nachfolgerin im Ministerium für Gesellschaftsfragen. Ein Schutzbrief wurde ausgestellt. Aber natürlich würde so ein Dokument die Kartothek nicht vor dem Zugriff durch die neue Regierung bewahren.

Prof. Brössler glaubte, die beiden Männer seien entweder von der OZNA, dem Geheimdienst der Partisanen, oder aber von der Ustaša, die jetzt noch versuchten, die Kartothek zu vernichten.

Schon bald bestätigte sich Prof. Brösslers erster Verdacht. Die Männer waren von der OZNA. Sie hatten nicht nur Diana aufgesucht. Sie waren auch darüber informiert, dass Ivanka Džakula zu den engsten Mitarbeiterinnen Dianas gehörte und über Abschriften und Durchschläge der Karteikarten verfügte. Aus Sicherheitsgründen hatten Diana und Ivanka beschlossen, diese Abschriften herzustellen und in Ivankas Wohnung zu verstecken. Doch das nützte wenig. Die Beamten der OZNA tauchten auch bei Ivanka auf und konfiszierten alle Kopien der Kartothek.

2

Wenige Tage später, am 28. Mai 1945, telefonierte Diana mit Prof. Brössler. Sie fragte ihn, wohin sie die Frauen schicken sollte, die gerade bei ihr waren. Sie hatten ihre Kinder in dem Fotoalbum mit den namenlosen Kindern gefunden, und nun wollten sie natürlich so schnell wie möglich zu ihnen.

Aber Prof. Brössler ging gar nicht auf Dianas Frage ein, er teilte ihr nur mit, dass Mitarbeiter des Ministeriums gerade auf dem Weg zu ihr seien. Sie würden die Kartothek beschlagnahmen.

Es dauerte auch wirklich keine Stunde, und eine Abordnung des Ministeriums stand vor ihrer Tür. Diana kannte Herrn Madjer, und sie kannte auch Verena Kogoj. Verena war eine ihrer Mitarbeiterinnen und Helferinnen gewesen. Nun arbeitete sie für das Ministerium.

Diana bat Herrn Madjer ins Speisezimmer und bot ihm einen Platz an.

„Sie wissen, warum wir hier sind“, sagte Madjer. „Wollen Sie uns die Kartothek übergeben?“

„Nein. Freiwillig bekommen Sie von mir gar nichts“, sagte Diana. „Nur wenn ein offizieller Auftrag vorliegt, dann werde ich Ihnen die Kartothek aushändigen.“

Madjer überreichte Diana das Schreiben. Es war von Tatjana Marinić in ihrer Funktion als Abteilungsleiterin im Ministerium unterschrieben.

„Sie geben mir, was auch immer Sie mir geben wollen“, sagte Madjer, dem die Angelegenheit offensichtlich peinlich war.

„Wenn, dann übergebe ich alles. Aber ich bin verzweifelt und bestürzt“, sagte Diana und händigte ihm aus, was sie hatte. Die gesamte Kartothek, ein Fotoalbum und ein Notizbuch, das die Daten der namenlosen Kinder verzeichnete. Das alles trugen die Helfer von Herrn Madjer an diesem Tag aus dem Haus.

Diana versuchte zu retten, was zu retten war, und schlug Madjer vor, er solle Verena Kogoj im Ministerium an der Kartothek arbeiten lassen. Sie sei zwar nicht so gut eingeschult wie Frau Džakula oder sie selbst, aber sie wisse, wie die Kartothek aufgebaut sei und wie sie funktioniere. Nur so könne gewährleistet werden, dass vor allem auch die kleinen Kinder, die namenlosen Kinder wieder zu ihren Eltern zurückfinden würden.

In ihren Aufzeichnungen schrieb Diana: „Und das war mein und Frau Džakulas großer Schmerz, dass man uns so brüsk aus der weiteren Arbeit bei unserer Kartothek ausgeschaltet hatte, weil damit das verunmöglicht wurde, und wir wussten, dass nun viele Mütter umsonst nach ihren Kindern suchen würden. Diese schreckliche Trennung in den Lagern, jahrelange Sehnsucht bei der Arbeit in Deutschland, alles ohne das Glück zu finden, die Lieblinge.“

Mit jeder Schachtel, jedem Heft, das vor ihren Augen aus dem Haus getragen wurde, schwanden Dianas Kräfte. Sie sah dem Hausmeister des Ministeriums zu, wie er die Teile der Kartothek ins Freie trug und dort in einen Wagen verlud. Sie beobachtete Herrn Madjer, wie er diese Arbeit beaufsichtigte und selbst mit Hand anlegte. Die ganze Zeit konnte sie kaum ein Wort sagen und musste all ihre Willensstärke zusammennehmen, um nicht zusammenzuklappen und in Ohnmacht zu fallen.

„Es war fürchterlich schwer, dass mir meine jahrelange Arbeit auf diese Art entrissen wurde. Nicht so sehr wegen der Übergabe der Kartothek, denn wir hatten immer damit gerechnet, sie einmal dem Roten Kreuz oder sonst einem Amt zu übergeben, sondern wegen der nun eingetretenen Unmöglichkeit, viele Kinder mit den Eltern zu vereinigen", schrieb Diana.

Dieser Eintrag mochte später entstanden sein. Irgendwann zwischen 1945 und 1947, als sie einen abschließenden Bericht über ihre Aktion an das Ministerium schickte. Die Kartothek befand sich nun in den Händen der neuen Staatsmacht, und Diana selbst hatte keinen Zugriff darauf. Sie musste die Frauen, die zu ihr kamen, ans Ministerium verweisen.

Diana war zur Überzeugung gelangt, dass ihre Arbeit nicht mit jenem Einsatz und jener Leidenschaft durchgeführt wurde, wie Diana sie seit dem Tag aufgebracht hatte, an dem sie zum ersten Mal von den hungernden und frierenden Kindern erfahren hatte.

Diana versuchte, die Abschriften der Kartothek wiederzubeschaffen. Aber beim Erzbischof war nur ein Teil der Listen hinterlegt worden, und diese hatte Dr. Vidaković abgeholt. Diana forderte ihren ehemaligen Mitarbeiter auf, die Unterlagen zu übergeben, und er kam ihrer Bitte auch nach. Es handelte sich um zwei Bände mit Listen und Namen. Das war nur ein Bruchteil des von Diana gesammelten Materials und ersetzte die Kartothek nicht.

Auch wenn die Kartothek für Diana verloren war und sie sich nach dem Krieg zurückzog und nur mehr für ihre Familie lebte, dauerte ihr Werk fort. Dass sie über zehntausend Kinder aus den Lagern der Ustaša befreit und ihnen damit das Leben gerettet hatte, blieb zu ihren Lebzeiten unbedankt. Nur einmal forderte das Ministerium sie auf, sich zu ihrer Tätigkeit während des Krieges zu äußern. In dem schon erwähnten Bericht listete Diana penibel auf, welche Geldbeträge für welches Lager, für welche Lieferung eingesetzt worden waren. Nüchtern erzählt sie davon, dass ihre Aktion vom 25. Oktober 1941 bis zum 20. Juni 1945 insgesamt 3.008.092 Kuna gesammelt hatte und alleine für Nahrungsmittel über eine Million Kuna verwendet worden waren. Für Bekleidung hatte die Aktion eine Summe von 756.861 Kuna ausgegeben, für Schuhe 372.728 Kuna.

Diese Zahlen freilich fassen das Leid der Kinder nicht. Auch nicht jene Aufstellung, die Diana über die Spenden an das Kinderspital in Jastrebarsko anfügte. Dort erhielten die Kinder aus dem Kozara-Gebiet allein vom 17. Juli bis zum 3. August 1942 „Zitronen im Wert von 13.600,00 Kuna, 1263 Tassen und Haferln, 24 Nachttöpfe und 300 Löffel geschickt. Außerdem Tee, Kakao, Hordensin und Medikamente."

Dennoch spürt man durch diese Zahlenreihe Dianas Fürsorge, ihre Hartnäckigkeit und ihren Willen. An jenem 28. Mai 1945 allerdings verließen Diana ihre Kräfte. Sie stand da, alleine in ihrer Wohnung. Die Kartothek war verschwunden. Die letzten Lieferungen an die Kinder in den Lagern und in den Spitälern waren verschickt. Aber das Leid endete nicht. Sie atmete durch, und dann machte sie sich auf den Weg. In ihren Aufzeichnungen schrieb sie: „Am Nachmittag dieses Tages, wieder etwas zusammengerafft, setzte ich mich mit Schwester Habazin in Verbindung, um ihr mitzuteilen, dass ich auch weiterhin bereit wäre, in dieser schweren Zeit zur Linderung der Not beizuhelfen, und sie auf mich rechnen könne, falls sie meine Hilfe benötigen sollte, was aber nicht mehr der Fall war, auch sie war kaltgestellt."

XXXIII.
Epilog

1

Diana Budisavljević sprach nach dem Krieg nicht gerne über ihre Aktion, und erst viele Jahre nach ihrem Tod entdeckte ihre Enkelin Silvija Szabo das Tagebuch der Aktion „Diana Budisavljević", Abschriften der Karteikarten und einige Listen in einer Truhe am Dachboden. So wie sich der Staub auf diese Relikte einer großen humanitären Anstrengung gelegt hatte, so legte sich auch bald das Vergessen über Diana und ihre Kartothek.

Jedenfalls haben wir keine verlässliche Nachricht darüber, was mit den Karteikarten geschah, nachdem Tatjana Marinić als neue Leiterin der Abteilung für soziale Fürsorge im Ministerium für Gesellschaftsfragen am 28. Mai 1945 die Anweisung zur Übergabe der Kartothek unterschrieben hatte. Einige der konfiszierten Fotoalben befinden sich heute im Geschichtsmuseum in Zagreb. Angeblich wurden sie im Dachboden der Hochschule für soziale Berufe aufgestöbert und dann dem Museum übergeben.

Diese Geschichte scheint anzudeuten, dass mit der Kartothek nach dem Krieg nicht sehr sorgfältig umgegangen wurde. Diesen Eindruck nährt auch eine der letzten Notizen in Dianas Tagebuch vom 13. August 1945: „Noch durch längere Zeit kommen viele aus Deutschland zurückgekehrte Mütter, auch Angehörige der jugoslawischen Armee, bei mir ihre Kinder zu suchen, da ihnen bekannt wurde, dass ich die besten Auskünfte geben könne. Ich muss alle abweisen, ihnen sagen, dass ich keine weitere Arbeitsbewilligung besitze und sie Auskunft nur im Ministerium bekommen könnten.

Dort bei der Kartothek-Arbeit [arbeiten] neue Kräfte, die überhaupt über das Schicksal der gesuchten Kinder keine Ahnung haben. Auch mussten wir schon bei der Besprechung am 26. 7. feststellen, dass die Kartothek nicht mehr in Ordnung ist, was sich nicht vermeiden lässt, wenn verschiedene ungeübte Hände daran arbeiten."

Diese Klage wurde von vielen Autoren, die sich mit Diana Budisavljević befassten, aufgenommen und weitergetragen. Es heißt, die Kartothek sei verschollen, ein Teil vielleicht noch von den Ustaša in den letzten Tagen ihrer Herrschaft vernichtet, der Rest irgendwo im Chaos des neuen kommunistischen Staates verschwunden.

An dieser Version der Geschichte darf man zweifeln. Dragoje Lukić, Historiker und Journalist, berichtet in einem im Jahr 2000 veröffentlichten Buch, er hätte die Karteikarten 1976 noch im Sozialministerium in Zagreb gesehen. Zwar spricht er von insgesamt 56 Schubladen und nicht von 12 wie Diana, aber das muss noch nichts heißen. Dianas Kartothek könnte ohne weiteres in eine größere Sammlung von Karteikarten eingearbeitet worden sein. Die kroatische Historikerin Nataša Mataušić bestreitet allerdings, dass es sich bei den in Frage stehenden Unterlagen um Karteikarten aus Dianas Kartothek handelt. Eine Begründung für ihre so kategorische Ablehnung liefert sie nicht.

Was wissen wir also mit Bestimmtheit? Nur, dass die Kartothek dem Ministerium übergeben wurde und dort unter der persönlichen Verantwortung von Tatjana Marinić stand.

Tatjana Marinić, wenig später zur Ministerin ernannt, gilt als eine der wichtigsten Kämpferinnen für die Rechte von Frauen und Kindern in Kroatien. Wie wir gehört haben, setzte sie sich schon vor dem faschistischen Regime als Mitglied der KPJ für die Gleichberechtigung der Frauen und für benachteiligte Kinder ein. Während des Krieges war sie gemeinsam mit Diana Budisavljević, Prof. Kamilo Brössler, Jana Koch und vielen anderen daran beteiligt, Kinder vor dem sicheren Tod zu retten.

Tatjana Marinić hatte es offensichtlich sehr eilig, die Kartothek in ihre Verfügungsgewalt zu bringen. Erst am 8. Mai 1945 war die Jugoslawische Volksbefreiungsarmee in Zagreb einmarschiert und keine zwanzig Tage später wurde die Kartothek konfisziert. Das hätte Tatjana Marinić wohl nicht in dieser Eile veranlasst, wenn ihr Dianas Arbeit ohne Bedeutung erschienen wäre. Ganz im Gegenteil. Tatjana Marinić kannte Diana und ihre Aktion überaus gut. Die beiden Frauen, so unterschiedlich sie in Charakter und politischer Orientierung auch waren, hatten während des Krieges zusammengearbeitet. Das lässt sich aus verstreuten Hinweisen erschließen, und es scheint sogar sehr wahrscheinlich, dass Tatjana Marinić beim Start der Kartothek maßgeblich beteiligt war. Sie war es auch, die Kamilo Brössler nach dem Krieg wieder in sein Amt einsetzte und ihn weiterhin als Freund und Gefährten betrachtete.

Auch wenn Diana und ihren Helferinnen die Verfügungsgewalt über die Kartothek entzogen wurde, so erscheint es doch wenig glaubhaft, dass die Informationen damit verloren waren. Wie Diana selbst schreibt, arbeitete unter anderem Verena Kogoj mit den Karteikarten. Verena Kogoj kannte die Kartothek sehr gut. Immerhin hatte sie Diana nach Jasenovac und Stara Gradiška begleitet und bei der Registrierung von Kindern geholfen. Diana hatte ihr und ihrer Schwester Breda offenbar auch so weit vertraut, dass sie ihnen Verbesserungsarbeiten aufgetragen hatte.

Vieles spricht dafür, dass Dianas Kartothek nicht verloren und ihre Arbeit nicht vergebens war. Zum derzeitigen Stand der Forschung lässt es sich zwar nicht beweisen, aber es scheint so, als ob Dianas Karteikarten in eine größere Kartothek integriert wurden und in den folgenden Jahren dazu dienten, Eltern und Kinder wieder zusammenzubringen. Warum sonst hätte Tatjana Marinić, die ihr Leben der Rettung benachteiligter Kinder gewidmet hat, die Kartothek konfiszieren sollen? Um sie nicht weiter zu benutzen? Das ist wenig wahrscheinlich.

Wenn man den kommunistischen Hang zum Zentralismus und Tatjanas Professionalität in Rechnung stellt, dann ist es naheliegend, dass sie diesen Schatz nicht in den Händen einer Privatperson wissen wollte. Diana mag darüber gekränkt gewesen sein, und ihre heftige Gegenwehr zeigt, wie widerwillig sie sich dem neuen Regime beugte.

Tatjana Marinićs Vorgehen mag unsensibel, ja beleidigend gewesen sein, aber das bedeutet nur, dass zwischen ihr und Diana nicht alles zum

Besten stand. Die Kartothek hat sie mit an Sicherheit grenzender Wahrscheinlichkeit wie ihren Augapfel gehütet. Davon zeugen auch die vielen Berichte von Menschen, die ihre Heimat, ihre Eltern und ihre Verwandten wiedergefunden haben.

Nachwort

1

Diana Budisavljević wurde am 15. Jänner 1891 als Diana Frieda Olga Obexer in Innsbruck geboren.[1] Ihr Vater Max Obexer betrieb ein Handelsunternehmen, und die Familie gehörte zu den wohlhabenden und angesehenen Kreisen der Tiroler Hauptstadt. Der Weg nach Kroatien, das Engagement für die von der Ustaša internierten Kinder waren nicht vorgezeichnet und nicht absehbar. Eine Reihe von Zufällen brachte Diana Budisavljević 1941 in die Lage, in der sie sich gegen ein bestialisches Regime stellte, um mehr als zehntausend Kindern das Leben zu retten.

Man könnte sagen, die Geschichte beginnt damit, dass Diana Obexer während des Ersten Weltkriegs einen Pflegekurs an der Universitätsklinik Innsbruck besuchte. Dort lernte sie den jungen Chirurgen Julije Budisavljević kennen, heiratete ihn 1917 und folgte ihm 1919 nach Zagreb.[2] Dort lebte sie als Mutter und Ehefrau eher zurückgezogen, hatte aber über die sehr einflussreiche Familie ihres Mannes gute Kontakte zu hohen politischen Kreisen. Der Bruder ihres Mannes, Srđan Budisavljević, gehörte zu den wichtigsten Politikern des SHS-Staates und des Königreichs Jugoslawien. Selbst Tito bot ihm nach dem Krieg die Mitarbeit im kommunistischen Jugoslawien an. Srđan Budisavljević lehnte allerdings ab.

---

1 Anna-Maria Grünfelder, „Diana Obexer-Budisavljević und die Kinder der Ustascha-KZ", in: „Jahrbuch 8 – Schwerpunkt Antisemitismus", hrsg.: Dokumentationsarchiv des Österreichischen Widerstandes, LIT Verlag, Wien, 2008, S. 232

2 Anna-Maria Grünfelder, „TirolerInnen im unsichtbaren Widerstand – Wider die Zwangsarbeit und Vernichtung im kroatischen Ustascharegime (1941–1945)", in: „Zeit – Raum – Innsbruck 10", hrsg.: Roland Kubana, Universitätsverlag Wagner, Innsbruck, 2010, S. 64

Über ihren Mann, der die chirurgische Abteilung des Universitätskrankenhauses in Zagreb leitete, verfügte Diana auch über Verbindungen zu Hilfsorganisationen wie dem Roten Kreuz. Diese Verbindungen existierten bereits vor dem Einmarsch der deutschen Truppen nach Kroatien. Sie kannte wichtige Persönlichkeiten in Wirtschaft und Politik, kannte auch Vertreter der katholischen Kirche und scheint überhaupt ausgezeichnet vernetzt gewesen zu sein.

An ihrer ersten Reaktion auf die Aufforderung, doch selbst eine Hilfsaktion ins Leben zu rufen, kann man allerdings ablesen, dass ihr die Macht und die Möglichkeiten, die aus einem solchen Netzwerk erwuchsen, gar nicht bewusst waren. Es scheint geradezu so, als hätte sich Diana im Herbst 1941, als sie zum ersten Mal von den internierten Frauen und Kindern erfuhr, hilflos und überfordert gefühlt.

Das änderte sich aber schnell, und Diana Budisavljević wurde Teil eines weit verzweigten Netzes an Organisationen und Einzelpersonen aus allen gesellschaftlichen Schichten und politischen Lagern, das daran arbeitete, die Gräueltaten der Ustaša zu verhindern oder wenigstens die Folgen abzumildern.

2

Als die deutsche Wehrmacht am 6. April 1941 Belgrad bombardierte[3] und Slavko Kvaternik am 10. April den Unabhängigen Staat Kroatien (Nezavisna Država Hrvatska) ausrief[4], begann beinahe unmittelbar die Verfolgung von Juden, Serben sowie Roma und Sinti. Schon am 11. April 1941 besetzte die Gestapo das Büro der jüdischen Gemeinde in Zagreb[5], und gleichzeitig erließ der neue Führer des Unabhängigen Staates Kroa-

3 Tvrtko P. Sojčić, „Die ‚Lösung' der kroatischen Frage zwischen 1939 und 1945", Frank Steiner Verlag, Stuttgart, 2008, S. 130

4 Ibid., S. 133

5 Alexander Korb, „Im Schatten des Weltkriegs – Massengewalt der Ustaša gegen Serben, Juden und Roma in Kroatien 1941–1945", Hamburger Edition/Verlag des Hamburger Instituts für Sozialforschung, Hamburg, 2013, S. 165

tien Ante Pavelić an die Nürnberger Rassegesetze angelehnte Gesetze, die sowohl Juden wie auch Serben zunächst in ihren Bürgerrechten einschränkten, sie aber bald entmenschlichten und zu Opfern einer brutalen Vernichtungsmaschinerie machten.[6]

Schon im April und Mai begannen die ersten Massaker gegen die serbisch-orthodoxe Bevölkerung. Augenzeugen berichten von teils exzessiver und auf den ersten Blick sinnloser Gewalt.[7] Wie auch im Roman beschrieben, drangen Gruppen von Ustaša in serbisches Siedlungsgebiet ein und ermordeten dort systematisch die männliche Bevölkerung. Später folgten Massenerschießungen und Deportationen. Bei den Tätern handelte es sich vor allem um junge, gebildete Kroaten, die unter Anleitung altgedienter Ustaša-Kämpfer diese Gräueltaten verübten.[8]

Ziel dieser vehementen und mit großer Brutalität durchgeführten „ethnischen Säuberungen" war die Schaffung eines rein arisch-kroatischen Staatsverbandes. In der Literatur zum Thema findet man immer wieder einen Satz, der das Programm des Ustaša-Staates auf den Punkt bringen soll. Ein Drittel der Serben müsse man vertreiben, ein Drittel zum katholischen Glauben bekehren und das letzte Drittel töten. Angeblich soll diese Aussage auf Mile Budak, den Minister für Bildung und Kultus, zurückgehen.[9] Aufgrund dieses Satzes nimmt man an, dass es schon vor der Machtübernahme der Ustaša einen ausgearbeiteten Plan zur Vertreibung und Ermordung der serbischen Bevölkerung gab. Alexander Korb bezweifelt das und weist auf das chaotische Vorgehen der Ustaša während ihrer Regierungszeit hin.[10] Tatsächlich sind alle drei Formen der Unterdrückung und Auslöschung zur Anwendung gekommen. Aber es scheint dies mehr den aktuellen Umständen geschuldet als einem Plan. Die serbische Bevölkerung zu vernichten, war von Anfang an das Ziel der Ustaša. Dass das

6 Ibid., S. 139

7 Ibid., S. 257

8 Rory Yeomans, „Visions of Annihilation: The Ustasha Regime and the Cultural Politics of Fascism, 1941–1945", University of Pittsburgh Press, Pittsburgh, 2013, S. 97

9 Anna-Maria Grünfelder, „Diana Obexer-Budisavljević und die Kinder der Ustascha-KZ", S. 240

10 Korb, S. 259f.

Deutsche Reich Zwangsarbeiter brauchte, kam ihnen da gelegen. So konnte man einen Teil der Menschen deportieren und ihr Schicksal den deutschen Verbündeten überlassen. Auch die Umerziehung hat stattgefunden, aber eben nicht systematisch, sondern hier und da, wie ein Versuch, von dessen Gelingen man selbst nicht überzeugt war.

3

Die Frage nach der Authentizität des Zitats von Mile Budak führt uns mitten in die Problematik, mit der ich während der Recherche und des Schreibens dieses Romans konfrontiert war. Die Quellenlage zu den Ereignissen im Unabhängigen Staat Kroatien im Allgemeinen und zu Diana Budisavljevićs Aktion im Besonderen ist, gelinde gesagt, schwierig.

Die Geschichte des Unabhängigen Staates Kroatien sowie die Herrschaft der Ustaša wurden sehr schnell zum Politikum. Sowohl Ustaša-Anhänger wie auch serbische Nationalisten und Kommunisten nutzten den Genozid an der jüdischen und serbischen Bevölkerung und an den Roma und Sinti, um daraus politisches Kapital zu schlagen. Serbisch-nationalistische Autoren geben die Zahl der Opfer des Ustaša-Regimes meist mit 600.000 bis 700.000 an.[11] Die staatliche Kommission der Sozialistischen Föderativen Republik Jugoslawien, die die Vorkommnisse in Jasenovac, dem größten Konzentrationslager am Balkan, untersuchte, kam 1946 zu dem Schluss, dass allein während des Bestehens des Lagers von 1941 bis 1945 sogar mehr als 1,4 Millionen Menschen ermordet wurden.[12] Kroatische Quellen hingegen neigen dazu, die Zahl der Opfer herunterzusetzen. Franjo Tuđman, ehemaliger Staatspräsident Kroatiens und Historiker, nimmt in seinem Buch an, dass in Jasenovac lediglich 30.000 bis 40.000 Menschen ums Leben gekommen seien.[13] Er wirft der

---

11 S. 33

12 Josip Jurčević, „Die Entstehung des Mythos Jasenovac", Dokumentacijsko informarcijsko središte, Zagreb, 2007, S. 45

13 Franjo Tuđman, „Irrwege der Geschichtswirklichkeit. Eine Abhandlung über die Geschichte und die Philosophie des Gewaltübels", Zagreb, Skolska knjiga, 1993, S. 424

serbischen Politik und serbischen Historikern vor, die Zahlen zu übertreiben, um die Opferrolle Serbiens zu betonen und die eigenen Verbrechen unter den Tisch fallen zu lassen. Überhaupt verwendet er die Diskussion um Jasenovac, um seine nationalistische Position zu stärken und die Taten der Ustaša zu verharmlosen.

Dieser von Tuđman forcierte Revisionismus schlug sich in den 90er Jahren des 20. Jahrhunderts auch in kroatischen Schulbüchern nieder. Dort wurde die Existenz des KZs Jasenovac entweder überhaupt angezweifelt oder aber die Opferzahlen mit 2238 lächerlich niedrig angesetzt.[14]

Der Streit um Opferzahlen wirkt auf den ersten Blick ebenso bizarr wie unwürdig. Welchen Unterschied macht es denn nun aus moralischer Sicht, ob man 100.000 Menschen die Kehle durchgeschnitten hat oder nur zehn? Aber um Moral geht es hier nicht und auch nicht um historische Genauigkeit. Die politische Propaganda instrumentalisiert das Leid und den Tod tausender Menschen, um Gebietsansprüche zu rechtfertigen und Machtfantasien durchzusetzen.

Die serbischen Nationalisten auf der einen Seite möchten die Opferzahl möglichst hoch ansetzen, um sich als Opfer kroatischer Aggression definieren zu können, gleichzeitig aber auch Gewalt und Vertreibung gegenüber der kroatischen Minderheit auf dem eigenen Staatsgebiet zu rechtfertigen. Die Darstellung kroatischer Nationalisten als Nachfahren der Ustaša hat eine wesentliche Rolle in der Kriegshetze im Jugoslawienkrieg gespielt.

Auf kroatischer Seite versucht man, die Opferzahlen, ebenfalls aus politischen Gründen, möglichst niedrig anzusetzen. Tuđman und seine Partei, die HDZ, beriefen sich offen auf Pavelić und die Ustaša als Vorbilder und hatten kein Interesse, die Ustaša als mordende Räuberbande darzustellen.

In diesem Dickicht politischer und ideologischer Interessen hat man es mit der Suche nach historischen Fakten und belastbaren Daten schwer. Die wissenschaftliche Community hat sich mittlerweile für das KZ Jase-

14 Ljiljana Radonic, „Holocaust und Revisionismus in Kroatien“, Context XXI, 4–5/2004 (http://www.contextxxi.at/context/content/view/66/52/)

novac auf eine Opferzahl zwischen 80.000 und 90.000 geeinigt.[15] Das ist eine vernünftige Schätzung, aber auch nicht mehr.

In eben dieses Dickicht sind auch Diana Budisavljević und ihre Hilfsaktion geraten. Für Jahrzehnte verschwanden Diana und ihre Geschichte unter der Oberfläche tendenziöser Geschichtsschreibung. Im kommunistischen Jugoslawien schien sich niemand für Diana Budisavljević zu interessieren. Sie und ihre Arbeit gerieten in Vergessenheit. Nach der endgültigen Pensionierung ihres Mannes kehrte die Familie nach Innsbruck zurück. Dort starb Diana Budisavljević am 20. August 1978.[16]

In den 80er Jahren des 20. Jahrhunderts fand Dianas Enkelin Dr. Silvija Szabo eine Kiste auf dem Dachboden des Hauses in Zagreb. Die Kiste enthielt die Unterlagen der „Aktion Diana Budisavljević", ein Heft mit tagebuchartigen Aufzeichnungen sowie Listen von Kindern, Rechnungen und Briefe. Dieser großartige Fund ist einerseits ein Glücksfall, andererseits ist er bzw. der Umgang mit den Unterlagen auch ein Problem.

Der Inhalt dieser Kiste ist die wesentliche Quelle für Diana Budisavljevićs Geschichte und ihre Beteiligung am weitverzweigten Widerstand gegen die Ustaša. Dr. Silvija Szabo hat in Zusammenarbeit mit dem kroatischen Staatsarchiv eine kroatische Übersetzung des Tagebuchs angefertigt und veröffentlicht.[17] Diese Version des Tagebuchs sowie ein Anhang bestehend aus Kopien von Rechnungen, Briefen und Ähnlichem ist auch im Internet leicht zu finden.[18] Die deutsche Version des Tagebuchs ist nicht öffentlich zugänglich.

Diese Art der Veröffentlichung stellt aus wissenschaftlicher Sicht ein massives Problem dar. Die Originale sind nicht zugänglich. Erschwerend kommt hinzu, dass der veröffentlichte Text gekürzt wurde. Wie Nataša

---

15 Marija Vulesica, „Kroatien", in: „Der Ort des Terrors – Geschichte der nationalsozialistischen Konzentrationslager", Band 9, hrsg.: Wolfgang Benz und Barbara Distel, C. H. Beck, München, 2009, S. 327

16 Anna-Maria Grünfelder, „Diana Obexer-Budisavljević und die Kinder der Ustascha-KZ", S. 232

17 Diane Budisavljević, „Dnevnik Diane Budisavljević 1941–1945", hrsg.: Kolanović, Josip, Fontes: izvori za hrvatsku povijest, 8/2002. Zagreb, 2003

18 http://hrcak.srce.hr/index.php?show=toc&id_broj=4356

Mataušić ausführt, wurden Stellen, in denen es um familiäre Angelegenheiten geht, nicht in den veröffentlichten Text übernommen. Auch wurden jene Textpassagen nicht veröffentlicht, in denen es um Meinungsverschiedenheiten zwischen Diana und anderen Beteiligten geht.[19] Wir wissen also gar nicht, was im Original steht und was uns die Herausgeber des Tagebuchs unterschlagen haben. Das macht diese Quelle zwar nicht völlig unbrauchbar, schränkt ihre Glaubwürdigkeit aber massiv ein.

4

Angesichts dieser sehr schwierigen Quellenlage habe ich mich entschieden, die Geschichte der Aktion Diana Budisavljević als Roman zu erzählen. Es scheint mir in der gegebenen Lage unmöglich, einen Text zu verfassen, der einerseits den Standards wissenschaftlichen Arbeitens genügt und andererseits für ein breites Publikum lesbar ist.

Obwohl ich mich um ein ausführliches Studium der Quellen bemüht habe, konnten viele Details, ja oft große Zusammenhänge nicht belegt werden, und viele Aussagen Beteiligter bleiben subjektive Wahrnehmungen, die sich nicht durch andere Belege stützen lassen. So habe ich mich entschieden, die verschiedenen Stimmen als subjektive Erinnerungszeugnisse zu betrachten und im Folgenden auch so zu behandeln. So stellt der Roman zwar Dianas Aufzeichnungen in den Mittelpunkt, ergänzt sie aber durch andere Stimmen.

Diese Methode gleicht zwar den Mangel an vertrauenswürdigen Quellen nicht aus, bringt aber den Vorteil, sehr nahe an den Ereignissen und den Personen sein zu können. Ich habe mich bemüht, die nötigen historischen Informationen im Text zu liefern. Wer sich eingehender mit den Ereignissen im Unabhängigen Staat Kroatien auseinandersetzen will, sei hier auf die Bibliografie im Anhang verwiesen. Besonders empfehlen möchte ich Alexander Korb, „Im Schatten des Weltkrieges – Massenge-

19 Nataša Mataušić, „Diana Budisavljević: The Silent Truth“, in: „Revolutionary Totalitarianism, Pragmatic Socialism, Transition“, hrsg.: Gorana Ognjenović, Jasna Jozelić, Palgrave Macmillan, New York, 2016, S. 80

walt der Ustaša gegen Serben, Juden und Roma in Kroatien 1941–1945" und Tomislav Dulić, „Utopias of Nation". Diese Bücher bieten einen guten Überblick und setzen sich auch kritisch mit der übrigen Literatur zum Thema auseinander.

Ich hoffe, dass dieser Roman die Geschichte von Diana Budisavljević und ihrer Aktion in unseren Breiten bekannt macht und dass Diana jene Würdigung erfährt, die ihr schon seit Jahrzehnten gebührt. Sie ist eine Heldin im besten Sinn. Jede Zeit, aber unsere ganz besonders, braucht solche Vorbilder.

Dank

Zuerst und vor allem danke ich dem Tyrolia-Verlag für das Vertrauen und den Auftrag, dieses Buch zu schreiben.

Ich danke Frau Dr. Silvija Szabo für die deutsche Version des Tagebuchs ihrer Großmutter und viele andere Hinweise. Ohne ihre Hilfe hätte ich dieses Buch nicht schreiben können.

Herrn MMag. DDr. Lukas Morscher vom Stadtarchiv Innsbruck danke ich ebenso für seine Unterstützung wie meinem Freund und Kollegen Dr. Josip Babić aus Osijek. Sie haben mich in einigen entscheidenden Punkten unterstützt und mir weitergeholfen.

Wie immer, aber in diesem Fall ganz besonders, danke ich meiner Frau Ingrid. Die Monate der Recherche und des Schreibens waren für sie ebenso eine Belastung wie für mich. Die Gespräche über die Gräueltaten der Ustaša und über Dianas Aktion haben mir geholfen, klarer zu sehen, Widersprüche zu entdecken und tiefer in die Materie einzudringen. Bevor ein Manuskript an den Verlag geht, liest und lektoriert meine Frau den Text immer und immer wieder. Das war diesmal eine besonders schwierige und belastende Aufgabe.

Meiner Tochter Anna danke ich für ihren unermüdlichen Einsatz, für den Transport von schieren Unmengen von Büchern zwischen der Universitätsbibliothek und meinem Büro und dafür, dass sie immer da ist, wenn man sie braucht.

Quellen

Marina Ajduković, „Jelovanje Diana Budisavljević: Rad S Djevom Stradalom U 2. Svetskom Ratu", Stručni rad, Sveučilište u Zagrebu, Pravni Fakultet, Studijski centar socijalnog rada, 2006

Marina Ajduković, „Susret Prvih Diplomiranih Socijanih Radnika: Iskustva Studiranja i Prakse Sovijanog Rada Prije 50 Godina", Stručni rad, Sveučilište u Zagrebu, Pravni Fakultet, Studijski centar socijalnog rada, 2006

Radoje Arsenic, „Changes in the Museum", Jasenovac Research Institute, Vol. 1, New York, 2005

Jelena Batinić, „Women and Yugoslav Partisans: A History of World War II Resistance", Cambridge University Press, New York, 2005

Nevenko Bartulin, „The Ideology of Nation and Race: The Croatian Ustasha Regime and its Policies toward Minorities in the Independent State of Croatia 1941–1945", Diss. University of New South Wales, 2006

Nevenko Bartulin, „The Racial Idea in the Independent State of Croatia – Origins and Theory", Brill, Leiden/Boston, 2014

Karl Bethek, „Das Frauen- und Kinderkonzentrationslager in Loborgrad in Kroatien 1941–1942", in: „Jahrbuch der Geschichte und Kultur Südosteuropas" Nr. 9/10, 2007/08, hrsg.: Andreas Helmedach, Wolfgang Höpken, Hans-Christian Maner, Slavica Verlag, München, 2009

Karl Bethek, „(K)eine gemeinsame Sprache?: Aspekte deutsch-jüdischer Beziehungsgeschichte in Slawonien, 1900–1945", LIT Verlag, Münster, 2013

Mark Biondich, „Persecution of Roma-Sinti in Croatia, 1941–1945", in: „Roma and Sinti Under-Studied Victims of Nazism", Center of advan-

ced Holocaust Studies, United States Holocaust Museum, New York, 2002
Martina Bitunjac, „Es war ein schwerer, aber ehrenvoller Kampf gegen den Faschismus", in: „Jüdischer Widerstand in Europa 1933–1945", hrsg.: Julius H. Schoeps, Dieter Bingen, Gideon Botsch, Walter de Gruyter, Berlin, 2016
Svetlana Brajtigam-Gensicke, „Die Bedeutung der Geschichtserinnerung in Umbruchgesellschaften am Beispiel von Jugendlichen aus Serbien", Waxmann Verlag, Münster, 2012
Simon Brda, „Introducion to Donja Gradina – The largest Execution Site of the Concentration Camp Jasenovac", Jasenovac Research Institute, Vol. 1, Nr. 1, Nr. 2, New York, 2005
Diana Budisavljević, „Dnevnik Diane Budisavljević 1941–1945", hrsg.: Josip Kolanović, Fontes: izvori za hrvatsku povijest, 8/2002, Zagreb, 2003.
Josip Buturac, „Povijest Društva sv. Jeronima ili Društva sv. Ćirila i Metoda 1868–1968", in: „Bogoslovska smotra", Vol. 39 No. 2–3–4, Katolički bogoslovni fakultet Sveučilišta u Zagrebu, Zagreb, 1969
Vladimir Dedijer, „Jasenovac – das jugoslawische Auschwitz und der Vatikan", Ahriman, Freiburg, 1993[4]
Milovan Djilas, „Tito – eine kritische Biographie", Molden, Wien u. a., 1980
Milovan Djilas, „Der Krieg der Partisanen", Molden, Wien u. a., 1978
Dragan Damjanovic´, „Arhitekt Marko Vidakovic´ i Arhitektura Zagreb između dva Svjetska Rata", Zbornik Seminara za studije moderne umetnosti Filozofskog fakulteta Univerziteta u Beogradu 12, Beograd, 2016
Tomislav Dulić, „Utopias of Nation", Uppsala Univ. Press, Uppsala, 2005
Ivan Fumić, „Djeca Jeca – žrtve ustaškog režima", Narodne novine, Zagreb, 2011
Edmund Glaise von Horstenau, „Ein General im Zwielicht", 3 Bd., Böhlau, Wien, 1980 bis 1988
Daniel Jonah Goldhagen, „Die katholische Kirche und der Holocaust", Siedler, München, 2002

Slavko Goldstein, „1941 – The Year That Keep Returning“, New York Book Review, New York, 2013
Anna-Maria Grünfelder, „Diana Obexer-Budisavljević und die Kinder der Ustascha-KZ“, in: „Jahrbuch des Dokumentationsarchivs des österreichischen Widerstands“, Red.: Andreas Peham, Christine Schindler, Karin Stögner, LIT Verlag, Wien, 2008
Anna-Maria Grünfelder, „TirolerInnen im unsichtbaren Widerstand – Wider die Zwangsarbeit und Vernichtung im kroatischen Ustascharegime (1941–1945)“, in: „Zeit – Raum – Innsbruck“, 10, hrsg.: Roland Kubana, Universitätsverlag Wagner, Innsbruck, 2010
Anna-Maria Grünfelder, „Arbeitseinsatz für die Neuordnung Europas“, Böhlau, Wien/Köln/Weimar, 2010
Paul N. Hehn, „The German struggle against Yugoslav guerrillas in World War II“, Columbia Univ. Press, New York, 1979
Sanela Hodiz, Christian Schölzel, „Zwangsarbeit und der Unabhängige Staat Kroatien 1941–1945“, Studien zur Geschichte, Kultur und Gesellschaft Südosteuropas Band 11, hrsg.: Wolfgang Höpken, Holm Sundhaussen, LIT Verlag, Berlin, 2013
Marko Attila Hoare, „The Bosnian Muslims in the Second World War“, Oxford University Press, Oxford, 2013
Ladislaus Hory, „Der kroatische Ustascha-Staat“, DVA, Stuttgart, 1964
Raphael Israeli, „The death camps of Croatia“ Transaction Pbl, New Brunswick, NJ, 2013
Josip Jurčević, „Die Entstehung des Mythos Jasenovac“, Dokumentacijsko informarcijsko središte, Zagreb, 2007
Mirjana Jurić (Hrsg.), „Ravnateljstvo Ustaškog Redarstva – Židvoski Odsjek 1941–1942“, Hrvatski Državni Archiv, Zagreb, 2005
Drago Katratovic, Uros Soskic, „Unknown Documents“, Jasenovac Research Institute, Vol. 1, Nr. 2, New York, 2005
Drago Katratovic, Urso Soskic, „Thousands of Destinies contained one single Diary“, Jasenovac Research Institute, Vol. 3, New York, 2006
Joven Kesar, „Djetinjstvo moje ukradeno“, Nacionalni park „Kozara“, Prijedor, 1983

Hans Knoll, „Jugoslawien in Strategie und Politik der Alliierten 1940–1943“, Oldenburg, München, 1983

Alexander Korb, „Im Schatten des Weltkrieges – Massengewalt der Ustaša gegen Serben, Juden und Roma in Kroatien 1941–1945“, Studien zur Gewaltgeschichte des 20. Jh., Hamburger Edition, Hamburg, 2013

Laslo M. Kostich, „Holocaust in the NHD“, Liberty, Chicago, 1981

Davor Kovačić, „Iskapanja na prostoru koncentracijskog logora Stara Gradiska i procjene broja zrtava“, in: „RADOVI – Zavad za hrvatsku pavijest“, Vol. 34–35–36, Zagreb, 2004

Suzana Leček, Željko Dugac, „Kamilo Brössler – život za druge“, in: „Godišnjaku Njemačke zajednice – DG Jahrbuch“, hrsg.: Nejemačka Zajednica Zemaljska udruga Podunavskih Švaba u Hrvatskoj, Osijek/ Deutsche Gemeinschaft Landsmannschaft der Donauschwaben in Kroatien, Osijek/Essegg, 2004

Boško Lomović, „Die Heldin aus Innsbruck Diana Obexer Budisavljević“, Vekovic, Svet Knjige, Beograd, 2014

Vladimir Lončarević, „Velimir Deželić sin – intelektualac široka obzorja“, in: „Glas Koncila“, broj 39, 25. rujna, Zagreb, 2011

Dragoje Lukić, „Bili Su Samo Deca: Jasenovac, grobnica 19.432 devojčice i dečaka“, Muzej žrtava genocida, Beograd, 2000

Robert B. McCormick, „Croatia under Ante Pavelic: America, the Ustaše and Croatian genocide“, Tauris, London, 2014

Nataša Mataušić, „Jasenovac – Fotomonografia“, Spomen – područje, Jasenovac, 2008

Nataša Mataušić, „Diana Budisavljević: The Silent Truth“, in: „Revolutionary Totalitarianism, Pragmatic Socialism, Transition“, hrsg.: Gorana Ognjenović, Jasna Jozelić, Palgrave Macmillan, New York, 2016

Hermann Frank Meyer, „Blutiges Edelweiß – Die 1. Gebirgs-Division im Zweiten Weltkrieg“, Ch. Links Verlag, Berlin, 2008[2]

Antun Miletic, „Why Jasenovac?“, Jasenovac Research Institute, Vol. 1, New York, 2005

Antun Miletic, „Book Review: Diana Budisavljevic Diary“, Jasenovac Research Institute, Vol. 3, New York, 2006

Zeev Milo, „Im Satellitenstaat Kroatien – Eine Odyssee des Überlebens 1941–1945“, Wieser, Klagenfurt, 2010[2]

Pero Morača (hrsg.). „The Third Reich and Yugoslavia“, Narodna Knjiga, Belgrad, 1977

Viktor Novak, „Magnum Crimen“, 2 Bd., Jagodina, Gambit, 2011

Ljiljana Radonic, „Holocaust und Revisionismus in Kroatien“, Context XXI, 4–5/2004 (http://www.contextxxi.at/context/content/view/66/52/)

Ljiljana Radonic, „Krieg um die Erinnerung: Kroatische Vergangenheitspolitik zwischen Revisionismus und europäischen Standards“, Campus Verlag, Frankfurt/New York, 2010

Enver Redžić, „Bosnia and Herzegovina in the Second World War“, Routledge, London, 2005

Melita Richter-Malabotta, „Life and time of Tatjana Marinić. One of the founders of the university course in social work in Zagreb“, in: „Need and care – glimpses into the beginnings of Eastern Europe's professional welfare“, Kurt Schilde (Hrsg.), Budrich, Leverkusen, 2005

Klaus Schmider, „Partisanenkrieg in Jugoslawien 1941–1944“, Verlag E. S. Mittler und Sohn GmbH, Hamburg/Berlin/Bonn, 2002

W.G. Sebald, „Die Ringe des Saturn“, Eichborn, Frankfurt am Main, 1995

The State Commission of Croatia for the Investigation of the Crimes of the Occupation Forces and their Collaborators (Hrsg.: Venceslav Celigoj, Ante Stokic), „Crimes in the Jasenovac Camps“, Zagreb, 1946

Holm Sundhaussen, „Wirtschaftsgeschichte Kroatiens im nationalsozialistischen Großraum“, Deutsche Verlagsanstalt, Stuttgart, 1983

Tvrtko P. Sojčić, „Die Lösung der kroatischen Frage zwischen 1939 und 1945“, Steiner, Stuttgart, 2008

Jozo Tomasevich, „War and Revolution in Yugoslavia, 1941–1945: The Chetniks. 1“, Stanford University Press, Stanford, 1975

Franjo Tuđman, „Irrwege der Geschichtswirklichkeit. Eine Abhandlung über die Geschichte und die Philosophie des Gewaltübels“, Zagreb, Školska knjiga, 1993

Igor Vukić, „Udomljavanje ratne siročadi u obiteljima“, Prilog za međunarodni znanstveni skup Dječji dom za ratnu siročad u Jastrebarskom 1941–1945, održan u Zagrebu 23. do 26. kolovzoa, Zagreb, 2016

Marija Vulesica, „Kroatien", in: „Der Ort des Terrors – Geschichte der nationalsozialistischen Konzentrationslager", Band 9, hrsg.: Wolfgang Benz und Barbara Distel, C. H. Beck, München, 2009

Michael W. Weithmann, „Balkan Chronik – 2000 Jahre zwischen Orient und Okzident", F. Pustet/Styria, Regensburg, Graz, Wien, Köln, 2000[3]

Barbara N. Wiesinger, „Partisaninnen – Widerstand in Jugoslawien (1941–1945)", Böhlau, Wien, 2008

Rory Yeomans, „Visions of annihilation: the Ustasha regime and the cultural politics of fascism, 1941–1945", University of Pittsburgh Press, Pittsburgh, 2013

ZukunftsFonds der Republik Österreich

Gefördert von tirol Unser Land

Die Drucklegung dieses Werkes wurde unterstützt durch die Abteilung Kultur im Amt der Tiroler Landesregierung sowie den Zukunftsfonds der Republik Österreich.

Gefördert von tirol Unser Land

INNS' BRUCK

BUNDESKANZLERAMT ÖSTERREICH

Die Arbeit an diesem Buch wurde finanziell vom Land Tirol, der Stadt Innsbruck und dem Bundeskanzleramt Sektion Kunst und Kultur unterstützt.

FSC www.fsc.org MIX Papier aus verantwortungsvollen Quellen FSC® C014138

Mitglied der Verlagsgruppe „engagement"

2017

Umschlaggestaltung: Roberto Baldissera, Agentur für Grafik, Innsbruck
Umschlagfoto: Holocaust Memorial Museum, Washington
Layout und digitale Gestaltung: Tyrolia-Verlag
Druck und Bindung: FINIDR, Tschechien
ISBN 978-3-7022-3597-0 (*gedrucktes Buch*)
ISBN 978-3-7022-3609-0 (*E-Book*)
E-Mail: buchverlag@tyrolia.at
Internet: www.tyrolia-verlag.at